Lüyou Fagui Jiaocheng

U0648529

"十四五"职业教育国家规划教材

国家文化产业资金支持媒体融合重大项目

21世纪新概念教材：
"换代型"系列·高等职业教育旅游管理类专业教材新系

第7版

旅游法规教程

孙子文　主编

淮建利　耿俊德
吕明瑜　李瑞玲　副主编

东北财经大学出版社
Dongbei University of Finance & Economics Press

大连

图书在版编目（CIP）数据

旅游法规教程 / 孙子文主编． —7版． —大连：东北财经大学出版社，2021.7（2025.1重印）

（高等职业教育旅游管理类专业教材新系）

ISBN 978-7-5654-4212-4

Ⅰ．旅… Ⅱ．孙… Ⅲ．旅游业-法规-中国-高等职业教育-教材 Ⅳ．D922.296

中国版本图书馆CIP数据核字（2021）第098582号

东北财经大学出版社出版

（大连市黑石礁尖山街217号 邮政编码 116025）

网 址：http://www.dufep.cn

读者信箱：dufep@dufe.edu.cn

大连天骄彩色印刷有限公司印刷 东北财经大学出版社发行

幅面尺寸：185mm×260mm 字数：355千字 印张：16.5

2021年7月第7版 2025年1月第9次印刷

责任编辑：许景行 周 晗 责任校对：周小焕

封面设计：原 皓 版式设计：钟福建

定价：44.00元

总序："换代型系列"中的"新系"教材建设

"21世纪新概念教材：'换代型'系列"中的"高等职业教育旅游管理类专业教材新系"，是反映当代世界职业教育改革发展趋势，通过"博采众长"而"避其所短"产生的一种新型职业教育教材建设模式。该系列从初创至今，经历了砥砺奋进的不断优化过程。

一、中国旅游管理教育历史回眸

在我国，旅游管理教育已经走过了二十多年的历程。二十多年，对于人生而言，可以说已经走近成熟了。然而，对于一个学科的发展来说，这么短的时间恐怕只能够孕育学科的胚芽。万幸的是，这二十多年不同于历史进程中的一般二十多年。由于我们坚持了改革开放的政策，我们的视野由此而得到扩展，我们的信心由此而得到强化，我们的步伐也由此而得以加快。所以，虽然只有二十多年，但在中国的教育园地和学科家族中，旅游管理经过有效的分化与发展，已经形成了学科体系的基本雏形。如今，旅游管理类专业把中等职业教育作为起点，并设有高职高专、普通本科和研究生教育(包括硕士和博士研究生教育)。这样完整的教育层次系统，展示了旅游管理教育发展的历程和成果，同时也提出了学科建设中的一些迫切需要解决和面对的问题，其中最重要的一点，就是如何在不同的教育层次和不同的教育类型上对教育目标和教学模式进行准确定位。当旅游管理高等教育领域中开始出现职业教育这种新的教育类型时，这一点就尤其显得突出了。

我国改革开放后得以重建的高等教育体系向来注重的是学科教育，一直没有给高等职业教育以足够的重视。困扰教育家们的问题似乎不是学科教育和职业教育的关系问题，而是在学科教育体系中如何区别普通专科教育与本科、研究生教育的层次和定位问题。二十多年的教育实践证明，人们在这三个层次上所做出的定位努力没有得到应有的效果。相反，在几乎所有的专业领域，都或多或少地存在着一种倾向，即专科教育仅仅是本科教育的简单压缩，而研究生教育仅仅是本科教育的有限延伸。这种状况导致了人才培养的低效率，也由于人才规格的错位而造成了人才使用上的浪费，甚至引起社会用人单位与教育机构之间在这个问题上的矛盾。

正是由于存在着这种带有普遍性的问题以及解决这种问题的动力，我国高等教育近年来的改革在这方面才有了比较大的突破：高等普通专科教育向高等职业教育转轨。这种转轨使高等职业教育在一定程度上提高了层次，引起了社会的重视，从而使高等职业教育成为高等教育体系中的重要类型。高等职业教育的登堂入室，创造了一种有效的社会氛围，也反过来促使普通专科教育不得不重新审视自己所一贯坚持的教育思想和教学模式，正视自己所面临的问题，并抓住历史的机遇。换言之，普通专科改弦更张的内力和外力都已经具备了。这种转型，是一种全方位的转换，而不是局部的调整。它涉及培养目标的重新定位、教学模式的重新选择和教学条件的有效变更。从培养目标上看，高等职业教育将更加突出人才规格的专业技能性和岗位指向性;从教学模式上看，要着力体现专业设置的职业性、教学内容的实用性和教学过程的养成性;而从教学条件上看，则必须实现教学主体的双元化(即产业部门和教育部门的有效合作)、教师队伍的"双师身份"，并拥有完备的实训手段。只有在以上几个层面实现全面转型，高等职业教育才能培养出合格的人才。在这方面，德国的双元制教学模式、加拿大的以能力培养为中心的CBE教学模式、澳大利亚的TAFE职业教育模式以及国际劳工组织的MES(职业技能模块组合)教学模式，都有值得我们借鉴的东西。

然而，比较发达国家的高等职业教育实践，我国的高等职业教育近年来并没有完全摆脱传统的学科教育模式的束缚，有的专业领域的高等职业教育与原来的普通专科教育相比，可谓换汤不换药。目前的旅游管理类专业高等职业教育在很大程度上就是这样一种情况。中国在旅游管理类专业实行高等职业教育是在全国职业教育工作会议召开后，是与其他一些专业同时步入职业教育领域的。由于中国旅游管理类专业的普通高等教育二十多年来所追寻的教育模式也一直是学科教育的模式，由于人们对旅游管理类高等职业教育的性质认识不清，由于整个社会还不能建立起对旅游高等职业教育的有效支持机制，由于转型后的普通专科院校在实施职业教育时缺乏相应的软件和硬件条件，甚至由于一部分高等职业教育机构的办学动机错位等原因，脱胎于这种背景的职业教育，就自然难以脱离学科教育的定式，难免出现教育的低效率状况。其结果是导致这样一种局面:当前的旅游管理类专业的高等职业教育不过是由一些"新生的"或"转型的"教育机构承办的传统的学科教育的翻版。这种翻版在教师的知识背景、教学设计的结构安排、教材的选择和使用以及实验室建设等方面都有所体现。这种教育模式的后果，不仅仅是教育资源的浪费和学生受教育机会的丧失，而且是旅游产业发展机会的丧失。

解决这个问题，实际上是一个系统性的工程，非一朝一夕之功所能奏效。高等职业教育思想的改变，教师的培养，尤其是全社会的职业教育体制和机制的构建及完善，都需要一个过程。但是，这里也有可以马上做起的工作，那就是教材的建设。

二、教材建设:从"高等专科"到"高等职业"

教材是教育实施过程的重要载体之一。尽管教材建设也同样需要有成果的积累，但在一定情况下，教材建设的先进性、前瞻性和科学性是可以实现的。尤其是第二次世界大战以后发达国家在旅游教育领域所积累的经验，如职业教育和普通学科教育间的差别以及实现这种差别教育的制度性建设，在职业教育领域已经取得的多方面成果，在职业教育的人才规格、培养目标、教育特色等方面形成的认识，在教材建设中所探索出的先进经验等，这些都可以成为今天我国旅游管理类高等职业教育发展的基本参照和经验宝库。东北财经大学出版社现在推出的这套旅游管理类专业高等职业教育教材，正是在这种认识和思想主导下完成的一个大动作。这套教材的问世，其意义将不仅仅局限在高职教学过程本身，而且会产生巨大的牵动和示范效应，将对旅游管理类专业高等职业教育的健康发展产生积极的推动作用。

目前推出的这套"高等职业教育旅游管理类专业教材新系"，是在原"高等专科旅游管理专业系列教材"的基础上不断优化改版形成的。原专科教材由于定位准确、风格明显、作者队伍精干，已得到全国各大专院校的普遍认可。而为了适应蓬勃兴起的高等职业教育的需要，改版教材无论是在指导思想上还是在内容的组织上，又都做了彻底的调整。改版教材的相继编写，充分体现了全体编者对旅游管理类高等职业教育规律和特征的认识，对旅游管理类专业高等职业教育的规格、层次、教育对象的特点的把握，对职业教育与普通学科教育的区别的理解，以及对发达国家职业教育的借鉴。同时，这套教材也体现了我国高校教师在感受20世纪90年代世界范围内兴起的以满足旅游者个性化需求为导向的"新旅游"这一时代脉搏之后所做出的积极反应，从而使这套教材有了更超前的视野。这种独特而新颖的教材编写思路，最终还通过在教材形式建设上颇具匠心的处理而进一步得以体现，使这套教材成为一种能打破传统学科教学模式、适合高职教育的目标和学生特点，同时反映教材编写样式之世界潮流的全新的"换代型"教材。凡此种种，都足以说明这是一套有特殊奉献的高质量教材。坦率地说，这套教材的问世，应该是目前旅游管理类专业高等职业教育领域的一件幸事。

三、与时俱进中的模式转换

习近平总书记在党的二十大报告中指出："教育、科技、人才是全面建设社会主义现代化国家的基础性、战略性支撑。教育是国之大计、党之大计。培养什么人、怎样培养人、为谁培养人是教育的根本问题。"这是以习近平同志为核心的党中央对新时代教育事业的总体战略部署，也是新时期中国高等职业教育课程与教材建设的指导思想。

本系列各版教材在研究和落实新时期国务院和教育部关于高等职业教育定位相关文件精神与要求的基础上，在以下方面沿着"21世纪新概念教材：'换代型'系列"的方向不断前行：

1. 人才培养目标定位

以新时期"就业－创业"、"与生涯对接"和"人才竞争"为导向，借鉴发达国家高等职业教育关于"职业教育与学术教育有机结合"的课改经验，"克服高职各类专业的同质化倾向"，将高等职业教育旅游管理类专业人才培养目标由"教高〔2006〕16号"（培养"面向生产、建设、服务和管理第一线高素质技能型专门人才"），经过"教职成〔2011〕9号"、"教高〔2012〕4号"和"国发〔2014〕19号"等文件的一般定位（培养"高端技能型人才"、"应用技术型人才"乃至"技术技能型人才"），提升到"职业知识"、"职业能力"与"职业道德"并重的"高等复合应用型"人才培养目标上来；同时，对照《国家中长期教育改革和发展规划纲要（2010—2020年）》关于"创新人才培养模式""着重培育学生的主动精神和创造性思维"等新时期教育要求，将"问题思维"和"创新意识"培养纳入新版教材的人才赋型机制中。

2. 优化结构布局

以"'职业知识'、'职业能力'和'课程思政[①]'"为"职业学力"的三大基本内涵，以"健全职业人格"为整合框架；各章"基本训练"的基本题型与体现"基本内涵"的"学习目标"，以及穿插"同步思考"、"同步案例"、"同步业务"、"课程思政"和"教学互动"等诸多功能性专栏的教学内容相互呼应。

[①]　"课程思政"系由本书先前各版"职业道德与企业伦理"专栏和章后"善恶研判"题型升级而来；相比先前各版，其思想政治教育内容外延更广、内涵更深。

3.着眼"双证沟通"与"互补"

在把国家职业资格标准融入专业课程内容与标准的同时，一方面着眼于高等职业学历教育与职业培训的重要区别，强化了对学生"职业学力"的全面建构，另一方面通过同步反映行业领域、国内外高职教育教学及课程改革新发展、新标准、新成果，弥补国家职业资格标准的相对滞后性。

4.兼顾各种教学方法

将"学导式教学法"、"案例教学法"、"问题教学法"、"讨论教学法"、"项目教学法"及"工作导向教学法"等诸多先进教学方法具体运用于专业课程各种教学活动、功能性专栏和课后训练的教材设计中。

5.应对"知识流变"

联合国教科文组织的研究表明：进入21世纪，不少学科知识更新周期已缩短至2~3年，处于知识结构表层的应用类学科知识尤其如此。这意味着学生在高职院校学习的相当多知识在毕业后已经过时。为应对日益加速的"知识流变性"，自2012年起将"自主学习"视为与"实训操练"同等重要的能力训练：在奇数各章"学习目标"的"职业能力"中用"自主学习"子目标替换先前各版"实训操练"述项，并相应调整了其章后"基本训练"中"能力题"的子题型。

6.落实"分层教学"

自2016年起，研究落实《教育部办公厅关于建立职业院校教学工作诊断与改进制度的通知》（教职成厅〔2015〕2号）中提出的"分层教学"要求，即在案例教学和实践教学中通过"教学环节'多元化'"和"组建'学习团队'"等途径，落实"分层教学"要求。

7.融合纸质教材与二维码数字资源

自2018年起，阶段性落实教育部关于"进一步推进职业教育信息化发展"，"推广……移动学习等信息化教学模式"（教职成〔2017〕4号）和"推进教育教学与信息技术深度融合"（《教育部2018年工作要点》）等文件要求精神，增加二维码教学资源，解决传统教材所缺少的"互联网+"移动学习，即纸质教材与二维码数字资源融合的问题。

8.落实"三教"改革

2020年起，全面落实《国家职业教育改革实施方案》（国发〔2019〕4号）、《教育部 财政部关于实施中国特色高水平高职学校和专业建设计划的意见》（教职成〔2019〕5号）、《职业院校教材管理办法》（教材〔2019〕3号）和《职业教育提质培优行动计划（2020—2023年）》（教职成〔2020〕7号）等文件要求与精神，重点落实"三教"改革中的"教材、教法"改革，以及"在立德树人根本任务方面，进一步创新思想政治教育模式，将社会主义核心价值观融入专业课教材"的要求。

9."二十大精神"进教材

自2022年起，加快推进党的二十大精神进教材、进课堂、进头脑，将研究和落实"立德树人，培养德技并修的大国工匠和高素质技能人才"的"人才强国战略"作为新时期教材改革的根本任务。

四、阶段性成果

东财版"21世纪新概念教材：'换代型'系列·高等职业教育旅游管理类专业教材新系"自20世纪90年代末全套推出到2023年，绝大部分已出七版，两种推出第八版，平均印刷三十余次，其中八种入选"普通高等教育'十一五'国家级规划教材"，两种分别入选"教育部普通高等教育精品教材"和"中国旅游协会旅游优秀教材"，四种入选"'十二五'职业教育国家规划教材"，五种入选"'十三五'职业教育国家规划教材"，三种入选"'十四五'职业教育国家规划教材"，深受广大高职院校师生的欢迎与喜爱。

五、结语

教材改革与创新是一项系统工程，旨在培养"高等复合应用型人才"的高等职业教育旅游管理类专业教材的改革与创新更是如此。我们试图在深入调查研究、系统总结国内外教材建设先进经验的基础上，与时俱进地不断推出具有我国高等职业教育特色、优化配套的旅游管理类专业的新型教材。

期待广大专家、学者和读者们继续给我们以宝贵的关怀与支持，使本系列教材通过阶段性修订，与我国新时期高等职业教育旅游管理类专业教学及课程改革发展始终保持同步。

"高等职业教育旅游管理类专业教材新系"项目组

1999年12月初稿

2023年6月修订

第七版前言

本书自 1999 年出版以来，已走过了二十多个年头。回顾写作历程，从最初的谨慎探索，到内容丰富以至于难以取舍的庞杂，尔后的由繁入简，再到今天有掌控感的更透彻理解和对内容相对娴熟的把握，是一个不断学习、总结和提高的过程。自 2013 年 10 月 1 日《中华人民共和国旅游法》实施以来，我国旅游业又有了新的发展，一批新的旅游法律法规不断出台，尤其是《中华人民共和国民法典》的颁布，对包括旅游业在内的各种社会关系调整将发挥重要作用。一些原有的法律、法规部分也做了修订、废除。为增强和彰显文化自信，统筹文化事业、文化产业发展和旅游资源开发，提高国家文化软实力和中华文化影响力，推动文化事业、文化产业和旅游业融合发展，中华人民共和国第十三届全国人民代表大会第一次会议表决通过了关于国务院机构改革方案的决定，批准设立中华人民共和国文化和旅游部。2018 年 3 月，中华人民共和国文化和旅游部批准设立，不再保留文化部、国家旅游局。面对这样的大好社会环境，本教材的修订也是必然的。

本教材第七版中所涉及的法律法规，以 2020 年 9 月底以前国家公布的为准。

2016 年 12 月，国务院制定了《"十三五"旅游业发展规划》（以下简称《规划》）。《规划》指出：到 2015 年，我国旅游业对国民经济的综合贡献度和对社会就业的综合贡献度都超过了 10%，旅游业已经成为社会投资热点和综合大产业，成为传播中华传统文化、弘扬社会主义核心价值观的重要渠道，成为生态文明建设的主要力量，并带动了大量人口脱贫。"十三五"期间，我国旅游业将呈现消费大众化、需求品质化、竞争国际化、发展全域化、产品现代化的趋势。《规划》提出"十三五"期间我国旅游业发展的目标是：旅游经济稳步增长；综合效益显著提升；人民群众更加满意；国际影响力大幅度提升。旅游业要理念创新、产品创新、业态创新、技术创新、主体创新，全面提高我国旅游业的发展水平。2017 年 3 月 5 日，中华人民共和国第十二届全国人民代表大会第五次会议上的《政府工作报告》中，提出了全域旅游，提出要完善旅游设施和服务，大力发展乡村、休闲、全域旅游。本教材贯彻了新的旅游发展理念，阐述和解读旅游法规的基本内容。

2022 年 8 月，中共中央办公厅、国务院办公厅印发的《"十四五"文化发展规划》中，76 处提到"旅游"，从提升旅游发展的文化内涵、丰富优质旅游供给、优化旅游发展环境、创新融合发展体制机制四个方面对推动文化和旅游融合发展做出了部署。

2022 年 10 月，中国共产党第二十次全国代表大会隆重召开，中共中央总书记习近平做了《高举中国特色社会主义伟大旗帜 为全面建设社会主义现代化国家而团结奋斗》的报告。本次报告全文超过 3 万字，提到文化 58 次、体育 5 次、旅游 2 次。报告的第八部分"推进文化自信自强，铸就社会主义文化新辉煌"中，提出"加大文物和文化遗产保护力度，加强城乡建设中历史文化保护传承，建好用好国家文化公园。坚持以文塑旅、以旅彰文，推进文化和旅游深度融合发展"。报告的第十三部分"坚持和完善 一国两制 ，推进祖国统一"中，提出"发挥香港、澳门优势和特点，巩固提升香港、澳门在国际金融、贸易、航运航空、创新科技、文化旅游等领域的地位，深化香港、澳门同各国各地区更加开放、更加密切的交往合作"。这是旅游业内容首次被列入党的全国代表大会报告中，充分体现了以习近平为核心的党中央对旅游业的重视，这将极大鼓舞和促进旅游业的未来发展。本教材贯彻了新的旅游发展理念，阐述和解读旅游法规的基本内容。

本书在课程内容、教学理念、学习目标、先进教学法运用、功能性专栏和基本训练的题型设计上，也力求与时俱进。为了实现这一目的，我们下了一番功夫。为适应不断变化着的环境，全面落实《国家职业教育改革实施方案》（国发〔2019〕4号）、《关于实施中国特色高水平职学校和专业建设计划的意见》（教职成〔2019〕5号）、《职业院校教材管理办法》（教材〔2019〕3号）和《职业教育提质培优行动计划（2020—2023年）》（教职成〔2020〕7号）、《关于推动现代职业教育高质量发展的意见》（中共中央办公厅、国务院办公厅〔2021〕）等文件要求与精神，在落实立德树人根本任务方面，进一步创新思想政治教育模式，将社会主义核心价值观融入专业课教材。本书第七版具有以下特色：

1.进一步提升了高职高专教育的人才培养目标定位

在结构和内容上，都向着"培养高等职业复合型专业人才"的目标做出了更进一步的努力，具体体现在增加了很多适应新时代旅游业发展需求的法律法规和知识，更有助于培养学生的法治观念。

2.进一步扩展了"职业学力"建构的基本内涵

为响应和落实习近平总书记自党的十八大以来的系列讲话精神，明确回答"为谁培养人，培养什么人，怎样培养人"这一教育的根本问题，新版教材将"职业能力"中的"职业道德"部分内容，升级为"课程思政"，使社会主义核心价值观能够更加深入学生头脑，同时使他们能够更好地利用自己的专业知识为新时代社会主义现代化事业服务。

3.进一步优化了教学内容

新版教材删除了一些较为陈旧的案例，同时增添了更有时代特色、更有趣味性的案例。此外，在充分保留旧版教材知识和原理的基础上，又增添了很多新法律法规及案例，确保学生在学习内容上的前沿性。

4.进一步提高了教材的实用性

在保障学术水平的前提下，新版教材着力提高了旅游业中法律法规的实用性，进一步将法律条款和旅游业实际结合起来。

5.增设了二维码资源

在各章正文中加入了"二维码数字教学资源"（包括"思维导图"和"延伸阅读"）。

本书第七版在2023年重印之际，为加快推进党的二十大精神进课堂、进教材、进头脑，各章以二维码形式添加了学习宣传落实党的二十大精神的"同步链接"。

本书第七版配有网络教学资源包，内含PPT教学课件和各章"基本训练"的"参考答案与提示"。使用本书的教师可登录东北财经大学出版社网站（www.dufep.cn）查询和下载这些教学资源。

本书第七版仍由郑州大学旅游管理学院组织编写，孙子文任主编，淮建利、耿俊德、吕明瑜、李瑞玲任副主编。其具体分工如下：孙子文编写第3、6、8章，淮建利编写第2、7章，李瑞玲编写第4、5章，耿俊德编写第9、11、12、13章，吕明瑜编写第1、10章。第七版各章的修改意见由孙子文提出，全书最后由孙子文、耿俊德总纂定稿。

限于作者的学识和境界，问题难免存在，欢迎专家学者和本书使用者批评指正。

作者
2021年4月
2023年7月修订

第六版前言

本书自1999年出版以来，已走过了19个年头。承蒙广大读者的厚爱，现迎来了它第六版、第24次印刷。回顾写作历程，从最初的谨慎探索，到内容丰富以至于难以取舍的庞杂，尔后的由繁入简，再到今天有掌控感的更透彻理解和对内容相对娴熟的把握，是一个不断学习、总结和提高的过程。自2013年10月1日《中华人民共和国旅游法》实施以来，我国旅游业又有了新的发展，旅游法律法规也有了新的进步，将一些原有的法律、法规部分做了修订、废除，新的法规相继出台，所以本教材的修订也是必然的。

第六版所涉及的法律法规，以2017年4月底以前国家公布的为准。

2016年12月，国务院制定了《"十三五"旅游业发展规划》（以下简称《规划》），《规划》指出：到2015年，我国旅游业对国民经济的综合贡献度和对社会就业的综合贡献度都超过了10%，旅游业已经成为社会投资热点和综合大产业，成为传播中华传统文化、弘扬社会主义核心价值观的重要渠道，成为生态文明建设的主要力量，并带动了大量人口脱贫。"十三五"期间，我国旅游业将呈现出消费大众化、需求品质化、竞争国际化、发展全域化、产品现代化的趋势。《规划》提出"十三五"期间我国旅游业发展的目标是：旅游经济稳步增长；综合效益显著提升；人民群众更加满意；国际影响力大幅度提升。旅游业要理念创新、产品创新、业态创新、技术创新、主体创新，全面提高我国旅游业的发展水平。2017年3月5日中华人民共和国第十二届全国人民代表大会第五次会议上的《政府工作报告》中，提出了全域旅游，要完善旅游设施和服务，大力发展乡村、休闲、全域旅游。本教材贯彻了新的旅游发展理念，阐述和解读旅游法规的基本内容。

本书在课程内容、教学理念、学习目标、先进教学法运用、功能性专栏和基本训练的题型设计上，也必须力求与时俱进。为了实现这一目的，我们下了一番功夫，呈现在您面前的就是在这种理念下修订的《旅游法规教程》第六版。为适应不断变化着的环境，能动落实《国家中长期教育改革和发展规划纲要（2010—2020年）》和教育部关于高等职业教育新近文件的精神与要求，本书第六版具有以下特色：

1.同步提升了高等职业教育旅游管理类专业的人才培养目标定位。借鉴发达国家高等职业教育关于"职业教育与学术教育有机结合"的课改经验，"克服高职各类专业的同质化倾向"，将高等职业教育旅游管理类人才培养目标由"教职成〔2011〕9号"、"教高〔2012〕4号"和国发〔2014〕19号等文件的一般定位（培养"高端技能型人才"、"应用技术型人才"乃至"技术技能型人才"），提升到"职业知识"、"职业能力"与"职业道德"并重的"高等复合应用型"人才培养目标上来；同时，对照《国家中长期教育改革和发展规划纲要（2010—2020年）》关于"创新人才培养模式""着重培育学生的主动精神和创造性思维"等新时期教育要求，将"问题思维"

和"创新意识"培养纳入新版教材的人才赋型机制中。

2.兼顾了"衔接"和"层次区别与提升"。在教学重点、课程内容、能力结构等方面，既细化了高职教材与中职教材的有机衔接，又研究和探索了前者不同于后者的层次区别与提升。

3.兼顾了"工学结合型"教育所要求的"双证沟通"与"互补"。

4.兼顾了"理论"、"实务"、"案例"和"实训"等教学与训练环节。与只侧重"实务"的中职教材不同，第六版教材依照"原理先行、实务跟进、案例同步、实训到位"的原则，循序渐进地展开高职教材内容。

5.扩展了"职业学力"建构的基本内涵。将学生"职业学力"基本内涵的建构，由先前的"职业知识"和"职业能力"两者并重，扩展到"职业知识"、"职业能力"和"职业道德"三者并重，致力于建构以"健全职业人格"为更高整合框架的教材赋型机制。

6.兼顾了各种教学方法。将"学导式教学法""案例教学法""问题教学法""讨论教学法""项目教学法""工作导向教学法"等诸多先进教学方法具体运用于专业课程各种教学活动、功能性专栏和课后训练的教材设计中。

7.为应对日益加速的"知识流变性"，将"自主学习"视为与"实训操练"同等重要的能力训练：在奇数各章"学习目标"的"职业能力"中用"自主学习"子目标替换第五版"实训操练"述项，并相应调整了其章后"基本训练"中"能力题"的子题型。

8.体现了旅游法规研究的最新进展与成果。第六版教材更换了许多章的篇头引例、"同步案例"、各章"单元训练"的相关题型及部分"案例分析"资料，使教材不仅在课程理念和结构设计上，而且在专业资料使用上尽可能与时俱进。

9.本着"立德树人，德法兼修"的原则，修订了一些章的"职业道德与企业伦理"专栏和"基本训练"的"善恶研判"题设计，更换了相应案例。

为方便教学，本书第六版配有网络教学资源包，内含PPT和"参考答案与提示"，使用本教材的教师可登录东北财经大学出版社网站（http://www.dufep.cn）免费下载使用。

本书第六版仍由郑州大学旅游管理学院组织编写，孙子文任主编，淮建利、耿俊德、吕明瑜、李瑞玲任副主编。其具体分工如下：孙子文编写第3、6、8章，淮建利编写第2、7章，李瑞玲编写第4、5章，耿俊德编写第9、11、12、13章，吕明瑜编写第1、10章。第六版各章的修改意见由孙子文提出，全书最后由孙子文总纂定稿。

限于作者的学识和境界，问题难免存在，欢迎专家学者和本书使用者批评指正。

作者

2017年10月于郑州

目　录

第1章 法律基础知识

● 学习目标

通过本章学习,应达到以下目标:

职业知识: 学习和把握"法律基础知识"的相关概念、特征、起源,法与其他社会现象的关系,法律责任及其分类,以及"同步链接""延伸阅读""小资料"等理论与实务知识;能用其指导本章"同步思考""教学互动"和"基本训练"中"知识训练"各题型的认知活动,建构专业规则意识,正确解答相关问题。

职业能力: 运用本章知识研究相关案例,训练在"法律基础知识"特定情境下对当事者行为的多元表征专业能力和"与人交流"通用能力;参加"自主学习-Ⅰ"训练,通过搜集、整理与综合关于"法律责任"的前沿知识,撰写、讨论与交流《"法律责任"最新文献综述》,培养"法律基础知识"中"自主学习""与人协作""与人交流"的通用能力。

课程思政: 结合本章教学内容,依照相关规范或要求,对"课程思政1-1"专栏和章后"导游强制游客消费购物"等案例中的企业或其从业人员行为进行思政研判,强化与案例议题相关的法律法规思考和政治素质,促进"立德树人"根本任务的落实。

学习微平台

思维导图1-1

引例：精神病人能否签订旅游合同

背景与情境：长沙的王女士最近把一家旅行社投诉了，起因是王女士（化姓）的父亲报名参加了该旅行社的拉萨游，但老人患有精神疾病，王女士不同意老人独自前往外地旅游，在出发当天要求终止行程。

王女士称，其父亲患有精神疾病，在监护人不知情的情况下，与旅行社签订了 8 月 1 日至 10 日从长沙去拉萨的旅游团，费用是 2 899 元，王女士要求旅行社退还团费。旅行社工作人员表示，从当天王女士父亲签字、付款情形来看，看不出其存在精神异常。王女士告诉记者其父亲是精神残疾二级，并出示了她父亲的残疾人证，但证件是 2009 年 12 月 8 日签发的，证件有效期为 10 年，目前已经过期，但之后王女士也出具了一份 8 月 1 日由省第二人民医院开具的疾病诊断证明书，证明其父亲存在精神障碍。最终在相关部门的调解下，旅行社按出发当日退团退还费用的 40% 的规定退还了 1 160 元，但这与王女士要求全额退款的结果差得比较多。

资料来源　李姝. 精神病人签的合同是否有效？六旬父亲报团拉萨游，女儿要求退款［EB/OL］.（2020-08-13）［2020-09-14］. https://hunan.voc.com.cn/article/202008/202008131000168106.html.引文经过改编.

上述案例涉及民事责任承担的问题，民事责任的承担是法律中的基础知识，本章我们将要介绍法的起源，法的特征，法与其他社会现象的关系，违反法律应承担的刑事责任、民事责任和行政责任等。

1.1　法的起源与特征

1.1.1　法的起源

法作为一种社会现象，其产生和发展有着深刻的经济根源和阶级根源。

在生产力极其低下的原始社会里，单个人同自然做斗争的能力很低，为了生存和繁衍，人们只能以血缘关系为纽带结合在一起，共同占有生产资料，共同劳动，共同消费，共同生活。受这种生产方式和生活方式的制约，原始社会没有剥削，没有阶级的划分，没有私有制，没有国家，也没有法律。在这种以血缘关系为基础的社会中，其组织形式是氏族。由各种习惯、习俗构成的原始社会的社会规范，成为当时管理社会公共事务、调整人们之间的关系、解决各种矛盾的工具。

原始社会后期，生产力日益发展起来，与此相适应的私有制、交换、财产差别、使用劳动力等现象也逐渐出现，新的社会成分和社会关系与原始社会制度之间的矛盾日益凸显，变得不可调和，最终导致了社会的彻底变革，私有制代替了原始公有制，奴隶社会代替了原始社会。原始社会解体，与其制度相适应的社会组织和社会规范也失去了存在的基础。进入奴隶社会以后，居于剥削地位的奴隶主阶级与居于被剥削地位的奴隶阶级之间的矛盾冲突日益尖锐，奴隶主阶级为了维护自己的统治地位和经济利益，建立了新的社会组织——国家，并且通过国家创制了强迫全社会普遍遵守的、维护奴隶主阶级统治秩序的行为规范体系，这就是法律。

由此可见，法是人类社会发展到一定历史阶段的产物，是在原始社会生产力的发展引起生产关系变革之后，随着私有制、阶级和国家的产生而产生的。

1.1.2　法的特征

法的特征是由法的本质决定的，是法的本质的外在表现。法既然是社会规范的一种，当然具有一般社会规范所具有的规范性、概括性、预测性等特性，而法作为特殊的社会规范，又同时具有以下几方面的基本特征：

1）法是调整人们行为的特殊的社会规范

法的规范性是指法为人们提供一定的模式、标准和方向。它所调整的对象不局限于特定的人或事，而是针对一般人反复适用的，它要连续、稳定地生效。行为规则一般都具有这种作用。人们的行为规则基本分为两大类：一类是调整人与人之间关系的社会规范，包括法律规范、道德规范、宗教规范、礼仪习惯等；另一类是调整人与自然关系的技术规范，是关于人们如何运用自然力的行为规则。法律规范作为特殊的社会规范，其特殊性在于它是统治阶级用来调整人与人之间关系的调整器，它是调整统治阶级与被统治阶级之间、国家与公民之间、公民相互之间关系的特殊的行为规则。法律这种特殊的行为规则是阶级社会特有的社会现象，是维护有利于统治阶级的社会秩序的重要工具。

2）法是由国家制定或认可的并具有普遍约束力的行为规范

法由国家制定或认可，表明法是以国家意志表现出来的，具有国家意志的属性。这是法有别于其他种种规范的重要特性之一。其他的社会规范，如宗教规范、道德规范及社团章程等均不具备国家意志的属性。法的普遍约束力就是指法作为不同于其他社会规范的特殊行为规范，无论是制定的成文法或认可的习惯法，都是以国家意志的形式出现的。统治阶级的意志一经上升为国家意志就具有普遍的有效性。国家制定或认可的法，在该国权力管辖范围内要求一律遵行，具有普遍约束力。法的这种权威性来自国家权力。无论是制定法还是认可法，其国家意志性意味着法的极大权威和神圣尊严。

3）法通过规定人们的权利义务调整社会关系

法总是明确规定人们在一定社会关系中的权利和义务，以此来调整人们之间的关系。这显示了法律调整的特殊方式和范围。法律调整的方式一般采用权利、义务规范，如允许人们做出某种行为，是指人们享有法律上的权利；禁止或规定必须做出某种行为，即指人们应承担的法律上的义务。法律作为特殊的行为规范，调整的是人们的权利、义务关系，如宪法规定国家机关的职权和公民的权利义务等，其他部门法如刑法、旅游法、税法等则从某个方面规定人们在不同的社会关系中的权利和义务。

4）法由国家强制力保证实施

法的实施一般具有法定程序，以国家强制力作为保障。任何社会规范都具有一定的强制性，但不同的社会规范，其强制的性质、范围、程度和实现的方式不同。除了人们的思想认识不具有现实上的强制性以外，法律以及法律之外的其他社会规范都有不同形式和程度的强制性，但是以国家强制力来保证法的实施，则是法律独具的重要特征。这是因为：首先，国家制定法律就是为了实现统治阶级的利益，在根本利益上对立的阶级矛盾必须靠国家的特殊强制力来解决。其次，法律上权利义务的实现，没有国家强制力将无法得到保障。不用强制手段不足以保证权力的实施，没有强制力做

同步链接1-1

延伸阅读1-1

后盾不足以推动义务的履行。法的实现靠国家政权做后盾。国家政权是法存在和运行的前提和基础。法的国家强制力的表现常常是一种暴力，如武装力量、警察、法庭、监狱等。国家的司法活动或执法活动离不开强制和制裁。强制措施或制裁措施有时是暴力形式的直接采用（如惩罚犯罪），有时是显示威慑力量，从而保证法律、法规的贯彻实施。法的强制性是由法的国家意志性决定的，所以，强制和制裁必须由专门机关依照法定程序进行。

总之，法是由一定物质生活条件决定的统治阶级意志的体现，它是国家特定机关按特定程序制定或认可、由国家强制力保证实施、规定人们权利和义务关系的行为规则的总和，其目的在于巩固和维护有利于统治阶级的社会关系和社会秩序。

同步案例1-1

我国法律修订的原因

背景与情境：我国改革开放以来，特别是近几年，制定和修订了大批法律。究其原因，王先生认为：这是我国立法经验不足、立法不完善的缘故；张先生认为：这是我国对外开放、国内外形势变化的缘故。为此，两人展开了激烈的争论。

问题：你认为王先生和张先生谁的观点正确？

分析提示：王先生和张先生的观点都有一定的道理，但都不全面。因为，法的内容是由统治阶级的物质生活条件决定的。改革开放以来，特别是近几年，我国经济迅速发展，我国法律赖以依靠的物质生活条件发生了巨大的变化，同时，国际、国内形势也发生了很大的变化，自然要制定和修订大批法律与之相适应。

1.2　法与其他社会现象的关系

1.2.1　法与政策

1）法与政策的一致性

在阶级社会里，政策主要是指统治阶级的政策。统治阶级的政党为维护其所代表的阶级利益，处理一定的政治、经济关系而制定一定的政策。因此，法与政策在本质上是一致的，都由相同的经济基础所决定，并共同反作用于经济基础。在近现代国家，代表统治阶级利益的执政党的政策都要上升为国家的政策，而法是统治阶级意志的国家意志化，所以法与政策的目的也是具有一致性的，即都是为了维护统治阶级的政治利益和经济利益。

正是由于法与政策在本质上的一致性，政策向法的转化也就具有了可能性。任何国家的法都体现了统治阶级的政策，法律的许多内容都是统治阶级政策的规范化。

2）法与政策的区别

法与政策虽然在本质上和基本精神上是一致的，但它们毕竟是上层建筑中两种不同的社会现象，各有其自身的特殊性，因此，法与政策又有明显的区别。

（1）它们分属于两种不同的统治手段

法通过其所具有的普遍效力和明确准则来实现阶级统治，政策则是通过政治导向调配社会力量来实现统治阶级的政治、经济意图。在一个国家，法是定型的设施，政策是导向的调配工具。

（2）它们的实施方式不同

法是以国家强制力为保障来实施的，不论是宪法还是各个部门法，一经国家公布施行，一切国家机关、政党、社会团体及全体公民都要严格遵守；政策只对政党自己的组织和成员具有约束力。

（3）它们的表现形式不同

法作为国家的规范性文件，以宪法、法律、法规等形式出现，有明确的界限和实施程序；而政策一般则以纲领、宣言、声明、指示和建议等形式出现，表现为一种纲领、原则和方向。

（4）它们的稳定性程度不同

法的规定具有相对稳定性，一经制定或认可，便产生稳定的调控效力，对其进行废、改，必须经过法定程序；政策的规定比较灵活，可根据政治、经济形势变化的需要进行调整、改变，具有选择性、应变性。

3）正确认识法与政策的相互关系

法与政策既有共性又有个性，由此也就构成了它们之间相互影响、相互补充、相互作用的密切关系。一方面，政策是国家立法的直接依据。统治阶级政党（主要是执政党）往往把自己推行的政策作为立法议案提交国家立法机构进行表决，使之成为国家的法律，并指导法的实施和适用。另一方面，法是政策的定型和规范化。政策一经上升为法律，就取得了法定的权威性，就成为对全体社会成员具有普遍约束力的法律规范，由此，政策也就有了法的严肃性，反过来，法也成了进一步实现政策的重要手段。因此，从立法精神和立法内容上看，政策是法的灵魂和依据，法必须接受政策的指导；从法的适用和法的遵守上看，政策应当服从法，政策不能违背法。由此说明，在认识法和政策关系问题上，既不能把两者等同起来，又不能将它们割裂开来。如果把两者等同起来，就会抹杀它们各自不同的质的规定性，使统治阶级丧失一种统治和管理社会的手段和技能；相反，如果将两者割裂开来，就会使法失去导向，使政策失去一种强有力的保障，从而大大减弱两种手段的作用。因此，必须正确认识法与政策的相互关系。

1.2.2　法与道德

道德是关于善与恶、正义与非正义、公正与不公正、光荣与耻辱等观念的行为规范的总和。它是依靠社会舆论和人们内心的信念来维持的。

道德属于社会的上层建筑。在阶级社会中，道德具有鲜明的阶级性。每个阶级都有自己的道德。在一定社会中，占据统治地位的道德，只能是统治阶级的道德。

1）法与统治阶级道德的一致性

法和统治阶级道德之间在根本的社会阶级属性方面的一致性，决定了两者之间必然是互相配合、互相补充和互相渗透的。一方面，法律积极保护统治阶级道德，在必要时把某些道德规范提升为法律规范加以推行；另一方面，统治阶级道德又积极地替法律做辩护，影响社会舆论，要求人们遵守法律。其实，法律的每一项规定都渗透着统治阶级的道德观念，这对于维护法制具有重要的作用。

2）法与道德的区别

法与道德毕竟是两种不同的社会现象，它们的区别主要在于：

（1）存在的时间不同

法只是阶级社会的现象，而道德则与人类社会共始终。在原始社会和未来的共产主义社会，道德不具有阶级性，只有在阶级社会里道德才具有阶级性。

（2）调整的范围不同

道德调整的范围比法律广泛得多。凡法律所禁止的行为，必然同时是统治阶级道德所谴责的，但道德所谴责的行为，却不全是法律明文禁止的。

（3）实施的方法不同

法是由国家强制力保证实施的，道德则是依靠社会舆论、传统习惯和人们的信念来维持的。法虽然也要把对人们行为的评价作为其实施的根据，但它不管人们内心是否赞同，都要求人们服从，否则就要采取强制手段。道德是在人们接受了某种道德观念和社会舆论以后，通过其内在活动和行为显示出来的。当然，在一定意义上，社会舆论、传统习惯力量也是一种外在的强制力量，但它们与作为法律后盾的有组织、有系统的国家的强制力相比，是有根本区别的。

（4）表现的形式不同

法由国家制定或认可，有各种正式的表现形式，如宪法、法律、法令、条例、命令、决议等等，并明确固定在这些形式之中。道德规范没有特定的表现形式，而是存在于人们的社会意识、流行的观念和信念中。

（5）存在的体系不同

无论在何国何时，法始终体现掌握国家政权的统治阶级的意志，它是阶级专政的工具，只有统治阶级才有可能把自己的意志变为国家意志，制定成具有普遍约束力的法律规范，被统治阶级的意志则不能成为法律。因此，在任何国家都只有一个由统治阶级制定的法律体系；而道德则不同，不管是统治阶级还是被统治阶级，都有自己的道德。一个社会有多少个阶级，就有多少种道德。

小资料1-1

新时代公民道德建设实施纲要

中共中央、国务院印发了《新时代公民道德建设实施纲要》，并发出通知，要求各地区各部门结合实际认真贯彻落实。

中华文明源远流长，孕育了中华民族的宝贵精神品格，培育了中国人民的崇高价值追求。中国共产党领导人民在革命、建设和改革历史进程中，坚持马克思主义对人类美好社会的理想，继承发扬中华传统美德，创造形成了引领中国社会发展进步的社会主义道德体系。坚持和发展中国特色社会主义，需要物质文明和精神文明全面发展、人民物质生活和精神生活水平全面提升。中国特色社会主义进入新时代，加强公民道德建设、提高全社会道德水平，是全面建成小康社会、全面建设社会主义现代化强国的战略任务，是适应社会主要矛盾变化、满足人民对美好生活向往的迫切需要，是促进社会全面进步、人的全面发展的必然要求。2001年，党中央颁布《公民道德建设实施纲要》，对在社会主义市场经济条件下加强公民道德建设提供了重要指导，有力促进了社会主义精神文明建设。党的十八大以来，以习近平同志为核心的党中央高度重视公民道德建设，立根塑魂、正本清源，做出一系列重要部署，推动思想道德建设取得显著成效。中国特色社会主义和中国梦深入人心，践行社会主义核心价值观、传承中华优秀传统文化的自觉性不断提升，爱国主义、集体主义、社会主义思想广为弘扬，崇尚英雄、尊重模范、学习先进成为风尚，民族自信心、自豪感大大增强，人民思想觉悟、道德水准、文明素养不断提高，道德领域呈现积极健康向上的良好态势。

同时也要看到，在国际国内形势深刻变化、我国经济社会深刻变革的大背景下，由于市场经济规则、政策法规、社会治理还不够健全，受不良思想文化侵蚀和网络有害信息影响，道德领域依然存在不少问题。一些地方、一些领域不同程度存在道德失范现象，拜金主义、享乐主义、极端个人主义仍然比较突出；一些社会成员道德观念模糊甚至缺失，是非、善恶、美丑不分，见利忘义、唯利是图，损人利己、损公肥私；造假欺诈、不讲信用的现象久治不绝，突破公序良俗底线、妨害人民幸福生活、伤害国家尊严和民族感情的事件时有发生。这些问题必须引起全党全社会高度重视，采取有力措施切实加以解决。

加强公民道德建设是一项长期而紧迫、艰巨而复杂的任务，要适应新时代新要求，坚持目标导向和问题导向相统一，进一步加大工作力度，把握规律、积极创新，持之以恒、久久为功，推动全民道德素质和社会文明程度达到一个新高度。

要以习近平新时代中国特色社会主义思想为指导，紧紧围绕进行伟大斗争、建设伟大工程、推进伟大事业、实现伟大梦想，着眼构筑中国精神、中国价值、中国力量，促进全体人民在理想信念、价值理念、道德观念上紧密团结在一起，在全民族牢固树立中国特色社会主义共同理想，在全社会大力弘扬社会主义核心价值观，积极倡导富强民主文明和谐、自由平等公正法治、爱国敬业诚信友善，全面推进社会公德、职业道德、家庭美德、个人品德建设，持续强化教育引导、实践养成、制度保障，不断提升公民道德素质，促进人的全面发展，培养和造就担当民族复兴大任的时代新人。

——坚持马克思主义道德观、社会主义道德观，倡导共产主义道德，以为人民服务为核心，以集体主义为原则，以爱祖国、爱人民、爱劳动、爱科学、爱社会主义为基本要求，始终保持公民道德建设的社会主义方向。

——坚持以社会主义核心价值观为引领，将国家、社会、个人层面的价值要求贯穿到道德建设各方面，以主流价值建构道德规范、强化道德认同、指引道德实践，引导人们明大德、守公德、严私德。

——坚持在继承传统中创新发展，自觉传承中华传统美德，继承我们党领导人民在长期实践中形成的优良传统和革命道德，适应新时代改革开放和社会主义市场经济发展要求，积极推动创造性转化、创新性发展，不断增强道德建设的时代性、实效性。

——坚持提升道德认知与推动道德实践相结合，尊重人民群众的主体地位，激发人们形成善良的道德意愿、道德情感，培育正确的道德判断和道德责任，提高道德实践能力尤其是自觉实践能力，引导人们向往和追求讲道德、尊道德、守道德的生活。

——坚持发挥社会主义法治的促进和保障作用，以法治承载道德理念、鲜明道德导向、弘扬美德义行，把社会主义道德要求体现到立法、执法、司法、守法之中，以法治的力量引导人们向上向善。

——坚持积极倡导与有效治理并举，遵循道德建设规律，把先进性要求与广泛性要求结合起来，坚持重在建设、立破并举，发挥榜样示范引领作用，加大突出问题整治力度，树立新风正气、祛除歪风邪气。

要把社会公德、职业道德、家庭美德、个人品德建设作为着力点。推动践行以文明礼貌、助人为乐、爱护公物、保护环境、遵纪守法为主要内容的社会公德，鼓励人们在社会上做一个好公民；推动践行以爱岗敬业、诚实守信、办事公道、热情服务、奉献社会为主要内容的职业道德，鼓励人们在工作中做一个好建设者；推动践行以尊老爱幼、男女平等、夫妻和睦、勤俭持家、邻里互助为主要内容的家庭美德，鼓励人们在家庭里做一个好成员；推动践行以爱国奉献、明礼遵规、勤劳善良、宽厚正直、自强自律为主要内容的个人品德，鼓励人们在日常生活中养成好品行。

同步案例1-2

王某"大义灭亲"

背景与情境： 王某的儿子已是成年人，但经常打架斗殴、偷鸡摸狗，称霸乡里。公安机关曾多次对其进行教育甚至拘留，但其仍屡教不改，从拘留所一出来就又危害乡邻。王某也多次对儿子进行批评教育，但没有任何效果。乡亲们深受其害，却拿他没有任何办法。王某在忍无可忍的情况下，采取了"大义灭亲"的方式，将其儿子杀害。案发后，乡邻一起到法院为王某求情，场面令人非常感动。虽然法院对王某的量刑有所减轻，但王某仍不可避免地要受到法律的制裁。

问题： 这个案例给我们哪些启示？

分析提示： 在这里，我们不能不为王某感到遗憾，为道德感到遗憾，同时也为法律感到遗憾。公安机关曾多次对王某的儿子进行教育和拘留，但仍未能使他的本性好转。在这种情况下，王某只好无奈地选择了他并不想选择的方式——"大义灭亲"，从而引发了道德与法律的碰撞。任何事物包括道德和法律都不是万能的，这使得道德不能完全解决好一切问题，法律也不能完全解决好一切问题。即使能解决，它们的解决方式及产生的后果也是不完全相同的。在这种情况下，法律与道德的冲突也就无法避免。

职业道德与企业伦理1-1

导游辱骂威胁游客　强迫消费万余元

背景与情境： 2017年12月13日至15日，李云受昆明云迪国际旅行社聘用，在云南省景洪市为所带游客提供导游服务并带游客到定点商家消费过程中，为达到迫使游客消费的目的，采取辱骂、威胁、对不参加消费的游客不发放房卡、对与其发生争执的游客驱赶并换乘车辆等手段，强迫8名游客购买商品、消费"傣秀"自费项目，强迫交易金额达 15 156 元，情节严重。导游李云强迫游客消费的视频于 2017 年 12 月 17 日在网上发布后至 12 月 29 日，该视频被 60 余家媒体网站、论坛和微信公众号转载报道，网民阅读总量 17 000 余次，相关贴文 680 余条，转发 8 250 余次，评论 16 200 余条，造成了恶劣的社会影响。

案件发生后，旅游主管部门及时调查，公安机关及时立案，景洪市人民检察院提起公诉后，景洪市人民法院于 2018 年 6 月 6 日对该案进行一审公开开庭审理，被告人李云的部分亲属及社会各界群众共计 50 余人旁听了庭审。庭审中，被告人李云如实供述自己的犯罪事实，认真悔罪，并当庭道歉。景洪市人民法院审理后认为，被告人李云的行为已经触犯《中华人民共和国刑法》（以下简称《刑法》）第二百二十六条（一）、（二）项，第六十七条第三款，第四十七条之规定，构成强迫交易罪，但被告人对自己的行为过错有较好认识，能主动坦白认罪，依法可以从轻处罚，遂做出对被告人李云以强迫交易罪判处有期徒刑 6 个月，并处罚金人民币 2 000 元的处罚。宣判后李云当庭表示认罪、悔罪，接受法院的判决。

资料来源　戴振华. 云南一导游辱骂威胁游客　强迫消费万余元获刑半年 [EB/OL]. (2018-06-11) [2020-09-14]. https://www.chinacourt.org/article/detail/2018/06/id/3334822.shtml. 引文经过改编.

问题： 如何看待云南景洪的"辱骂游客　强迫消费"事件？

分析提示： 2017 年发生在云南景洪的"辱骂游客　强迫消费"事件引发了社会各界强烈反响，后涉事导游被判刑并处罚金，该案件是云南全省乃至全国首例导游强迫交易入刑案，该案的审结维护了社会的公平正义，也为全国旅游行业的依法文明开展经营和提供服务标定了底线，对进一步净化云南旅游市场经营环境、完善旅游市场规则，具有示范效应和意义。

长期以来，尽管有关部门三令五申，要求规范旅游市场秩序，维护游客合法权益，构建旅游文明生态，但不合理低价团、零负团费等现象仍屡禁不止，导游辱骂、威胁游客，强制其消费的事件时有发生。尽管事后涉事单位和相关人员都被查处，但依然存在一些旅游企业和从业人员为追求利益而不择手段的行为。在法治社会，依法经营是底线，任何突破法律底线的行为都必须受到依法惩处，付出应有代价，同时旅游企业应当以诚信经营为原则，在经营活动中不得违反诚信经营原则损害消费者利益。云南导游强迫交易被判处刑罚的积极意义在于：一方面，对强制消费行为依法亮剑，是对市场经济下公平交易规则的捍卫，有利于推动旅游业健康发展。另一方面，迫使旅游经营单位和从业者切实秉持对行业法规和游客权益的敬畏，摒弃组织"不合理低价游"这一恶性竞争模式，加快向提供多元消费、提高服务水平、提升旅游品质转变，进而实现双赢、多赢、共赢的旅游市场格局。

1.3　法律责任

关于法律责任的概念，有广义与狭义之分。从广义上说，法律责任是指任何组织和个人都有遵守法律的义务，都应自觉地维护法律的尊严。从狭义上讲，法律责任是指违法人对自己的违法行为所应承担的带有强制性的法律上的责任。在司法中通常对法律责任做狭义的解释，本书也是采用狭义的法律责任这一概念。

法律责任的概念包含以下几方面内容：第一，法律责任是由违法行为引起的，两者之间存在着因果关系；第二，国家对违法者的否定反应，是通过专门的国家机关予以认定和追究的；第三，承担法律责任的主体是一切违法者，包括公民、法人、国家机关、公务人员和国家等；第四，法律责任的内容是违法者必须承担的具有强制性的法律上的义务。

与其他社会责任如政治责任、道义责任等相比较，法律责任具有自身的特点：在法律上有明确、具体的要求和规定；由国家强制力保证其执行；由国家授权的机关依法追究制裁，其他组织和个人无权行使这项权力。

法律责任一般分为刑事责任、民事责任和行政责任。

1.3.1 刑事责任

1）刑事责任的概念

刑事责任是指由于犯罪主体的行为触犯刑法，构成犯罪而受到刑法处罚的责任。与其他法律责任相比较，刑事责任具有严厉性的特点。由于刑事违法行为的性质和其所造成的严重危害性，因此，决定了刑事责任在各种法律责任中是最严重的责任。在现代，刑事责任是严格的个人责任。

2）追究刑事责任的要件

构成犯罪是追究行为人刑事责任的前提条件。任何一种犯罪都是具体的，每一种具体的犯罪都有其具体的构成要件。把各种具体犯罪的要件加以科学归纳，可以看出一切犯罪都具有某些共同性的构成要件。这些共同性的要件，就是犯罪构成。犯罪构成通常包含四个方面的要件：犯罪客体、犯罪的客观方面、犯罪主体、犯罪的主观方面。

（1）犯罪客体

犯罪客体是指为刑法所保护的，而为犯罪行为所侵犯的社会关系。例如，非法拘禁罪的犯罪客体是他人的人身自由权，盗窃罪的犯罪客体是他人的财产所有权等。

（2）犯罪的客观方面

犯罪的客观方面是指犯罪活动的客观外在表现。表明犯罪活动的客观外在表现的事实特征有：危害行为，危害结果，犯罪的时间、地点、方法等。其中，危害行为是任何犯罪构成都必须具备的要件，其他的是犯罪构成的选择要件。通常，犯罪的客观方面主要是指危害行为和危害结果。

（3）犯罪主体

犯罪主体是指实施犯罪行为，并对自己的罪行依法应负刑事责任的人。根据我国《刑法》的规定，犯罪主体必须具备以下条件：第一，犯罪主体是实施犯罪行为的人，不曾实施犯罪行为的人，不能成为犯罪主体。第二，自然人作为犯罪主体必须达到刑事责任年龄，即已满十六周岁的人犯罪，应当负刑事责任。已满十四周岁不满十六周岁的人，犯故意杀人、故意伤害致人重伤或者死亡、强奸、抢劫、贩卖毒品、放火、爆炸、投放危险物质罪的，应当负刑事责任。已满十二周岁不满十四周岁的人，犯故意杀人、故意伤害罪，致人死亡或者以特别残忍手段致人重伤造成严重残疾，情节恶劣，经最高人民检察院核准追诉的，应当负刑事责任。第三，自然人作为犯罪主体必须具有刑事责任能力，即具有辨认和控制其行为的能力，如精神病人在不能辨认或者不能控制自己行为的时候造成危害结果，经法定程序鉴定确认的，不负刑事责任。

（4）犯罪的主观方面

犯罪的主观方面是指犯罪主体对其行为可能引起的危害社会的结果的心理状态，通常指犯罪的故意或过失，在某些犯罪中还包括犯罪目的。

《刑法》规定："明知自己的行为会发生危害社会的结果，并且希望或放任这种结果发生因而构成犯罪的，是故意犯罪。""应当预见自己的行为可能发生危害社会的结果，因为疏忽大意而没有预见，或者已经预见而轻信能够避免，以致发生这种结果的，是过失犯罪。"

某种行为同时具备上述犯罪客体、犯罪的客观方面、犯罪主体、犯罪的主观方面四个要件时，即可认定其构成犯罪，可依法追究行为人的刑事责任。

3）承担刑事责任的方式

在我国，行为人承担刑事责任的方式是依据《刑法》的规定对行为人处以刑罚。我国刑罚分为主刑和附加刑两大类。

（1）主刑

主刑是指对犯罪分子适用的主要刑罚方法。主刑只能独立适用，不能附加适用。我国的主刑有五种：①管制：是对犯罪分子不实行关押，但是限制其一定的自由，交由公安机关管束和群众监督改造的刑罚。②拘役：是剥夺犯罪分子的短期自由，就近实行劳动改造的刑罚。③有期徒刑：是剥夺犯罪分子一定期限的自由，实行强迫劳动改造的刑罚。④无期徒刑：是剥夺犯罪分子终身自由，实行强迫劳动改造的刑罚。⑤死刑：是剥夺犯罪分子生命的刑罚。

（2）附加刑

附加刑是指既能附加于主刑适用也能独立适用的刑罚方法。在附加于主刑适用时，可以同时判处和执行不止一种的附加刑。我国的附加刑有三种，即罚金、剥夺政治权利、没收财产。

1.3.2　民事责任

1）民事责任的概念

在民事活动中，因从事不法行为，或者不履行合同义务，从而侵犯了对方的权利或者使对方的民事权利得不到实现，依法应承担的法律责任，称为民事责任。

与其他法律责任相比较，民事责任具有自身的特点：第一，民事责任是违反民事法律规范所应承担的法律责任；第二，它是违约或违法行为人对受害人承担的一种法律责任；第三，它主要是一种财产责任；第四，它的责任范围与所造成的损失或损害的大小相适应，一般具有补偿和恢复原状的性质。

按民事责任产生的不同原因，可将其分为侵权责任、违约责任和因违法行为而承担的赔偿责任。民事责任的主体包括自然人和法人。无论在古代还是现代，民事责任都可以连带给相关人，或由相关人负替代责任。

2）追究民事责任的要件

（1）行为的违法性

这是侵权行为人承担民事责任的先决条件。在一般情况下，如果行为不违法，即无民事责任可言，但法律有特别规定的除外。

（2）有损害事实的存在

损害事实包括物质损害和精神损害。如果侵权行为人的行为并未给他人造成物质损害或精神损害的结果，就没有承担民事责任的必要。

（3）侵权行为与损害事实之间有因果关系

这是指损害事实的发生，确实是由于侵权行为所造成的，就是说，这种侵权行为是造成该项损害的原因，而该项损害则是这种侵权行为的结果。

（4）行为人有过错

这是指行为人的不法行为存在故意或过失。如果行为人在主观上既无故意又无过失，即使造成一定的损害结果，也无须承担民事责任。这就是民法理论上适用最广泛的"过错责任原则"。但我国《中华人民共和国民法典》（以下简称《民法典》）关于产品责任、危险作业责任、环境污染责任、饲养动物造成损害的责任，也允许适用无过错责任原则。此外，《民法典》还规定，当事人对损害的发生都没有过错的，可以根据实际情况，由当事人分担民事责任。

3）承担民事责任的方式

根据《民法典》的规定，承担民事责任的方式主要有：停止侵害；排除妨碍；消除危险；返还财产；恢复原状；修理、重作、更换；继续履行；赔偿损失；支付违约金；消除影响、恢复名誉；赔礼道歉等。上述承担民事责任的方式，可以单独适用，也可以合并适用。特别是因侵权而致人损害时，在责令行为人承担其他民事责任的同时，还可请求赔偿损失。

同步案例1-3

间歇性精神病人张某打人致伤

背景与情境：张某患有间歇性精神分裂症，平时和正常人一样，只有犯病时才有异常表现。一日，张某外出办事时突然发病，将与其素不相识的李某打成重伤，李某为治伤花费23 000元。李某要求依法追究张某的刑事责任，并赔偿其23 000元的医疗费。

问题：张某是否应负刑事责任？

分析提示：因张某患有间歇性精神分裂症，犯病期间为无刑事责任能力人，不能追究张某的刑事责任；但张某应当承担民事责任，赔偿李某为治伤花费的23 000元。

1.3.3 行政责任

1）行政责任的概念

行政责任是指因行政违法行为而承担的法律责任。行政责任可以分为违法行政责任和行政违法责任。违法行政责任是指行政机关及其公职人员在行政管理、行政给付行为中滥用职权和违法失职行为而导致的行政责任。行政违法责任是因行政管理行为违反行政管理法规而承担的法律责任。

2）承担行政责任的方式

（1）行政处分

行政处分是国家机关、企事业单位对有违纪行为未构成犯罪的，或者构成犯罪但是依法不追究刑事责任的公务员或其他人员给予的行政处罚。《中华人民共和国公务员法》规定,对公务员的处分包括警告、记过、记大过、降级、撤职、开除六种。处分国家公务员必须依照法定程序,在规定的时限内由任免机关或者行政监察机关做出决定。其中,给予开除处分的,应报上级机关备案;县级以下国家行政机关开除公务员的,必须报县级人民政府批准。

（2）行政处罚

行政处罚是由国家特定的行政机关给予违反行政法规行为的公民或法人的一种强制措施。目前我国法律规定的有关行政处罚的种类主要有:警告,罚款,拘留,没收财物和非法所得,吊销营业执照,吊销许可证,责令停产、停业、关闭,责令追回已售出的禁止生产经营的产品,责令限期改正,责令限期治理,通报,停发许可证,扣留职务证书,撤销商标,销毁禁止生产、经营的食品、食品添加剂等。

依照行政法规的规定,执行行政处罚的机关包括公安机关、市场监督管理机关、海关、物价管理机关等。

小思考1-1

民事责任、行政责任、刑事责任三者有什么区别?

理解要点: 三者的区别主要在于设立责任的依据不同:民事责任大多基于民事法律关系的设立,双方是平等民事主体,责任的产生主要是通过合同、一般侵权、无因管理、不当得利等事由。行政责任是违反了国家行政法规而需承担的责任,是一种民对官的责任,主体之间是不平等的,比如违反特许经营规定等应当承担的责任。刑事责任是最严重的一种责任,只有触犯了《刑法》的犯罪行为才可能会承担刑事责任。判定是否有罪并承担刑事责任是法院的专属职能,其他任何机关不能行使,非经审判,不能定罪。

同步案例1-4

旅客住宿时丢车案

背景与情境: 一天晚上,李某驾驶自己刚买的一辆二轮摩托车与王某到县城办事,因事未办完,便在一家旅馆登记住宿。李某按旅馆保安员的要求,将摩托车停放在住宿楼下的一间车库内后,上楼休息。次日清晨,李某发现自己的摩托车不见了。在与旅馆老板和保安员交涉无果的情况下,李某将旅馆老板告上法庭,要求其赔偿损失。

问题: 旅馆是否应当承担赔偿责任?

分析提示: 李某到旅馆住宿,双方形成一种服务与被服务的关系,服务的范围不仅包括住宿本身,还包括其人身和财产安全。另外,不能因为停车是免费的,就认为旅馆没有保障车辆安全的义务。事实上,停车场的停车消费也是顾客消费的项目之一,其费用已经包含在住宿费之中,是一种以招徕顾客为目的的有偿服务,因此,不能说旅馆没有收费就不承担车辆丢失的责任。

教学互动1-1

旅行社伪造假行程单案

背景与情境: 林先生是温州人,因为工作需要,经常出国。林先生准备2019年4

月去法国，在1月份他找到温州海外旅游公司，花费1 400元委托其代办法国签证。林先生说，去上海办理签证当天，旅游公司还专门给自己安排了一个陪签员。林先生也按照陪签员的意思，拿着旅行社准备的材料去签证中心递交材料。

签证中心的工作人员询问林先生的行程，林先生称4月12日去法国，回来行程尚未确定。工作人员认为林先生的说法与其提交的材料不符，材料上显示的行程时间为4月12日至4月27日。递交材料的第二天，林先生就收到了被拒签的通知。拒签的理由是签证中心认为林先生伪造机票预订单和行程表，提供的信息可信度不高。

事后，林先生仔细查看了自己的签证材料，发现旅游公司还为自己制定了所谓的行程表，可他压根没有行程安排。最让林先生生气的是，旅游公司在没经过自己同意的情况下，把行程确定在了4月12日到27日之间。对机票预订单与行程表林先生并不知情。林先生说，当时选择签证代办，就是为了图个方便。可没想到，因为代办公司的画蛇添足，反而导致自己被拒签，不仅影响出国安排，还让自己有了被拒签的不光彩记录。温州海外旅游公司称将采取补救措施，并承诺如果第二次再拒签将承担所有的费用。

资料来源　佚名. 出示机票预订和行程单后还是被拒签，通过旅行社做签证的一定要注意这件事 [EB/OL]. （2019-03-20）［2020-09-18］. https://kuaibao.qq.com/s/20190320A0JSHJ00.引文经过改编.

互动问题：

1）温州海外旅游公司的行为是否违法？有何依据？

2）温州海外旅游公司应当承担何种法律责任？有何依据？

要求：

1）教师不直接提供上述问题的答案，而引导学生结合本节教学内容就这些问题进行独立思考、自由发表见解，组织课堂讨论。

2）教师把握好讨论节奏，对学生提出的典型见解进行点评。

▶ 本章概要

□ 内容提要

本章介绍了法的起源、法的特征以及法与其他社会现象的关系，讲述了刑事责任、民事责任和行政责任以及承担各种法律责任的方式。

□ 主要概念和观念

▲ 主要概念

法　法律责任　刑事责任　民事责任

▲ 主要观念

法的起源与特征　法与其他社会现象的关系　法律责任

□ 重点实务

法的特征　法与政策　法与道德

▶ 基本训练

□ 知识训练

▲ 复习题

1）法的特征是什么？

2）法与政策的关系如何？

学习微平台

延伸阅读1-2

3）民事责任有哪几个构成要件？

4）承担民事责任的方式有哪些？

5）行政处罚的种类有哪些？

6）犯罪客体和犯罪的客观方面是什么？

7）犯罪主体和犯罪的主观方面是什么？

8）我国刑罚中的附加刑有哪几种？

▲ 讨论题

将班级学生分成若干讨论小组，各组成员根据"法与道德"这一主题，通过上网或查阅报刊资料等途径，搜集导游工作中的案例并加以分析，讨论导游人员在工作中应如何正确遵守法律，如何正确遵守职业道德？

□ 能力训练

▲ 案例分析

【训练项目】

案例分析-Ⅰ。

【相关案例】

游客在宾馆受伤

背景与情境： 2019 年 4 月 13 日，曾某参加了娄底市宝中乐游国际旅行社有限责任公司组织的湘西凤凰旅游，旅行社为曾某在中国人民财产保险股份有限公司长沙市分公司处购买了人保境内旅游险。曾某于当晚在凤凰县景腾宾馆 407 房间入住，因洗澡间没有防滑垫，洗澡时不慎滑倒致右手手腕处骨折，送至凤凰县人民医院治疗。后经凤凰县公安局调解，凤凰县景腾宾馆派车将曾某送回娄底市。原告先后在娄底市中心医院及广东省惠州市龙门县平陵镇卫生院接受治疗。后曾某为维护自身利益，将保险公司、旅行社和凤凰县景腾宾馆告上法庭，要求三者承担赔偿责任。

资料来源 娄底市中级人民法院. 曾艳华与中国人民财产保险股份有限公司长沙市分公司、凤凰县景腾宾馆旅游合同纠纷［EB/OL］.（2020-06-10）［2020-09-18］. https://wenshu.court.gov.cn/website/wenshu/181107ANFZ0BXSK4/index.html?docId=3e27fe6188404dfe94f6abd10185b25f.引文经过改编.

问题：

1）旅行社与曾某之间形成了何种法律关系？

2）旅行社是否应承担责任？

3）此案中的凤凰县景腾宾馆有没有责任？

【训练要求】

以班级小组为单位组建训练团队，分析案例提出的问题，拟出《案例分析提纲》；团队讨论，形成《案例分析报告》；各团队在班级交流和相互点评《案例分析报告》；在校园网的本课程平台上展出经过修订并附有教师点评的各团队《案例分析报告》，供学生相互借鉴。

▲ 自主学习

【训练项目】

自主学习-Ⅰ。

【训练目的】

见本章"学习目标"中的"职业能力"。

【训练步骤】

1）班级同学以小组为单位组建"自主学习"训练团队，每队确定一人负责。

2）各团队根据训练项目需要进行角色分工。

3）通过校图书馆、院资料室和互联网，查阅"文献综述格式、范文及书写规范要求"和近三年关于"法律责任"研究的前沿学术文献资料。

4）综合和整理"法律责任"研究的前沿学术文献资料，依照"文献综述格式、范文及书写规范要求"，撰写《"法律责任"最新文献综述》。

5）在班级交流各团队的《"法律责任"最新文献综述》。

6）在校园网的本课程平台上展出经过修订并附有教师点评的各团队《"法律责任"最新文献综述》，供学生相互借鉴。

□ 课程思政

【训练项目】

课程思政-Ⅰ。

【相关案例】

导游强制游客消费购物

背景与情境：国庆节出游本来是去放松旅游的，但是在履行过程中，也会遇到一些让人觉得糟心的事情，比如"天价蟹""天价虾"。日前一名跟团游客因为购买的东西太少而被导游辱骂且不让其吃饭，目前该旅行社及涉事导游已被相关部门处理。

10月3日，有媒体曝光云南丽江一名导游在带团时多次辱骂游客并胁迫购物，如果购物太少就不让吃饭。丽江市旅游发展委员会6日在官网发布了通报。通报称，10月3日，央视播出"人在囧途之遭遇黑嘴导游"事件后，丽江市旅游发展委员会相关执法人员立即进行调查处理。经质监所执法人员调查核实，体验者李小姐于8月27日由假日风光旅行社组织前来丽江旅游，丽江段行程由青龙山旅行社接待安排玉龙雪山一日游的行程，青龙山旅行社委派导游刘某陪同李小姐一行44人前往玉龙雪山一日游，导游刘某上车后多次使用不文明语言辱骂游客，并有胁迫游客购物的行为。

通报称，在事实清楚、证据确凿的情况下，按照《旅行社条例》相关规定，决定对青龙山旅行社处以罚款10万元的行政处罚；决定对导游刘某做吊销导游证的行政处罚。

资料来源　佚名. 导游强制游客消费购物将被吊销导游证［EB/OL］.（2020-03-19）［2020-09-21］. https://www.66law.cn/laws/131675.aspx.引文经过改编.

问题：旅行社和导游有哪些违反行业道德规范的行为？

【训练要求】

以班级小组为单位组建训练团队，研判案例提出的问题，拟出《思政研判提纲》；团队讨论，形成《思政研判报告》；各团队在班级交流和相互点评《思政研判报告》；在校园网的本课程平台上展出经过修订并附有教师点评的各团队《思政研判报告》，供学生相互借鉴。

旅游法概述

● 学习目标

通过本章学习，应达到以下目标：

职业知识： 学习和把握"旅游法概述"的相关概念，旅游法的产生原因及调整对象，中外旅游立法概况，旅游法规的主要内容，旅游法律关系，以及"同步链接""延伸阅读""小资料"等理论与实务知识；能用其指导本章"同步思考""教学互动"和"基本训练"中"知识训练"各题型的认知活动，建构专业规则意识，正确解答相关问题。

职业能力： 运用本章知识研究相关案例，训练在"旅游法概述"特定情境下对当事者行为的多元表征专业能力和"与人交流"通用能力；通过"《中华人民共和国旅游法》知识应用"的实训操练，培养相关专业技能。

课程思政： 结合本章教学内容，依照相关规范或要求，对"课程思政2-1"和章后"导游擅自把游客关在金铺"等案例中的企业或其从业人员行为进行思政研判，强化与案例议题相关的法律法规思考和政治素质，促进"立德树人"根本任务的落实。

学习微平台

思维导图 2-1

引例：一次旅游活动引发的纠纷

背景与情境： 小李国庆长假期间报了某国内旅行社组织的"泰国七日游精品团"到泰国旅游，该旅行社安排乘坐的泰国航空公司飞机因为晚点到达，结果第一天行程安排中的夜间观看表演未能如期成行。小李单独去观看表演后，地接社认为他是自费观看，不予报销。

在准备乘机返航回国时，当全团按时到达机场后，由于航空公司航班调整，全团预订的航班已经提前飞走，全团只得改签第二天的飞机回国，当天晚上，地接社安排全团人员在机场附近住宿，并要求全团人员自行承担住宿费，但未获同意，该地接社最终承担了该笔住宿费。

回国后，小李因延误一天上班耽误了公司的重要会议，被公司按照公司规章扣罚了200元，小李找到该旅行社交涉未果。于是，小李将该旅行社诉至法院，要求退还人妖表演的费用、延误航班的误工费及精神损失费，该旅行社反诉要求小李承担回国前在机场附近住宿的费用500元。

资料来源 佚名. 旅游纠纷经典案例 [EB/OL]. [2016-04-20]. http://www.docin.com/p-1541231533.html.

上述案例告诉我们，人们在旅游活动中形成了复杂的社会关系，例如，旅游者与旅游经营者在旅游活动中所形成的权利与义务关系，旅游企业之间因经营旅游业务而产生的协作关系等，这些社会关系必须通过立法加以调整，我们在本章中将介绍旅游法、旅游立法以及旅游法律关系的相关知识。旅游法是用以调整旅游活动中各种社会关系的法律规范的总称，因而体现了旅游活动的特点。这是旅游法区别于其他部门法的一个基本标志。

2.1 旅游法的产生及其调整对象

20世纪以来，特别是第二次世界大战以后，由于旅游业的发展，一些国家逐渐认识到旅游立法的必要性和重要性，相继颁布了一些旅游法律、法规，从而产生了一个新的部门法律——旅游法。它以旅游活动中形成的各种社会关系为调整对象，对保护和促进旅游业的发展起到了积极的推动作用。

2.1.1 旅游业的发展和旅游法的产生

旅游活动古已有之。在古代和中世纪，旅游不仅是王公贵族、文人墨客的消遣娱乐方式，而且往往同有志之士的探险、考察活动相伴随。比如，中国古代的郦道元、徐霞客，欧洲的马可·波罗，他们不仅是著名的旅行家，而且留下了许多著作，如《马可·波罗游记》等。但是，古代和中世纪的旅游活动是个别的和分散的，始终没有形成也不可能形成一个产业门类。到了近代，随着资本主义生产关系的确立和工业革命的兴起，使世界范围内的经济和社会结构发生了深刻的变化。社会财富的增加，交通状况的改善，为旅游业的形成提供了前提条件。同时，在工业化大生产的条件下，人们的生活节奏加快，心理压力增加，产生了外出旅游的心理需求。于是，一个新的经济领域——旅游业——便于19世纪在西方应运而生。第二次世界大战以后，由于全球局势的相对稳定，社会经济的持续发展，旅游业已从组织单一的观光活动发展成为一种经济活动，对全球的经济和社会生活产生了深刻影响。

1) 旅游业已经真正形成了一个产业门类

旅游业具有创汇率高、投资回报高、提供就业机会多等特点，因此，当今世界无论是发达国家还是发展中国家都致力于发展旅游业，旅游业被誉为"朝阳产业"或"无烟工业"，其发展速度居其他产业之首。据统计，到1992年，旅游业已成为世界第一大产业。2019年，我国国内旅游收入5.72万亿元人民币，国际旅游（外汇）收入1 313亿美元，全年实现旅游业总收入6.63万亿元人民币。在世界经济的未来发展中，旅游业仍将长期成为最具潜力的经济增长点。

2) 旅游已经成为人们广泛参与的社会文化活动

由于社会物质财富的增长，人们的收入除了维持生计以外，可供自由支配的部分越来越多。加之各国国内和国际交通、通信的日益发达，旅游从少数人的消遣活动发展为公众广泛参与的社会文化活动。据统计，西欧各国每年约有1/3的人出境旅游，美国每年出境旅游的人数超过2 000万；即使在发展中国家，也有相当一部分人具备了支付旅游费用的能力。2019年，我国国内旅游人数为60.1亿人次，接待入境旅游人数为1.45亿人次，中国公民出境人数达到1.54亿人次。旅游活动的广泛开展，丰富了人们的精神文化生活，提高了人们的素质，增进了各国人民的相互了解和友谊，促进了不同国家、不同地区之间的文化交流。

3) 旅游业的发展也使社会增加了一些消极因素

在现代旅游业的发展过程中，由于旅游规模和范围的扩大，旅游内容的增加，旅游方式的改变，产生了一系列错综复杂的社会关系。同时，旅游业的发展也给社会带来了一些消极的因素，例如，因旅游资源开发利用中的失误所造成的环境污染、生态失衡、重复建设等；旅游业中的消极腐败现象助长了社会的不良风气；由于殖民主义、种族主义的影响，西方游客不尊重接待国（往往是第三世界国家）的风俗习惯，引起激烈的主客冲突；各国国内和国际旅游业的无序竞争，不仅影响了旅游业的声誉，而且造成了社会财富的极大浪费等。为了调整旅游活动中形成的复杂的社会关系，促进旅游业的健康发展，抑制旅游业发展过程中产生的消极因素，解决旅游业发展过程中遇到的矛盾和问题，不少国家的政府逐步认识到了用法律手段规范旅游业发展的必要性以及调整因旅游活动而产生的复杂社会关系的紧迫性和重要性。可以说，旅游立法是旅游业发展的客观要求。

20世纪五六十年代，"旅游法"的概念被正式提出。到20世纪六七十年代，日本、韩国、巴西、墨西哥、英国等国根据其本国的情况，相继制定了一些专门的旅游法律、法规。在一些国家，不仅有旅游行业管理、旅游资源保护、旅游关系调整的单项法规，而且制定了旅游基本法，旅游立法工作开始趋向完善。

综上所述，旅游法是现代旅游业发展的必然产物，是调整在旅游活动中所产生的各种社会关系的主要法律依据，它对于促进旅游业的健康发展发挥了重要作用。

2.1.2　旅游法的概念和调整对象

1) 旅游法的概念

旅游法是调整旅游活动领域中各种社会关系的法律规范的总称。正确理解旅游法的概念，应当注意把握以下三点：

（1）旅游法的概念有广义和狭义之分

广义的旅游法是一个法律规范体系，它是由国家制定或认可的调整旅游活动中所产生的各种社会关系的法律规范的总称。就我国的情况而言，广义的旅游法应当包括：全国人民代表大会制定的有关旅游业的法律；国务院制定的旅游行政法规；国家旅游行政主管部门制定的部门规章；地方旅游法规以及我国政府缔结、承认的国际旅游公约和规章等。狭义的旅游法是指旅游基本法，即规定一个国家发展旅游事业的根本宗旨、根本原则和旅游活动各主体根本权利义务关系的法律。我国的旅游基本法由全国人民代表大会及其常务委员会负责制定并颁布实施。

（2）旅游法是一个法律规范体系

从法的分类的角度看，它既包括国内法规范，又包括国际法规范；既有实体性规范，又有程序性规范；既有私法性规范，又有公法性规范。

（3）旅游法是用以调整旅游活动中各种社会关系的，因而体现了旅游活动的特点

这是旅游法区别于其他部门法的一个基本标志。有些社会关系虽然发生在旅游活动当中，却不属于旅游法调整的范围，如旅游者在旅游活动中所从事的商务活动等。

2）我国旅游法所调整的主要社会关系

（1）国家旅游行政管理机关与旅游经营者之间的关系以及旅游管理的相关部门与旅游经营者之间的关系

这是一种纵向法律关系。国家旅游行政管理机关除了制定、贯彻旅游业发展的方针、政策之外，对旅游经营者的经营活动负有监督、管理的责任，它同旅游经营者之间的关系主要表现为领导与被领导、管理与被管理、监督与被监督的关系。前者主要表现为权力的行使，后者主要表现为义务的履行，双方的主体地位不是平等的。

（2）旅游者与旅游经营者之间以及旅游经营者之间的关系

这是一种横向的法律关系。参与法律关系的各主体之间的法律地位是平等的，主体间的关系一般应以合同的形式加以确立，各主体在履行义务的同时享有相应的权利，或者说，在享有权利的同时，承担相应的义务。因此，各主体在参与旅游活动时，相互之间应当遵循自愿、平等、公平和诚实信用的原则。

（3）旅游企业内部的关系

这是一种综合的法律关系，包括企业决策机构与执行机构之间的关系、执行机构相互之间的关系、监督机构与其他机构之间的关系、职工和企业之间的关系等。

（4）外国旅游经营者、旅游者进入我国旅游市场所产生的关系

这是一种具有涉外因素的法律关系。这种法律关系主要包括外国旅游经营者、旅游者在中国的法律地位，中国旅游经营者与外国旅游经营者之间的关系，中外合资、合作旅游企业中的中外各方合作经营关系，外商独资旅游企业与中国政府之间的关系等。这些法律关系除了涉及我国政府参加的国际公约以及国际惯例以外，都应由我国法律进行调整。

2.2　旅游立法

2.2.1　旅游立法概述

1）旅游立法的概念和范围

立法又称法的制定，是指国家机关依照其职权范围，通过一定程序制定、修改、废止法律规范的活动。它既包括拥有立法权的国家机关的立法活动，又包括被授权的其他国家机关制定从属于法律的规范性法律文件的活动。旅游立法是由国家立法机关制定、修改、废止旅游法律法规的活动，是国家加强对旅游事业管理的手段。

2）旅游立法机关和旅游法规的效力

立法机关同立法体制（或称立法权限）密切相关。在不同国家或同一国家的不同时期，由于受国家本质、体制和历史文化传统等因素的影响，立法体制是有所不同的。根据我国宪法的规定，我国的立法体制是一元性立法体制。但无论是一元性立法体制还是二元或多元性立法体制，其立法机关都是多层次的。旅游活动的广泛性和所涉及的社会关系的复杂性，决定了旅游立法的多层次性，因此，旅游立法机关也是多层次的。

以我国为例，旅游立法机关是多层次的，主要包括：

（1）全国人民代表大会及其常务委员会

它根据宪法规定行使国家立法权，是专门的国家立法机关。只有全国人大及其常委会才有权制定法律。我国的旅游基本法《中华人民共和国旅游法》（以下简称《旅游法》）就是于 2013 年 4 月 25 日第十二届全国人民代表大会常务委员会第二次会议通过的。

（2）国务院

根据宪法规定，国务院有权根据宪法和法律制定旅游行政法规，发布有关决定和命令。国务院所发布的决定和命令属于规范性文件，同样具有行政法规的效力。

（3）国务院旅游行政主管部门

根据法律规定，国务院旅游行政主管部门可以在本部门的权限内，发布命令、指示和规章。

（4）地方国家机关

根据宪法和有关法律规定，省、自治区、直辖市以及省级人民政府所在地的市和经国务院批准的较大市的人民代表大会及其常务委员会，在不与宪法、法律、行政法规相抵触的情况下，有权制定地方旅游法规，在本地区实施。

（5）民族自治地方的国家权力机关

根据宪法规定，民族自治地方的人民代表大会有权依照当地民族的政治、经济和文化特点，制定自治条例和单行条例，但必须报请上一级人民代表大会批准后方能生效，因而民族自治地方的国家权力机关可以制定有关旅游方面的单行条例。

除上述立法机关外，我国香港特别行政区和澳门特别行政区还享有单独的立法权。

中华人民共和国文化和旅游部设立

2018年3月13日，国务院机构改革方案提请第十三届全国人民代表大会第一次会议审议。根据该方案，改革后，国家旅游局与文化部合并，组建文化和旅游部。不再保留原文化部、国家旅游局。调整旨在"为增强和彰显文化自信，统筹文化事业、文化产业发展和旅游资源开发，提高国家文化软实力和中华文化影响力，推动文化事业、文化产业和旅游业融合发展"。

由于旅游立法机关层次的不同，它们所制定的法律规范的效力也是不同的。在我国，旅游法律规范同其他法律规范一样，其法律效力由高到低依次为宪法、基本法、行政法规、地方性法规。从理论上说，国家的法律应当是一个有机整体，不应当相互歧异。但在实践中，法律文件之间的矛盾是难以避免的。对不同层次法律文件所产生的矛盾，应以较高效力的法律文件为准，地方性法规不得违反全国性法规中的规定和基本原则，行政法规和部门规章不得违反法律，各种法律、法规都应当符合宪法规定的基本精神。对同一层次法律文件所产生的矛盾，则适用特别规定优于一般规定的原则。

小思考2-1

不同层次的法律文件如果相互歧异，应如何判定其效力？

理解要点：不同层次的法律文件所产生的矛盾，应以较高层次的法律文件的效力为准。具体地讲，地方性法规不得违反全国性法规中的规定和基本原则，行政法规和部门规章不得违反法律的规定，各种法律、法规都应当符合宪法规定的基本精神。

3）旅游立法的作用

（1）通过立法对旅游事业的发展进行宏观调控

国家通过制定旅游法律法规，确定旅游业发展的基本原则、基本方针和产业政策，对旅游业进行有效的宏观调控，把旅游业纳入整个社会和经济发展之中，使旅游业的发展能够起到促进社会和经济发展的作用。

（2）明确参与旅游活动各主体的权利和义务，保护其合法权益

旅游法律规范把旅游法律关系中各主体的权利和义务固定下来，使其在法律规定的范围内行使权利，履行义务，取得合法利益。当其合法权益受到侵害时，可以依法请求保护并获得赔偿。

（3）规范和引导旅游活动行为

旅游法律规范为旅游法律关系中各主体的行为提供了行为模式和判断标准。其合法有效的行为将依法受到保护，违法无效的行为则不受法律保护，造成法律后果的要依法承担法律责任。可见，旅游法律规范的制定和实施，无疑对参与法律关系的各主体起到了规范、引导、教育和警示的作用。

（4）为旅游业的发展提供了法律保障

旅游法规明确了旅游活动主体的权利、义务、责任和行为规范，对旅游活动中的

各种社会关系起到了恰当合理的调整作用，维护了旅游业发展的正常秩序，为旅游业的发展奠定了法律基础，提供了法律保障。

（5）产生了新的部门法，丰富了国家的法律体系

部门法又称法的部门，它是对国家现行法律规范按其所调整的社会关系及与之相适应的调整方法的不同所做的一个分类，是同类法律规范的总称。旅游社会关系虽然有许多可以分别纳入民事法律关系、经济法律关系和行政法律关系的范畴，但由于旅游活动的特殊性，又使得它和一般的民事、经济和行政法律关系有所区别，因此，通过旅游立法建立起来的法律规范在事实上形成了一个相对独立的法律部门，丰富了各国的法律体系。

2.2.2　世界旅游立法状况概述

1）国际旅游法

国际旅游法是调整国际旅游领域所发生的各种社会关系的国际条约（或条约性文件）、国际惯例和各国旅游涉外法律的总称，是国际法的一部分，是当代国际法的一个新领域。国际旅游法同国际法一样，其制定者是参与国际旅游事务的主权国家，各国通过协商制定对国家有拘束力的有关旅游事务的原则、规则和制度，如果没有它，也不可能有专门的立法机构，因此它通常的表现形式是条约、协定、公约等。它只对缔约国和参加国有拘束力，不能侵犯未参加国的利益。

国际旅游法的产生是同旅游业的发展和旅游活动日趋国际化密不可分的。目前，主要的国际旅游公约、协定有：

（1）《国际旅馆业新规程》

1981 年 11 月，国际旅馆协会理事会通过了《国际旅馆业新规程》。制定该规程的宗旨是，希望国际旅馆业规程得到各国的普遍承认，适用旅馆合同的职业习惯应加以统一规范，使顾客和旅馆双方都能够了解自己所享有的权利和承担的义务。

（2）《关于旅行契约的国际公约》

《关于旅行契约的国际公约》于 1970 年 4 月在布鲁塞尔签订。该公约规定了国际旅行合同的主要内容，要求在国际旅行合同中明确旅游经营者、中间人和旅游者之间的权利和义务关系。

（3）《统一国际航空运输某些规则的公约》

《统一国际航空运输某些规则的公约》于 1929 年 10 月在华沙签订，又称为《华沙公约》；1955 年 9 月在海牙订立了《修改 1929 年 10 月 12 日在华沙签订的〈统一国际航空运输某些规则的公约〉的议定书》，又称《海牙议定书》；1961 年 9 月在墨西哥瓜达拉哈拉签订了《统一非缔约承运人所办国际航空运输某些规则以补充〈华沙公约〉的公约》，又称《瓜达拉哈拉公约》；1999 年 5 月中国和其他 51 个国家在加拿大蒙特利尔签署了《蒙特利尔公约》。这四个航空运输公约是国际航空运输的主要公约，对国际航空客货运输、客票、行李票、运单、法律责任、争议处理等做了比较全面的规定。

（4）《国际航空运输协定》

《国际航空运输协定》于 1944 年 12 月签订于芝加哥。该协定要求参加国按其规定进行飞行、着陆、办理客货运输业务。

（5）《1974年海上旅客及其行李运输雅典公约》

《1974年海上旅客及其行李运输雅典公约》（简称《1974年雅典公约》）是1974年12月13日国际海事组织在雅典召开的海上旅客及其行李的国际会议上制定的公约，它是关于旅客及其行李在国际海上运输中的赔偿责任以及相关规定的最主要的国际公约。国际海事组织于1976年、1990年、2002年对该公约进行了三次修改，分别签订了1976年议定书、1990年议定书和《2002年海上旅客及其行李运输雅典公约》。中国政府于1994年6月1日宣布加入《1974年雅典公约》及其1976年议定书，该公约及其1976年议定书于1994年8月30日起对我国生效。

（6）《关于铁路旅客及行李运输的国际公约》

《关于铁路旅客及行李运输的国际公约》于1970年2月签订于瑞士的伯尔尼。该公约详尽规定了国际铁路客、货运输的有关事宜。我国及其他许多国家在制定有关国内铁路运输法规时采纳、借鉴了该公约的有关内容。

（7）《旅游权利法案和旅游者守则》

《旅游权利法案和旅游者守则》于1985年9月在保加利亚索菲亚召开的世界旅游组织会议上通过。该守则进一步确认了旅游者的权利，明确了旅游者的义务。我国的《旅游法》借鉴了该守则的旅游者权位理念。

（8）关于制止在航空器内实施犯罪的有关国际公约

这些国际公约包括1963年9月签订于东京的《关于在航空器内的犯罪和其他某些行为的公约》、1970年12月在海牙签订的《关于制止非法劫持航空器的公约》、1971年9月在蒙特利尔签订的《关于制止危害民用航空安全的非法行为公约》。我国政府参加了上述三个公约，但对争议仲裁提交国际法院的条款提出了保留。

2）国外旅游立法

国外特别是西方国家由于旅游事业起步早、发展快，较早地认识到了运用立法手段调整旅游社会关系的重要性。即便如此，仍有一些国家的立法者认为通用性的法律规定足以调整旅游社会关系，没必要进行专门的旅游立法，如德国对旅游社会关系的调整主要借助于《德国民法典》。目前，多数旅游事业发达的国家十分重视专门的旅游立法工作，旅游立法取得了很大成效，旅游立法日趋专门化、系统化。这些国家的旅游立法主要可以分为以下两类。

（1）制定旅游基本法

旅游基本法是国家发展旅游事业的根本宗旨、根本原则和规定旅游活动中各主体根本权利义务的法律。各国的旅游基本法都是由国家最高权力机关制定颁布的。《美国全国旅游政策法》《日本旅游基本法》《英国旅游发展法》《韩国旅游振兴法》《墨西哥旅游法》等都属于旅游基本法。各国的旅游基本法概括起来有如下几个方面的内容：

①关于国家发展旅游业根本宗旨和政策的规定。《日本旅游基本法》在总则中阐述了该国发展旅游业的宗旨，这一宗旨可以概括为：增进国际友好和经济文化交流，改善国际收支，促进国民安全，发展国民经济。除了阐述旅游业发展的宗旨以外，各国的旅游基本法都对本国发展旅游业的各个方面做出了明确规定，例如美国的旅游基本法从国家发展旅游业的作用、政策、旅游资源的保护、旅游企业的经营、旅游者等

五个方面做出了规定。

②规定了国家旅游行政管理机构的设置和权限。多数国家的旅游基本法都规定了国家设置旅游行政管理机关，如美国的全美旅游政策委员会、墨西哥的国家旅游部等。各国旅游基本法对国家旅游行政管理机关的职责和权限的规定不尽一致，概括起来主要包括：第一，为发展旅游业制定必要的政策、措施和规划；第二，安排旅游业发展的资金；第三，协调旅游资源的合理开发、保护和利用；第四，对旅游企业进行管理和监督，制定旅游业行业标准；第五，负责旅游事业的对外交流与合作；第六，保护旅游者的合法权益；第七，培训旅游人才。

③规定了旅游经营者的行为准则。各国旅游基本法一般都要对旅游经营者的行为规范做出原则性规定：一方面，要求旅游经营者遵守国家的法律和政策，在法律允许的范围内开展经营活动；另一方面，规定了旅游经营者与旅游者以及其他参与旅游活动的主体的权利和义务，确保旅游企业的合法经营。

④规定了对旅游者合法权益的保护。旅游者合法权益的保护直接关系到旅游业的发展。各国法律越来越重视旅游者权益的保护问题，明文规定提高服务质量、保护旅游者的人身安全和财产安全、尊重旅游者的人格和风俗习惯等，对损害旅游者权益的行为，各国法律都做出了处罚规定。

（2）制定旅游业的专门法规

除了旅游基本法以外，许多国家制定了比较详尽的有关旅游业管理的专门法规，如日本制定了《旅馆业法》《国际旅游旅馆整备法》《翻译导游法》《国际观光振兴法》《综合疗养地域整修法》等，美国政府也围绕旅游资源、旅游企业、旅游交通等问题制定了许多单行的法规。这些专门涉及旅游业管理的单行法规，是旅游基本法的具体化或有益补充，对具体的旅游社会关系起到了重要的调整作用。

2.2.3 我国的旅游立法

1978年党的十一届三中全会以后，我国确立了改革开放的政策，旅游业得到了突飞猛进的发展，旅游立法就是在这样的历史条件下开始的。此时，国家大力倡导发扬社会主义民主，健全社会主义法制，提出了"有法可依，有法必依，执法必严，违法必究"的社会主义法治建设的基本方针，这一方针成为旅游立法的根本指南。

1）我国旅游立法的基础

我国旅游立法也同其他部门立法一样，必须有坚实的社会经济基础、政策基础和法律基础。

（1）社会经济基础

历史唯物主义认为，法作为阶级社会上层建筑的一部分，归根结底是由一定的社会经济基础所决定的。我国旅游业的发展便是我国旅游立法的社会经济基础。我国的旅游业在中华人民共和国成立之后就开始起步了，到"文化大革命"前发展得仍相当缓慢，旅游业并没有形成产业化和市场化。党的十一届三中全会以后，旅游业得到了迅速的发展。1986年国务院正式决定把旅游业纳入国民经济和社会发展计划，旅游业正式成为一个新兴的产业。1998年11月召开的中央经济工作会议上做出的把旅游业列为国民经济新的增长点的决策，为旅游业在21世纪的发展创造了重要的发展机遇。经过30多年的快速发展，旅游业已经成为我国的支柱产业。在旅游业迅速发展的同时，旅行社、旅游景区、旅游饭店、旅游交通事业也得到了迅速发展。以旅游活动为主线，各个旅游主体之间逐渐产生了新的社会关系，这种新的社会关系必须用法律手段来调整，这就使得旅游立法具备了坚实的社会经济基础。

（2）政策基础

在我国，党和国家的政策是重要的立法基础。一般来说，当某一种新的社会关系出现时，并没有现成的法律与之相适应，这时，党和国家的政策可以暂时起到法的作用。它不仅可以成为人们的行为准则，而且可以对法律的制定起到一定的指导作用，政策的实施还可以为制定法律积累经验。当某一项政策经过探索和试验，被认为是切实可行的时候，立法机关就会通过一定的立法程序将其固定下来，使之上升为法律，从而对整个社会产生普遍的约束力。因此，党和国家有关旅游业发展的各项政策也是旅游立法的重要基础。改革开放以来，党和国家制定了一系列发展旅游事业的政策。1981年国务院做出了《关于加强旅游工作的决定》。1984年中共中央办公厅、国务院办公厅转发了国家旅游局《关于开创旅游工作新局面几个问题的报告》。在1998年11月召开的中央经济工作会议上，中共中央做出了把旅游业列为国民经济新的增长点的重要决策。2009年国务院发布了《关于加快发展旅游业的意见》，提出把旅游业培育成国民经济的战略性支柱产业和人民群众更加满意的现代服务业的宏伟目标。2016年12月，国务院制定的《"十三五"旅游业发展规划》指出，到2015年，我国旅游业对国民经济的综合贡献度和对社会就业的综合贡献度都超过了10%，旅游业已经成为社会投资热点和综合性产业，成为传播中华传统文化、弘扬社会主义核心价值观的重要渠道，成为生态文明建设的主要力量，并带动了大量人口脱贫。"十三五"期间，我国旅游业呈现出消费大众化、需求品质化、竞争国际化、发展全域化、产品现代化的趋势。《"十三五"旅游业发展规划》提出，"十三五"期间我国旅游业发展的目标是：旅游经济稳步增长；综合效益显著提升；人民群众更加满意；国际影响力大幅度提升。旅游业要理念创新、产品创新、业态创新、技术创新、主体创新，全面提高我国旅游业的发展水平。2017年3月5日中华人民共和国第十二届全国人民代表大会第五次会议发布的《政府工作报告》，提出了全域旅游，要完善旅游设施和服务，大力发展乡村、休闲、全域旅游。这些政策不仅对旅游立法工作具有重要的指导意义，而且为旅游立法奠定了政策基础。2021年1月1日开始实施的《中华人民共和国民法典》，也对旅游法律关系进行了全面的调整。

（3）法律基础

宪法是国家的根本大法，也是我国旅游立法最根本的法律基础，旅游立法必须与宪法规定的基本精神相一致，而不能与宪法相抵触。近年来，国务院先后制定了《旅行社条例》《导游人员管理条例》《中国公民出国旅游管理办法》等行政法规，有关部门制定了30多个有关旅游业的行政规章，全国多个省（区、市）人大也制定了"旅游条例"或"旅游管理条例"。同时，我国其他部门法也为旅游立法提供了重要的法律借鉴。所有这些都为旅游立法奠定了法律基础。

2）我国旅游立法的概况

我国旅游立法是在我国改革开放以后，在旅游业日益发展的情况下，在党和国家加强法治建设的形势下开始的。从 1982 年起，有关部门就开始了我国旅游基本法的起草工作，成立了专门的起草小组。在起草过程中，起草小组重点研究了我国旅游业的现状、现行的经济法规和旅游政策法规，参阅了美国、日本、墨西哥等国的旅游基本法等旅游法律法规，多次征求专家、学者和实际工作部门的意见，形成了草案，但由于多方面的原因，草案未能提请审议。

为了满足旅游业发展对旅游立法的要求，2009 年 12 月，全国人民代表大会财政经济委员会牵头组织国家发展和改革委员会、国家旅游局等 23 个部门和各专家学者，再次启动了《旅游法草案》的起草工作，并于 2012 年 4 月完成。之后，第十一届全国人大常委会对《旅游法草案》进行了两次审议，2013 年 4 月 25 日第十二届全国人大常委会第二次全体会议通过了《中华人民共和国旅游法》并予以公布，该法自 2013 年 10 月 1 日起施行。2016 年 11 月 7 日，第十二届全国人大常委会第二十四次全体会议通过了修改《中华人民共和国旅游法》的决定。

《中华人民共和国旅游法》的颁布实施，是改革开放以来我国旅游法制建设的里程碑，它既是对我国旅游业法规和政策的科学总结，又充分借鉴了国际组织、国外和中国台湾、中国香港地区的旅游立法及司法经验，是我国旅游业发展的法律基石。这部法律的颁布实施，有利于转变旅游业的发展方式，调整旅游产业和产品结构；有利于规范旅游市场秩序，保护旅游者和旅游经营者的合法权益；有利于协调行业管理关系，促进旅游业及相关行业的发展；有利于把旅游业培育成为国民经济的战略性支柱产业和人民群众更加满意的现代服务业，推动我国从旅游大国发展成为旅游强国。

除了旅游基本法以外，我国现行旅游法规和与旅游相关的法规及标准主要有：旅游资源开发、利用和保护方面的法规，如《中华人民共和国文物保护法》（以下简称《文物保护法》）、《风景名胜区条例》等；旅游行业和企业管理方面的法规和标准，如《旅行社条例》《导游人员管理条例》《旅游饭店星级的划分与评定》等；旅游交通运输方面的法规，如《中华人民共和国铁路法》（以下简称《铁路法》）、《中华人民共和国公路法》（以下简称《公路法》）、《中华人民共和国民用航空法》（以下简称《民用航空法》）及《中国民用航空旅客、行李国际运输规则》等；旅游者权益保护方面的法规，如《中华人民共和国消费者权益保护法》《旅游投诉处理办法》《最高人民法院关于审理旅游纠纷案件适用法律若干问题的规定》等；旅游市场管理方面的法规，如《中华人民共和国反不正当竞争法》（以下简称《反不正当竞争法》）、《中国公民出国旅游管理办法》等；旅游安全管理方面的法规，如《旅游安全管理办法》等。

我国现行的一些法律如《中华人民共和国民法典》《中华人民共和国刑法》《中华人民共和国公司法》《中华人民共和国环境保护法》《中华人民共和国出境入境管理法》《中华人民共和国海关法》《中华人民共和国森林法》等，都在不同程度上对旅游社会关系起到了一定的调整作用。

2.3 《中华人民共和国旅游法》概述

2.3.1 立法宗旨和调整范围

1）立法宗旨

根据《旅游法》第一条的规定，《旅游法》的立法宗旨是：保障旅游者和旅游经营者的合法权益，规范旅游市场秩序，保护和合理利用旅游资源，促进旅游业持续健康发展。

2）调整范围

根据《旅游法》第二条的规定，该法的调整范围主要体现在三个方面：在中华人民共和国境内的游览、度假、休闲等形式的旅游活动；在中华人民共和国境内组织到境外的游览、度假、休闲等形式的旅游活动；为上述旅游活动提供相关服务的经营活动。

从调整的活动类型看，《旅游法》主要调整两类活动，即旅游者以游览、度假、休闲等形式开展的旅游活动和旅游经营者为这些旅游活动提供相关服务的经营活动。从调整的主体看，《旅游法》主要调整参加旅游活动的主体——旅游者和为旅游活动提供服务的主体——旅游经营者之间的关系。从调整的空间范围看，《旅游法》调整的旅游活动和旅游经营活动，既包括在中华人民共和国境内组织的旅游活动和为这些活动提供服务的旅游经营活动，又包括在中华人民共和国境内组织到境外的旅游活动和为这些活动提供服务的旅游经营活动。例如，《旅游法》第八十二条规定，中国出境旅游者在境外陷于困境时，有权请求我国驻当地机构在其职责范围内给予协助和保护。

2.3.2 主要特点

1）采用综合立法模式

《旅游法》共10章112条，内容涉及旅游者、旅游规划和促进、旅游经营、旅游服务合同、旅游安全、旅游监督管理、旅游纠纷处理等旅游业发展和运行的要素，综合了经济、行政和民事法律规范，明确了政府部门统筹负责、综合协调的旅游发展和管理机制，符合我国现阶段旅游产业的综合性特征，有利于促进旅游业的健康发展。

2）突出了对旅游者合法权益的保障

《旅游法》注重平衡旅游事业中涉及的各方权益，明确了政府在旅游业发展和旅游活动中的责任，规定了旅游经营者与旅游者、旅游者与旅游从业人员、旅游经营者之间的权利和义务关系。在使各方权利平衡的基础上，更加突出以人为本的理念，在政府公共服务、旅游经营规则、民事行为规范、旅游安全保障、旅游纠纷处理等诸多方面做出了规定，加强了对旅游者合法权益的保护。

3）规定了统一的旅游市场准则

为了充分发挥市场在资源配置中的基础作用，《旅游法》明确了旅游市场主体间的权利和义务关系，要求旅游经营者坚持诚实信用、公平竞争的原则，强调了民事规范在维护市场秩序和保障各方权益方面的作用。坚持统一市场原则，着力解决旅游业发展过程中实际存在的部门分割、行业分割、地区分割的问题，破除体制机制障碍，

学习微平台

同步链接 2-1

学习微平台

延伸阅读 2-1

实行统一的服务标准和市场准则。

4）注重发挥中央和地方两个积极性

《旅游法》在保证全国旅游业的统一规划、统筹管理和市场规则统一的前提下，又为地方根据自身特点制定法规和政策并组织实施留下了适当空间。

2.3.3　主要内容

1）旅游者的权利和义务

《旅游法》专设"旅游者"一章，在中外旅游立法中尚属首次，体现了以人为本、优先保护旅游者合法权益的立法精神。在保护旅游者合法权益方面，《旅游法》明确了旅游者的自主选择权、知悉真情权、要求严格履约权、受尊重权、救助和保护请求权以及特殊群体获得便利优惠权等六项权利。同时，《旅游法》还规定了旅游者应尽的义务，强调旅游者要遵守社会公共秩序和社会公德、尊重旅游目的地的风俗习惯、爱护旅游资源、保护生态环境以及不得损害当地居民、其他旅游者、旅游经营者和旅游从业人员的合法权益等。

2）旅游规划和促进

《旅游法》第三章专门对旅游规划和促进做出了规定，明确了旅游规划的主体、内容和法律地位，确立了旅游规划作为综合产业规划在立项、编制、实施过程中的法律依据，规定了一系列国家促进旅游业发展的措施，为旅游业的发展提供了法律保障。

3）旅游经营者的经营规范

《旅游法》第四章对旅游经营者的经营规范做出了全面规定，主要包括对旅行社经营许可和经营规范的规定，对导游和领队执业许可及从业规范的规定，对景区开放条件和门票管理制度的规定，对为旅游者提供交通、住宿、餐饮、娱乐等服务的经营行为做出了衔接性规定。这些规定涵盖了旅行社、景区以及其他旅游经营者等多个方面的旅游经营主体，符合旅游活动的特点，有利于建立并规范旅游经营者活动的综合协调机制。

4）旅游服务合同制度

《旅游法》第五章规定了旅游服务合同的相关制度。旅游服务合同是与旅游活动相关的服务合同，提出旅游服务合同的概念，是《旅游法》的首创，它既包括国外传统民法中所称的包价旅游合同，又包括旅游经营者根据旅游者的具体要求安排旅游行程的旅游安排合同，旅游经营者接受旅游者的委托为其提供代订交通、住宿、餐饮、游览、娱乐等旅游服务的委托合同，以及为旅游者提供旅游行程设计、旅游信息咨询等服务的相关合同。《旅游法》第五章不仅对包价合同的订立、变更、解除、违约等做出了详细规定，同时还对旅游行程设计、旅游信息咨询、代订合同等做出了原则规定，初步形成了较为完善的旅游服务合同法规体系，有利于形成良好的市场秩序。

5）旅游安全保障制度

《旅游法》把旅游安全单列一章，对旅游安全做出了专门的法律规定，明确了县级以上人民政府及政府相关部门在旅游安全管理中的职责，对事前预防、事中安全管理、事后应急处置都做出了明确规定，突出了政府责任和旅游经营者、旅游者以及相关各方在旅游安全管理方面应承担的义务，为旅游安全提供了制度保障。这是我国旅游立法的又一个创举和贡献，体现了我国以人为本的旅游立法原则。

6）旅游监督管理制度

针对旅游市场牵涉面广、综合性强的特点，《旅游法》按照统筹协调、分工负责、密切配合、共同管理的原则，明确了县级以上人民政府、政府旅游主管部门和有关部门依照《旅游法》和有关法律、法规的规定，在各自职责范围内对旅游市场实施监督管理的责任，规定了旅游主管部门监督检查的职权范围，对旅游行业组织制定行业经营规范和服务标准，对其会员的经营行为和服务质量进行自律管理做出了明确规定。

7）旅游纠纷处理的规定

《旅游法》明确规定了旅游投诉受理机构的设立和处理投诉的原则，明确了协商、调解、仲裁、诉讼等解决旅游纠纷的途径，有利于保护旅游者的合法权益。

8）关于法律责任的规定

《旅游法》主要规定了旅行社、导游、领队、景区以及其他旅游经营者和从业人员的行政法律责任，对旅游活动中的刑事责任做了概括性规定。

教学互动2-1

背景资料： 全国人大常委会法工委有关人士在论及《旅游法》在旅游者权益保护方面的亮点时指出：这部法最大的一个聚焦点就是以人为本，保护旅游者的合法权益。可以说，这部法律最主要的三部分内容：一是保护旅游者合法权益，二是规范旅游市场，三是国家促进发展，都是围绕着保护旅游者合法权益设计的。我们从财经委起草草案开始，法律委、法工委修改完善草案，全国人大常委会组成人员审议法律草案，都是在以人为本、保护旅游者合法权益上下功夫。

互动问题：

1）结合《旅游法》的规定，说明这部法律是怎样体现以人为本，保护旅游者合法权益的？

2）《旅游法》对于残疾人、老年人、未成年人等特殊群体的保护体现在哪些方面？

要求： 同"教学互动1-1"的"要求"。

学习微平台

延伸阅读2-2

2.4 旅游法律关系

2.4.1 旅游法律关系的概念和特征

1）法律关系

法律关系是指由法律规范所确认和调整的当事人之间的权利和义务关系。法律关系包含三个要素：一是参与法律关系的主体，二是构成法律关系内容的权利和义务，三是主体间权利和义务的共同指向对象即权利客体。

法律关系和法律规范有着不可分割的联系，任何一种法律关系都是以相应的现行法律规范的存在为前提的。如果某一种社会关系没有法律规范，那么它就不能构成法律关系，不具有法律上的权利和义务性质。同时，法律规范只有在具体的法律关系中才能得以实现，才能起到调整社会关系的作用。

2) 旅游法律关系的含义及特征

作为法律关系的一种，旅游法律关系是指被旅游法所确认和调整的、当事人之间在旅游活动中形成的权利和义务关系。

旅游法律关系具有如下三个特征：

（1）旅游法律关系是受旅游法律规范调整的具体社会关系

旅游法律关系反映了当事人之间在旅游活动中结成的一种社会关系。从这个意义上讲，旅游法律关系是具体的社会关系的反映，但由于旅游活动的内容和范围具有相当的广泛性，因此，旅游法律关系无论是从主体范围还是从权利义务的内容范围来看，都是十分广泛的。

（2）旅游法律关系是以权利和义务为内容的社会关系

旅游社会关系同其他社会关系一样，之所以能成为法律关系，就在于法律规定了当事人之间的权利和义务关系，这种权利和义务关系的确认体现了国家意志，是国家维护旅游活动秩序的重要保障。

（3）旅游法律关系的产生、发展和变更是依据旅游法的规定而进行的

旅游法律关系的产生和存在必须以旅游法律规范的存在为前提。由于法律关系归根到底取决于社会的物质生活条件，统治阶级会根据旅游活动的发展变化，不断对旅游法律规范进行修订、补充或废止，从而引起旅游法律关系的发展和变更。

2.4.2　旅游法律关系的基本要素

同其他法律关系一样，旅游法律关系也是由主体、客体和内容三个基本要素构成的，缺少其中任何一个要素，就不能构成旅游法律关系。

1) 旅游法律关系的主体

旅游法律关系的主体是指由旅游法规所确认的、享有一定权利、承担一定义务的当事人或参加者，即在旅游法律关系中享有权利、承担义务的个人或社会组织。我国旅游法律关系的主体主要包括：

（1）国家旅游行政管理机关

文化和旅游部与地方各级文化和旅游局是我国的旅游行政管理机关。文化和旅游部是国务院主管全国旅游行业的部门，其主要职责是：贯彻落实党的文化工作方针政策，研究拟订文化和旅游政策措施，起草文化和旅游法律法规草案；统筹规划文化事业、文化产业和旅游业发展，拟订发展规划并组织实施，推进文化和旅游融合发展，推进文化和旅游体制机制改革；管理全国性重大文化活动，指导国家重点文化设施建设，组织国家旅游整体形象推广，促进文化产业和旅游产业对外合作和国际市场推广，制定旅游市场开发战略并组织实施，指导、推进全域旅游；指导、管理文艺事业，指导艺术创作生产，扶持体现社会主义核心价值观，具有导向性、代表性、示范性的文艺作品，推动各门类艺术、各艺术品种发展；负责公共文化事业发展，推进国家公共文化服务体系建设和旅游公共服务建设，深入实施文化惠民工程，统筹推进基本公共文化服务标准化、均等化；指导、推进文化和旅游科技创新发展，推进文化和旅游行业信息化、标准化建设；负责非物质文化遗产保护，推动非物质文化遗产的保

护、传承、普及、弘扬和振兴；统筹规划文化产业和旅游产业，组织实施文化和旅游资源普查、挖掘、保护和利用工作，促进文化产业和旅游产业发展；指导文化和旅游市场发展，对文化和旅游市场经营进行行业监管，推进文化和旅游行业信用体系建设，依法规范文化和旅游市场；指导全国文化市场综合执法，组织查处全国性、跨区域文化、文物、出版、广播电视、电影、旅游等市场的违法行为，督查督办大案要案，维护市场秩序；指导、管理文化和旅游对外及对港澳台交流、合作和宣传、推广工作，指导驻外及驻港澳台文化和旅游机构工作，代表国家签订中外文化和旅游合作协定，组织大型文化和旅游对外及对港澳台交流活动，推动中华文化走出去；管理国家文物局；完成党中央、国务院交办的其他任务。各省、自治区、直辖市文化和旅游局是地方旅游行政管理机构，受地方政府及文化和旅游部双重领导，负责管理本地区的旅游工作。

（2）与旅游业密切相关的政府部门

市场监督管理、公安、税务、生态环境、林业的草原、水利、文物、海关等政府管理部门，可以依照各自的权限管理旅游方面的事务。

（3）旅游经营者

我国旅游企事业单位主要包括旅行社、旅游饭店、旅游交通运输企业、旅游服务公司以及园林、文物管理部门和旅游景区、景点的管理部门。此外，还有可以为旅游者提供各种服务的餐饮、商业、娱乐、邮电、银行等行业。旅游经营者一般都应具备法人资格，能够独立享有民事权利、承担民事义务，在其经营范围和职责范围内开展旅游服务活动。

（4）旅游者

旅游者包括国内旅游者和境外旅游者两种。国内旅游者是指在国内进行旅游活动的中国公民；境外旅游者主要是指来我国、回国或到内地旅游的外国人、外籍华人、华侨和港澳台同胞。旅游者是自然人，具有一定的权利能力和行为能力，能够依法享有权利、承担义务。对于外国旅游者，我国一般是按照国际惯例，在特定范围内给予其互惠的国民待遇。所谓国民待遇，是指一个国家对外国自然人或法人等在某些事项上给予其与本国自然人或法人等同等的待遇。根据我国宪法和有关法律的规定，中国政府保护外国旅游者在中国的合法权利和利益，外国人的人身自由不受侵犯，非经法定程序不受逮捕等。同时，外国旅游者在中国旅游必须遵守中国法律，不得危害中国国家安全、损害社会公共利益、破坏社会公共秩序等。

（5）进入中国旅游市场的境外旅游组织

境外旅游者来中国或到内地旅游以及中国旅游者到境外旅游，必然需要我国旅游组织同境外旅游组织的协商和联系，因而，境外旅游组织便成为我国旅游法律关系的主体。我国一些现行的旅游法规中明确规定了外国旅游组织在中国旅游法律关系中的主体地位，如《旅行社条例》同样适用于外国旅行社在中国境内设立的常驻机构及外商投资的旅行社。

2）旅游法律关系的客体

旅游法律关系的客体是旅游法律关系主体间权利和义务的共同指向对象，如旅游经营者提供的旅游线路、旅游服务以及旅游合同的价金等，这些均属于旅游法律关系的客体。旅游法律关系的客体是一定利益的法律形式，离开了客体，旅游法律关系主体间的权利和义务就失去了意义。旅游法律关系中的客体可以分为三类，即物、行为和与人身相联系的精神财富。

（1）物

物是指在旅游法律关系中可以作为财产权对象的物品和其他有形物质财富。旅游法律关系中的物主要包括旅游资源、旅游设施和旅游消费品等。

同步案例 2-1

旅游项目对旅游活动的影响

背景与情境： 小王报名参加了某旅行社组织的"乐山—峨眉山 2 日游"，游览峨眉山时包括观看日出的行程安排。小王按旅行社的要求预付了费用。在游览峨眉山时，导游要求游客早上 4：30 集合，乘车去峨眉山观看日出。但是在行车途中，旅行社为了等待旅游团之外的其他游客，一路上停车三次，结果 7：30 才到达峨眉山停车场，此时太阳已经升起，为观看日出而来的游客只能望"阳"兴叹。小王游览峨眉山以后，要求旅行社退还峨眉山景点门票并赔偿损失。

问题： 请问游客小王的要求合理吗？

分析提示： 合理。这一案例充分说明了在旅游活动中，旅游项目作为旅游法律关系要素之一的"物"的重要性。在本案中，观看日出是事先约定的旅游项目，由于旅行社的过错，游客没有实现观看日出的愿望，旅行社应当承担相应的责任。

（2）行为

旅游法律关系中的行为是指主体的行为。它可以分为作为和不作为两种情况。旅游法律关系中的行为大部分属于作为，如旅游服务行为、管理行为等；但法律、法规也有一些关于不作为的规定，如《旅游法》第三十条规定："旅行社不得出租、出借旅行社业务经营许可证，或者以其他形式非法转让旅行社业务经营许可。"这里对经营人员出租、出借旅行社业务经营许可证行为的抑制，就是一种不作为的主体行为。

（3）与人身相联系的精神财富

这些精神财富是指旅游法律关系中主体所取得的智力成果。这里所说的人身，不仅包含自然人，而且包含法人。在旅游法律关系中，专利，旅游企业的名称、标志、产品商标及管理模式等都属于精神财富，其所有权的使用和转让是有偿的。

3）旅游法律关系的内容

旅游法律关系的内容是主体享有的权利和承担的义务。

所谓权利是指法律对法律关系主体能够做出或不做出一定行为，以及要求他人相应做出或不做出一定行为的许可与保障。权利由法律确认、设定，并为法律所保护，当权利受到侵害时，国家应依法予以恢复，或使享有权利的一方得到相应的补偿。离开了法律的确认和保护，法律权利就不会存在。

所谓义务是指法律规定的对法律关系主体必须做出一定行为或不做出一定行为的约束。它是因法律的确认而产生，并以国家强制力保证其履行的。

旅游法律关系中主体享有的权利和承担的义务是由旅游法律法规确认和调整的，

当主体一方的权利因为另一方的行为而不能实现时，有权要求国家予以保护。同时，旅游法律关系中的权利和义务是对等的，即任何权利的实现总是以义务的履行为条件，没有权利就无所谓义务，没有义务也就没有权利。即使像国家旅游行政管理机关这样的权利主体，在对旅游行业行使管理权的同时，对于国家和社会公众来说，它也是在履行义务。

职业道德与企业伦理 2-1

地接社导游把游客扔在饭店

背景与情景： 几位年轻的游客一下火车就拿着行李驱车来到旅行社，他们强烈"抗议"导游员的所作所为，并且要求旅行社赔偿其经济损失和对导游员进行处分。

事情经过是这样的：这几位年轻的游客参加旅行社组织的某地八日游活动，按照旅游合同规定，游客用餐自理，往返行程为"一飞一卧"（去是乘飞机，返是乘火车）。游客抵达目的地后，他们对当地导游员的讲解及安排的游览活动等都有意见，时常当着大家的面，向地陪提意见。为此，地陪心里憋着一股气。以后，这几名游客对地陪的意见越来越大，双方矛盾越来越尖锐。一天，由于这几位年轻的游客在吃午餐时喝了一点酒，过了集合时间。因此，地陪采取"报复"手段，不等他们吃完饭，就擅自让旅游车开走，致使他们只能报警，通过当地公安部门的帮助才找到了旅游车……

分析与处理： 该起旅游案例主要是旅行社的导游服务不到位，缺乏应有的职业道德，采取报复手段，擅自把游客扔在饭店里面造成的。一般来说，导游员和游客的关系应该是相处融洽的，但为什么该地陪会与游客的关系越来越僵，矛盾越来越尖锐，最后，为了报复，导游员使出如此"绝招"，害得游客只能通过报警，并请求当地公安部门的帮助才找到旅游车呢？这说明了该导游员的职业道德确实存在问题。其实，在旅游过程中，游客对旅行社、对导游人员有意见、有看法，这是一件很正常的事情，导游员只有认真听取游客正确合理的意见，然后加以改正，广大游客是能够通情达理地给予谅解的。然而，有些导游不但没和游客多交流沟通，多听取意见，反而想方设法"治"游客。有这种行为的人根本就不适合做导游员，其职业道德应该受到谴责。

分析提示： 每个职业都有其职业道德，导游员的职业道德就是要尽量地满足游客正当合理的需求。因此，导游员在与游客见面的那一刻起，就必须担负起服务员的角色，在整个游览过程中使游客玩得高兴，并且有所收获，这是衡量导游员工作好坏的尺度。除此之外，导游员要针对大多数游客的共同要求做好规范服务，还要能针对个别游客的特殊要求提供细致周到的个性服务，这样才能体现"细微之处见真情"。但是，如今有个别导游人员缺乏诚信以及职业道德，在带团过程中满脑子都是"自私与金钱"，服务不到位，态度又恶劣，这不仅严重影响导游员的声誉，也会使其受到应有的处罚。另外，对于游客而言，如果碰到素质较差的导游员，一是可以直接向当地旅游管理部门投诉，二是可以向地接社提出更换导游员，这样或许能减少和缓和矛盾，使旅游活动比较顺利地开展下去。

2.4.3　旅游法律关系的确立

任何一种法律关系的确立都必须有法律事实的出现，旅游法律关系也是如此。

1）法律事实与旅游法律关系的产生、变更和消灭

法律事实是指由法律规范所确认的足以引起法律关系产生、变更和消灭的客观情况。一般来说，法律规范本身并不能直接引起法律关系的出现，只有当法律规范的假定情况出现时，才会引起具体的法律关系的产生、变更和消灭。

（1）旅游法律关系的产生

旅游法律关系的产生是指旅游法律关系主体间一定的权利义务关系的形成。例如，合法旅游合同的签订就会在旅游者和旅游经营者之间产生权利义务关系，这种关系受国家法律的保护和监督。

（2）旅游法律关系的变更

旅游法律关系的变更是指其主体、客体和内容的变更。主体的增加、减少或变化，客体范围或性质的改变，都会引起相应的权利或义务发生变化，如旅行社在组织旅游活动时，改变与旅游者约定的旅游线路、交通方式、住宿条件等，则会引起双方权利和义务的变更。同其他法律关系一样，旅游法律关系的变更绝不是随意的，它受到法律的严格限制。除不可抗力或主体间事先协商取得一致以外，不得随意变更法律关系，否则要承担相应的法律责任。

（3）旅游法律关系的消灭

旅游法律关系的消灭是指旅游法律关系主体间权利义务关系的完全终结。在实践中，旅游法律关系的消灭主要表现为各主体权利和义务的实现，如旅游合同的圆满履行等。

2）法律事实的分类

能够引起旅游法律关系产生、变更和消灭的法律事实按其性质可以分为两类，即法律事件和法律行为。

（1）法律事件

法律事件是指能导致一定法律后果的、不以人的意志为转移的事件，如出生、死亡、自然灾害、战争等。这些事件都能在法律上导致一定的权利义务关系的产生、变更和消灭。在旅游活动中，自然灾害等不可抗力、战争和国家政局的变化都可能引起旅游法律关系的产生、变更和消灭。

（2）法律行为

法律行为是指能在法律上发生效力的人们的意志行为，即当事人根据个人的意愿形成的一种有意识的活动，它是包含旅游活动在内的所有社会生活中引起法律关系产生、变更、消灭的最经常的事实。法律行为包括直接意义上的作为，也包括不作为（即对一定行为的抑制），它们也分别被称为积极的法律行为和消极的法律行为。法律行为的成立必须具备四个条件：

①行为的内容合法。内容合法是指行为的内容必须为法律规范所确认，这是旅游法律行为有效的最基本的条件。

②主体要有行为能力。行为能力是指主体通过自己的行为，取得民事权利和承担民事义务，从而使法律关系产生、变更、消灭的资格。如果自然人是参与旅游法律关系的主体，则必须具有完全行为能力；如果法人是参与旅游法律关系的主体，则必须

真正具备法人条件并在其经营范围或职责范围内从事活动。

③主体的意思表示必须真实。意思表示是指主体将自己设立、变更、终止民事关系的内在意思表现于外部的行为。在旅游法律关系中，主体间应当以自愿、真实为原则处理相互之间的关系，否则法律将不予保护。

④必须有一定的意思表示方式。旅游法律行为的意思表示方式主要有口头表示方式和书面表示方式两种，法律另有规定的，则必须按照法定形式表示（如旅游企业的登记、旅游者的签证等）。

旅游法律行为包括合法的行为和违法的行为两种。合法的行为是指主体实施的符合现行法律规定的行为，它可以引起旅游法律关系的产生、变更和消灭。它的范围非常广泛，如旅游合同的依法签订和履行、旅游企业的依法设立等。违法的行为是指主体实施的违反现行法律规定的行为，它可以分为民事违法、行政违法和刑事违法三种情况。无论是何种情况，都必须承担相应的法律责任。

2.4.4　旅游法律关系的保护

旅游法律关系的保护是指国家机关监督旅游法律关系的主体正确行使权力、切实履行义务并对侵犯旅游法律关系主体合法权利或不履行法定义务的行为追究法律责任的活动。

1）旅游法律关系的保护机构

（1）国家旅游行政管理机关

国家各级旅游行政管理机关是管理旅游业的政府职能部门，它有权依据旅游法律法规，在其职责范围内，运用奖励或处罚的方法保护旅游法律关系。

（2）相关的国家行政管理机关

公安、税务、卫生等管理部门可以依法对旅游活动的主体做出奖励或处罚的决定。

（3）司法机关

人民检察院和人民法院可以根据法律、法规的规定，分别对在旅游活动中触犯法律者行使检察权和审判权。各级法院还可以对旅游活动中的民事法律行为做出判决。

2）旅游法律关系的保护措施

（1）行政措施

行政措施主要包括奖励的方法和处罚的方法。对于模范遵守国家法律法规，对旅游业做出显著贡献的，由行政管理机关予以奖励；对于违反国家法律、法规的，可以给予处罚。行政处罚的种类有：警告，罚款，没收违法所得、非法财物，责令停产停业，暂扣或者吊销许可证、执照，行政拘留，法律、行政法规规定的其他行政处罚等。

（2）民事措施

民事措施是指判令有过错的一方停止侵害，排除妨碍，消除危险，返还财产，恢复原状，修理、重做或更换，赔偿损失，支付违约金，消除影响、恢复名誉，赔礼道歉。在旅游法律关系的保护中，判令支付违约金和赔偿金是经常采取的措施。

（3）刑事措施

刑事措施是指对于构成犯罪的行为依法追究行为人的刑事责任。

▶本章概要

□ 内容提要

本章介绍了旅游法的产生及调整对象，旅游立法与中外旅游立法的概况以及旅法律关系等旅游法的基础知识。旅游法是现代旅游业发展的必然产物，是调整在旅游活动中所产生的各种社会关系的主要法律依据。旅游立法是国家机关立法活动的一部分，由于我国旅游立法机关是多层次的，由它们分别制定的旅游法律法规的效力也是不同的。本章在介绍国外旅游立法概况的同时，重点介绍了《旅游法》的立法宗旨、调整范围、主要特点和主要内容。在本章最后一部分介绍的旅游法律关系及相关知识，是本章的重要内容，是学习旅游法规课程和解决实际问题的重要基础。

　　□ 主要概念和观念
　　▲ 主要概念
　　旅游法　旅游法律关系　法律事实
　　▲ 主要观念
　　旅游法的产生及其调整对象　旅游立法　旅游法律关系
　　□ 重点实务
　　《旅游法》的立法宗旨、调整范围、主要特点和主要内容
　　旅游法律关系的概念和特征　旅游法律关系的基本要素　旅游法律关系的保护措施

基本训练

　　□ 知识训练
　　▲ 复习题
　　1）我国现行旅游法律、法规的内容主要包括哪些方面？
　　2）试述我国各级立法机关的旅游立法权限。
　　3）试述我国旅游立法的基础。
　　4）《旅游法》的立法宗旨是什么？调整范围有哪些？
　　5）试述《旅游法》的主要特点。
　　6）旅游法律关系的构成要素是什么？
　　▲ 讨论题
　　将班级同学分为若干学习小组，分别对《旅游法》各章内容进行研读，讨论这部法律是怎样从不同角度保护旅游者合法权益的？
　　□ 能力训练
　　▲ 案例分析
　　【训练项目】
　　案例分析-Ⅱ。
　　【相关案例】

商场是否可以搜查、扣留游客？

　　背景与情境：某旅行社组织旅游团在商场购物时，商场售货人员称游客王某偷拿了商场的金戒指。王某矢口否认，售货人员便要强行搜身。该旅游团导游为防止引发事端，也要求王某接受检查。搜查完毕，售货人员一无所获。游客们因为此事被商场保安人员强行扣留了两个多小时，而导游并未就此事与商场据理力争，只是一味埋怨王某惹是生非。后经查实，戒指实际上是掉落到了柜台下方的角落里。

　　资料来源　杨富斌，等. 中华人民共和国旅游法释义［M］. 北京：中国法制出版社，2013.

问题：

1）商场的行为主要侵害了旅游者的什么权利？

2）商场对其侵权行为应当承担什么法律责任？

3）本案中导游的做法有何不当？

【训练要求】

同第1章"基本训练"中本题型的"训练要求"。

▲ 实训操练

【训练项目】

《中华人民共和国旅游法》知识应用。

【训练要求】

班级学生以小组为单位组建训练团队，结合本章对《旅游法》的介绍，选取该法中的具体内容作为操练项目，进行"《中华人民共和国旅游法》知识应用"的模拟实训。

【训练步骤】

1）班级学生以小组为单位组建训练团队，每团队确定一人负责。

2）各团队选取本章"重点实务"教学内容，通过"背景与情境"设计、角色分工和体验角色操作等进行"《中华人民共和国旅游法》知识应用"的模拟实训。

3）各团队记录在模拟实训过程中的体会和心得，出现的问题、差错及纠正办法。

4）模拟实训结束后，各团队整理实训记录，并在此基础上撰写《"〈中华人民共和国旅游法〉知识应用"实训报告》。

5）在班级讨论交流、相互点评，并修订各团队的《"〈中华人民共和国旅游法〉知识应用"实训报告》。

6）在校园网的本课程的教学平台上展示各团队经过修订和教师点评的《"〈中华人民共和国旅游法〉知识应用"实训报告》，供学生借鉴。

□ 课程思政

【训练项目】

课程思政－Ⅱ。

【相关案例】

导游擅自把游客关在金铺

背景与情景： 周先生在单位组织下去香港旅游，一日导游把旅行团带到一家金铺购买首饰，等周先生一行人进去后，进店的门便被关了，周先生转完一圈后准备离开，在一个小门口处，保安检查了周先生的旅游胸牌，告诉周先生其未接到允许该团离开的通知，不能出去，原因是导游让其购物50分钟，周先生和其他购物后的团友只得站在拥挤的人群中等待。周先生身体不好，一直站立等待让他痛苦不堪。50分钟后，全团人购物完毕，大门才得以开启。

问题：

1）根据上述案例，对导游的行为做出思政研判。

2）通过查阅资料等方式，搜集你做出思政研判所依据的法律和行业道德规范。

【训练要求】

同第1章"基本训练"中本题型的"训练要求"。

第3章 旅游资源保护法规

● 学习目标

通过本章学习，应达到以下目标：

职业知识：学习和把握"旅游资源保护法规"的相关概念，旅游资源保护法规的基本内容，自然资源中风景名胜区和自然保护区的分级和保护，人文资源的法律保护，以及"同步链接""延伸阅读""小资料"等理论与实务知识；能用其指导本章"同步思考""教学互动"和"基本训练"中"知识训练"各题型的认知活动，建构专业规则意识，正确解答相关问题。

职业能力：运用本章知识研究相关案例，训练在"旅游资源保护法规"特定情境下对当事者行为的多元表征专业能力和"与人交流"通用能力；参加"自主学习-Ⅱ"训练，通过搜集、整理与综合关于"人文资源的法律保护"的前沿知识，撰写、讨论与交流《"人文资源的法律保护"最新文献综述》，培养"人文资源的法律保护"中"自主学习""与人协作""与人交流"的通用能力。

课程思政：结合本章教学内容，依照相关规范或要求，对"课程思政3-1"专栏和章后"宣传引导多了，不文明旅游少了"等案例中的企业或其从业人员行为进行思政研判，强化与案例议题相关的法律法规思考和政治素质，促进"立德树人"根本任务的落实。

引例：痛定思痛　保护资源

背景与情境： 地处张家界市腹地的武陵源风景名胜区，主要由张家界国家森林公园、索溪峪自然保护区和天子山风景区等若干部分组成。区内峰奇石怪，树茂林丰，溪泉秀丽，洞穴幽深，飞禽走兽出没其间，奇花异草四季飘香。山、水、桥、洞相得益彰，鱼、禽、虫、兽同生共荣。这里有国内外罕见的、奇特的石英砂岩峰林，奇峰异石、千姿百态、难描难绘。森林覆盖率达90%以上。独特的生态环境，使这里成为一个天然动植物王国。这些特点使武陵源成为中国乃至世界上独具一格的一流风景名胜区，该风景区于1992年被联合国教科文组织列入《世界遗产名录》。

在风景名胜区保护与管理工作中，武陵源风景名胜区曾走过不少弯路，特别是1998年9月联合国教科文组织进行遗产监测时，提出"武陵源的自然环境已经像个围困的孤岛，城市化对其正产生越来越大的影响"的尖锐批评意见。为切实加强景区资源的管理，理顺管理体制，张家界市委于2014年年底研究并出台加强景区管理、理顺管理体制的文件，在原张家界国家森林公园的基础上成立张家界市武陵源风景名胜区和国家森林公园管理局，将景区所有的经营和管理职责归并在一起。近年来，武陵源区全面落实"严格保护、统一管理、科学规划、永续利用"的方针，大力推进生态环境建设，切实加强对风景名胜资源的保护管理工作，该区的主要做法有：

（1）设置"生命线"，牢固树立"保护第一"的思想观念。该区认真总结经验教训，深深意识到：武陵源景区资源、自然遗产是全人类共享的、不可再生的宝贵资源，必须牢固树立可持续发展的观念，越是发展旅游，越要加强保护。张家界市武陵源风景名胜区区委、区政府提出了景区开发与利用必须坚持"三个不变"，实现"三个转变"工作思路。"三个不变"即无论形势怎样变化，"严格保护"的工作方针始终不变；无论班子怎样变动，保护遗产的工作力度始终不变；无论在什么情况下，不以牺牲环境换取一时发展的决心始终不变。"三个转变"即工作重点从开发转到保护，建设重点从景区转到城镇，开发重点从自然景观的开发转到旅游文化的开发。

（2）设置"警戒线"，建立健全严格的保护性法规措施。一是修编了《武陵源风景名胜区总体规划（2005—2020年）》，于2005年9月经国务院同意，由国家建设部正式发布实施《武陵源风景名胜区总体规划》。二是地方立法保护遗产。2001年1月1日，《湖南省武陵源世界自然遗产保护条例》由湖南省人大批复正式实施，标志着武陵源世界自然遗产的保护走上了法治化的轨道。三是健全机制强管理。该区先后出台了《关于保护武陵源世界自然遗产的决定》《关于加快建设国际旅游休闲度假区的决定》等一系列文件，制定了《武陵源区控违拆违责任追究规定》《武陵源核心景区摊棚摊点管理暂行办法》等一系列管理制度，景区资源保护管理更有针对性、现实性、实践性。

（3）设置"控制线"，全面实施综合治理工程。一是封，实施天然林保护工程。将核心景区及其周边和公路沿线的共25个村（居委会）全部纳入禁伐保护范围，总面积超过36万亩。二是造，实施退耕还林工程。按照"见缝插绿"的要求，在核心景区周边实施退耕还林和植树造林。积极创建园林城市，共创建达标省市级园林式单位（小区）38家。三是管，实施自然资源保护工程。建成了6个森林防火视频监控点，实现景区火情24小时不间断监控；建成了卫星遥感、大气、地震信息系统，景区监测、管理步入科学化、规范化轨道。四是节，实施农村节能工程。坚持把营造生态环境与推广农村能源节能工程结合起来，加强农村能源建设，全区对推广使用节柴灶、沼气、太阳能的农户，每户由政府给予500~1 200元的补助。五是拆，实施拆迁保护工程。对景区建筑物实行了"世纪大拆迁"：从1999年到2001年，武陵源先后分两期拆除了核心景区内接待设施124家，搬迁常住居民546户1 791人，拆除面积达19.1万平方米，清运垃圾30多万立方米，覆土20多万立方米，种植苗木10多万株，进一步转移景区的生态环境压力。

（4）设置"高压线"，始终保持资源保护的高压态势。一是认真把好建设关。严厉打击违法建设行为，近几年来共拆除城区景区违法建筑面积6.1万平方米，切实维护了武陵源世界自然遗产资源的真实性和完整性。二是加大环境监察和执法力度。认真贯彻落实国家环保法律法规和《湖南省武陵源世界自然遗产保护条例》，做到污染防治设施与主体工程同时设计、同时施工、同时投入使用。三是加大污染治理力度。突出治理"三废"，实施"蓝天、碧水、宁静"工程，金鞭溪、水绕四门两个断面的地表水水质都达到国家Ⅰ类以上水质标准，饮用水源水质均达Ⅰ类水质标准，水质达标率100%。四是加大环境监测力度。在景区设立全自动的环境监测站，及时掌握生态环境质量状况，发现问题，及时解决。投资5 000多万元建成"数字武陵源"工程，实现了世界遗产保护的数字化。

通过对旅游资源的保护管理，武陵源风景名胜区先后荣获世界自然遗产、世界地质公园、国家重点风景名胜区、国家5A级旅游景区、全国文明风景旅游区等多项桂冠。

资料来源　根据2015年4月29日张家界市武陵源风景名胜区和国家森林公园管理局《武陵源风景名胜区资源保护管理情况汇报》等有关资料整理．

上述案例告诉我们，对旅游资源的保护，在开发利用旅游资源、发展旅游业的过程中是刻不容缓的。增强法治观念，以法律手段保护旅游资源，是摆在各级政府、旅游企业、旅游者面前的重要问题。本章我们将学习和运用旅游资源保护方面的法律规定，以促进旅游业的可持续发展，建设和谐社会。

3.1　旅游资源保护法规概述

旅游资源是发展旅游业的基础。一个国家或地区旅游业的发展状况，在很大程度上取决于当地旅游资源的数量、特色和价值。为了旅游业的持续发展，必须处理好旅游资源的开发、利用和保护之间的关系。目前，世界各国都在大力发展旅游业，在充分开发利用旅游资源的同时，也非常重视旅游资源的保护问题，并把其视为旅游业能否持续发展的根本保证。1972年联合国教科文组织通过了《保护世界文化和自然遗产公约》，并分批公布了《世界遗产名录》，强调保护自然和文化遗产对整个人类的重要性。我国政府十分重视旅游资源的保护工作，1982年11月19日第五届全国人民代表大会常务委员会第二十五次会议通过了《中华人民共和国文物保护法》（1991年6月29日第七届全国人民代表大会常务委员会第二十次会议第一次修正、2002年10月

28日第九届全国人民代表大会常务委员会第三十次会议修订、2007年12月29日第十届全国人民代表大会常务委员会第三十一次会议第二次修正，2013年6月29日第十二届全国人民代表大会常务委员会第三次会议第三次修正、2015年4月24日第十二届全国人民代表大会常务委员会第十四次会议第四次修正、2017年11月4日第十二届全国人民代表大会常务委员会第三十次会议第五次修正），1985年6月7日国务院发布了《风景名胜区管理暂行条例》，2006年9月19日国务院发布了《风景名胜区条例》（自2006年12月1日起施行，《风景名胜区管理暂行条例》同时废止），1989年12月26日第七届全国人民代表大会常务委员会第十一次会议通过了《中华人民共和国环境保护法》，1994年9月2日国务院通过了《中华人民共和国自然保护区条例》等，使旅游资源的保护逐步走上了法治化的道路。2013年4月25日第十二届全国人民代表大会常务委员会第二次会议通过的《旅游法》对旅游资源的保护有明确的规定。其他相关的法律法规中也有关于保护旅游资源的相关条款，如《中华人民共和国森林法》《中华人民共和国草原法》《中华人民共和国海洋环境保护法》《城市绿化条例》等。各省、自治区、直辖市也根据当地的具体情况发布了相应的地方性法规。在法律的保障下，我国旅游资源的保护工作取得了较大的成绩。

3.1.1　旅游资源的概念和分类

旅游资源一般泛指人们在旅行游览过程中所感兴趣的各种事物，如民族风情、山川风光、历史遗迹、地方特产等。要给旅游资源下一个比较科学的定义，并不是一件容易的事。多年来许多学者对此进行了有益的探索，比较有代表性的意见就有七八种。从现代旅游业发展的角度出发，对旅游资源的概念可做出如下表述：自然界和人类社会凡能对旅游者产生吸引力，可以为旅游业开发利用，并可产生经济效益、社会效益和环境效益的各种事物和因素。

旅游资源是一个发展的概念，随着旅游业的发展和科学技术的进步，以及资源潜能的不断发挥，人们对旅游资源的内涵会有更深的理解与认识。

旅游资源的内涵十分丰富，涉及自然、社会和人文多个方面，对旅游资源的分类也就因角度的差异而有不同的方法。目前应用最广的分类方法是按照资源的性质和成因，将旅游资源划分为自然旅游资源和人文旅游资源两大类。

由各种自然环境、自然要素、自然物质、自然现象构成的自然景观，凡是能够引起人们较大兴趣且具有观赏、游览、休养或科学价值的，都属于自然旅游资源，如山川河流、自然风景区、动植物保护区、海滩、气候等。

由各种社会环境、社会生活、历史、文化、民族风情和物质生产构成的人文景观，由于各有各的传统特色而成为旅游者游览、观赏的对象的，都属于人文旅游资源，如古建筑、古代陵墓、古典园林、宗教文化、社会风情、文化名城、现代都市等。

我国地域辽阔、山河壮丽、历史悠久、民族众多，旅游资源丰富多彩，对中外旅游者具有极大的吸引力。保护旅游资源是发展旅游业的先决条件，也是历史和社会赋予我们的职责。

3.1.2　旅游资源的保护

丰富多彩的旅游资源，为旅游业的发展奠定了基础；社会经济文化的快速发展，使旅游业获得了可观的经济效益和社会效益。改革开放以来，我国许多地区逐渐认识到旅游业在发展国民经济中的重要作用，把发展旅游业放在显著的位置上，使它成为一个地方的重要产业、支柱型产业。"旅游兴市""旅游兴县""旅游扶贫"已成为不少地方的发展战略之一。这些做法无疑是正确的。但是我们也应该看到，由于一些地方对自然环境和人类文化遗产的认识还存在很大的片面性，对旅游资源的开发利用出现了指导性错误，在建设和管理方面对旅游资源造成了破坏，加上大自然的发展、变化和影响，使旅游资源日渐衰败甚至消亡，造成了旅游景区经济效益的下降。更为严重的是，由于旅游资源的脆弱性和不可再生性，一些珍贵的自然和文化遗产已经永远消失，难以再现，这已经成为不可弥补的损失。

造成旅游资源衰败和破坏的原因概括起来有自然和人为两个方面。

自然界中发生的灾难性突变如地震、海啸、火山爆发等，会在极短的时间内毁掉某一地区的部分或全部旅游资源。2008 年 5 月 12 日，一场山崩地裂的 8.0 级强烈地震，使四川黄金旅游线顷刻间扭曲、中断。都江堰、青城山、大熊猫栖息地（卧龙）等景区受灾严重，损毁价值无法估计。都江堰景区的二王庙损毁严重，俯瞰都江堰水利工程的最佳观景点秦堰楼只剩下断壁残垣。素有"青城天下幽"美誉的青城山后山，泰安寺两座大殿彻底被毁，大量"农家乐"房屋垮塌，一片狼藉。这次特大地震的主震区是四川省生态旅游资源异常丰富的地区，同时也是大熊猫的主要栖息地。该区域共建有国家级自然保护区 10 个，省级自然保护区 24 个；国家级森林公园 15 座，省级森林公园 14 座。大地震发生后，全省的生态旅游景区景点遭到了不同程度的破坏，一些生态旅游景区几乎遭到了毁灭性的破坏。

在自然状态下，由于地球表面温度的升降，一年四季的寒暑交替、风霜雨雪，都会缓慢但又不停地改变着旅游资源的形态和性质。这种自然风化作用的侵蚀，日积月累，任何名胜古迹都难以抵御。我国洛阳龙门石窟的部分洞窟因岩体泥质含量大、表层裂隙多而风化严重，有的风化层超过 15 厘米，片状、鳞状或者由于岩层节理交错形成的方块形碎片不断脱落。有些窟顶的植物根系腐烂变质后，分泌的酸性物质又促进了岩层裂隙发育，加速了洞窟漏水渗水，岩体中溶蚀的碳酸盐被带出裂隙，在洞内雕刻品上形成了一层厚厚的石灰岩凝浆，使雕刻品面目全非。

比自然风化与破坏造成旅游资源损失更严重的是人为的破坏。经济发展中的短期行为对传统旅游景区的环境造成了严重威胁。在现实生活中我们看到，有些人将生态旅游视为一种户外休闲娱乐活动，或视为普通的景区旅游，对传统旅游的吃、住、行、游、购、娱六大要素要求较高。为了满足这种物质享乐型旅游的需求，有的旅游开发商和旅游经营部门便开始在生态旅游景区内筑路修桥、架设缆车、增开车辆等，并大兴土木，修建宾馆、商店、饭店、洗浴中心等服务设施，使生态旅游区成为"山沟里的都市"，加剧了生态旅游景区的商业化、城市化和人工化，使一些自然美景和自然资源遭到损毁。中华人民共和国人与生物圈国家委员会提供的一份调查报告显示：我国已有 22% 的自然保护区由于开展生态旅游而造成保护对象的破坏，11% 出现旅游资源退化。一些旅游景区内，人们法治观念淡薄、管理不善等，也对旅游资源造成了破坏。比如，对景物随意刻画涂抹，"×××到此一游"的刻痕涂鸦屡见不鲜；在溶洞附近，有人公开出售盗割的石钟乳、石笋；一些旅游景区内大量的生活污水和垃圾被排入河道或随意丢弃，对自然环境造成严重污染。

所有这些都对旅游业的发展和人们的生活环境构成严重威胁。许多有识之士一再呼吁，要高度重视旅游资源的保护问题，以保障旅游资源的永续利用和旅游业的可持续发展。

3.1.3 旅游资源保护法规的基本内容

为了有效地保护旅游资源，一些旅游资源丰富、法制比较健全的国家开始运用立法的手段促进旅游资源保护的法治化，许多国家的法律都详尽地规定了保护旅游资源的具体条款。联合国教科文组织公布的《保护世界文化和自然遗产公约》，现已有包括中国在内的180多个缔约成员。该公约承认所有缔约成员对保护独特的文化和自然遗产应承担义务，"考虑到某些文化遗产和自然遗产具有突出的重要性，因而需要作为全人类世界遗产的一部分加以保护"。

我国政府也十分重视对各类旅游资源的保护，国家立法机关和行政机关制定和发布了一系列法律和法规，地方立法机构和各级政府也结合当地的具体情况制定了一些地方性法规和规章。《旅游法》第四条规定："旅游业发展应当遵循社会效益、经济效益和生态效益相统一的原则。国家鼓励各类市场主体在有效保护旅游资源的前提下，依法合理利用旅游资源。利用公共资源建设的游览场所应当体现公益性质。"第二十一条规定："对自然资源和文物等人文资源进行旅游利用，必须严格遵守有关法律、法规的规定，符合资源、生态保护和文物安全的要求，尊重和维护当地传统文化和习俗，维护资源的区域整体性、文化代表性和地域特殊性，并考虑军事设施保护的需要。有关主管部门应当加强对资源保护和旅游利用状况的监督检查。"

由于旅游资源包括范围较广，因此，凡是调整旅游资源开发、利用、保护关系的法律规范统称为旅游资源法。旅游资源保护法规的基本内容概括来讲主要包括：

1）规定了旅游资源保护的范围

有关旅游资源保护的法律、法规首先确定了要保护的范围，如《文物保护法》第二条规定受国家保护的文物包括了五大类；又如原国家旅游局2007年9月4日发布的《旅游资源保护暂行办法》第二条规定，旅游资源保护的范围"包括已开发的各类自然遗产、文化遗产、地质、森林、风景名胜、水利、文物、城市公园、科教、工农业、湿地、海岛、海洋等各类旅游资源，也包括未开发的具有旅游利用价值的各种物质和非物质资源"。

2）规定了旅游资源管理机构的职权和任务

为了使有关旅游资源开发、利用、保护的各种法律、法规能够得到有效落实，国家设立了专门的旅游资源保护机构，如文物保护机构、风景名胜区管理机构、自然保护区管理机构、环境保护机构等，对这些机构的组织、职权和任务，都在相应的法律、法规中做出了明确的规定。

3）规定了旅游资源开发、利用和保护的原则

旅游资源保护法规明确规定了旅游资源开发、利用和保护的原则。任何与旅游资源事务有关的单位，都应严格遵守这些原则，如对风景名胜区、文物评定等级和分级管理的原则；保护环境和自然资源、防治污染和其他公害的原则；各级人民政府制定城乡建设规划时，事先要由城市规划部门会同文化行政管理部门商定对本行政区各级文物保护单位的保护措施，纳入规划等。

4）规定了各级旅游资源主管机构和旅游者的义务

各级旅游资源主管机构和旅游者在享有开发利用旅游资源的权利的同时，必须承担相应的保护义务。随着改革开放的深化和我国旅游业的发展，愈来愈多的外国旅游者进入我国，他们在中国境内也必须遵守中国关于旅游资源、环境保护方面的法律、法规。如《中华人民共和国环境保护法》第六条规定："一切单位和个人都有保护环境的义务。地方各级人民政府应当对本行政区域的环境质量负责。企业事业单位和其他生产经营者应当防止、减少环境污染和生态破坏，对所造成的损害依法承担责任。公民应当增强环境保护意识，采取低碳、节俭的生活方式，自觉履行环境保护义务。"

5）有关的法律责任

为了保证有关法律、法规的贯彻实施，对违反法律、法规的规定，破坏旅游资源或保护旅游资源失职者，都规定了相应的罚则。违反法律规定的义务时，要承担相应的法律责任，如《文物保护法》中的"法律责任"这一章与我国《刑法》的有关规定相衔接，对应当追究刑事责任的有关文物的犯罪专门做出了规定。同时，补充了应受行政处罚的行为，增加了对文物保护的法律条款，从制度上和源头上遏制犯罪及违规行为。

小资料 3-1

长城的保护

万里长城是中华民族的象征和骄傲，是 2 000 多年来劳动人民用智慧和血汗建造的工程浩大、历史悠久、气魄雄伟的世界性工程。如何保护和利用这个世界文化遗产，是一个重要的课题。目前，涉及长城保护的立法主要有《文物保护法》《中华人民共和国文物保护法实施条例》；地方性法规有《北京市长城保护管理办法》。《文物保护法》及其他文物保护的相关法规，虽然有些地方不能涵盖长城的特殊性，但其对长城保护工作应具有法律约束力。国务院审议并通过了《长城保护条例》，这对长城保护具有重要意义。长城的保护要依据《长城保护条例》，使长城保护有法可依。

《长城保护条例》总结了近年来长城保护工作的实践经验，在总体思路上把握了以下几点：

（1）依照《文物保护法》的规定，针对长城的特点和长城保护中存在的突出问题，补充完善有关制度、措施，使之更具针对性和可操作性。

（2）对长城实行整体保护、分段管理，明确长城所在地人民政府的责任。

（3）发挥社会力量参与长城保护的积极性，明确长城利用单位的责任，设立长城保护员制度。

（4）对长城的利用行为加以规范，明确将长城段落辟为参观游览区应当坚持的原则和具备的条件。

除此之外，还应从以下几个方面加强长城的保护：

（1）大力加强长城保护宣传工作。要利用广播、报纸、电影、电视等各种传播媒体广泛宣传保护长城的意义，宣传国家保护文物的政策法令，引起人民群众和社会各界对保护长城的重视。要动员全社会都来保护长城、爱护长城。通过广泛的宣传教育，使长城沿线广大群众成为长城的保护者。

（2）搞好长城保护工作要加强长城实地调查。只有真正对地区内长城有了较详细的了解，在制定保护管理措施上才能有的放矢，对破坏严重地段才能找到根源，对症下药，使长城保护的法规法令落到实处。

（3）划定保护范围及建设控制地带，制定保护规划。实践证明，制定保护规划是对文物保护单位实行有效保护、合理利用、科学管理的重要手段。《长城保护总体规划》从保护长城本体及其环境的完整性、真实性出发，在对长城进行全面研究评估的基础上，就规划的原则、性质、目标，保护区划、保护措施、相关环境治理和生态保护以及展示开放、管理等方面做出具有实际指导意义的原则性规定。

《长城保护总体规划》的主题是长城保护，涉及土地使用、生态保护、建设项目和旅游设施的控制管理等。因此，规划的编制由国家发展和改革委员会牵头、文物部门具体组织，住房和城乡建设部、自然资源部、交通运输部、生态环境部、文化和旅游部等相关部门配合。划定长城保护范围和建设控制地带是落实规划和各项管理措施，依法保护长城的基本条件。长城保护范围和建设控制地带在《长城保护总体规划》确定的原则基础上，针对不同地段的具体情况，以长城本体、相关遗存和周边环境不受破坏、损害为标准划定。同时，在游人集中区域、交通要道、省市县界等长城重要地段和其他必要位置树立保护标志，提示人们自觉保护长城。

学习微平台

延伸阅读3-1

3.2 自然资源的法律保护

3.2.1 自然资源保护法律概述

自然旅游资源是地球表面自然生态系统中具有旅游价值的景观，它历经亿万年演化而成，无须人类过多改造就可给游客带来美的享受，如世界自然遗产、自然保护区和一些风景名胜区。构成自然旅游资源的景观组合主要有山水风光、奇山异洞、流泉飞瀑、阳光海滩、气候与气象、生物景观等。这些景观的形成，不仅有亿万年的沧桑历史，而且有其独特的生成环境和条件，如在优良的自然生态环境下形成的四川九寨沟，在特异自然条件下形成的云南石林、地下溶洞、东北火山熔岩等。这些旅游资源若开发不当或开发后管理不善，违反自然生态发展规律，将很容易对自然生态系统造成不可逆转的破坏，亿万年遗留下来的珍贵自然遗产将毁于一旦。若不注意保护，其原有形态、内容被破坏，不仅其旅游价值会大大降低，而且会破坏自然景观的完整性。

千百年来，我国人民十分注意保护自然生态环境，强调"天人合一"。我国著名的风景名胜区一般都历经长期的营造，建筑布局与自然环境非常讲究审美风格上的趋近或同一。中华人民共和国成立后，我国颁布了一系列法律、法规，强化对自然资源的保护工作，如《旅游法》《中华人民共和国环境保护法》《中华人民共和国森林法》《中华人民共和国草原法》《中华人民共和国海洋环境保护法》《中华人民共和国水法》《风景名胜区条例》《中华人民共和国自然保护区条例》《城市绿化条例》等。其中，《中华人民共和国环境保护法》就规定了具体的保护对象是"影响人类生存和发展的各种天然的和经过人工改造的自然因素的总体，包括大气、水、海洋、土地、矿藏、森林、草原、湿地、野生生物、自然遗迹、人文遗迹、自然保护区、风景名胜区、城市和乡村等"，将自然旅游资源划定在保护的范围内。这些法律、法规对旅游资源的保护范围、保护原则和方法，保护机构的设置和职责，以及相应的奖惩条款，都有明确且有针对性的规定，对防止旅游资源被破坏起到了极为重要的作用。

学习微平台

同步链接 3-1

　　广泛深入地宣传旅游资源保护的法律、法规，使广大旅游者、旅游经营者和旅游管理机构用法律来规范自己的行为，是一项需要常抓不懈的任务。以法律手段保护自然旅游资源，就是保护自然生态系统，保护旅游业自身的发展，也是造福子孙后代的千秋大业。

3.2.2　风景名胜区的保护与管理

1）风景名胜区的概念

　　在 2006 年 9 月 19 日国务院发布的《风景名胜区条例》第二条中，对风景名胜区所下的定义是：具有观赏、文化或者科学价值，自然景观、人文景观比较集中，环境优美，可供人们游览或者进行科学、文化活动的区域。

2）国家对风景名胜区实行的原则

　　《风景名胜区条例》第三条规定：国家对风景名胜区实行科学规划、统一管理、严格保护、永续利用的原则。

　　（1）科学规划

　　风景名胜区规划分为总体规划和详细规划。

　　风景名胜区总体规划的编制，应当体现人与自然和谐相处、区域协调发展和经济社会全面进步的要求，坚持保护优先、开发服从保护的原则，突出风景名胜区的自然特性、文化内涵和地方特色。

　　风景名胜区详细规划应当根据核心景区和其他景区的不同要求编制，确定基础设施、旅游设施、文化设施等建设项目的选址、布局与规模，并明确建设用地范围和规划设计条件。

　　国务院建设主管部门应当对国家级风景名胜区的规划实施情况、资源保护状况进行监督检查和评估。对发现的问题，应当及时纠正、处理。

　　（2）统一管理

　　国务院建设主管部门负责全国风景名胜区的监督管理工作。国务院其他有关部门按照国务院规定的职责分工，负责风景名胜区的有关监督管理工作。

　　省、自治区人民政府建设主管部门和直辖市人民政府风景名胜区主管部门，负责本行政区域内风景名胜区的监督管理工作。省、自治区、直辖市人民政府其他有关部门按照规定的职责分工，负责风景名胜区的有关监督管理工作。

　　风景名胜区所在地县级以上地方人民政府设置的风景名胜区管理机构，负责风景名胜区的保护、利用和统一管理工作。

（3）严格保护

风景名胜区内的景观和自然环境，应当根据可持续发展的原则，严格保护，不得破坏或随意改变。风景名胜区内的居民和游览者应当保护风景名胜区的景物、水体、林草植被、野生动物和各项设施。

风景名胜区管理机构应当对风景名胜区的重要景观进行调查、鉴定，并制定相应的保护措施。

（4）永续利用

风景名胜区管理机构应当根据风景名胜区的特点，保护民族民间传统文化，开展健康有益的游览观光和文化娱乐活动，普及历史文化和科学知识。

《旅游法》第四十二条规定，景区开放应当具备下列条件，并听取旅游主管部门的意见：①有必要的旅游配套服务和辅助设施；②有必要的安全设施及制度，经过安全风险评估，满足安全条件；③有必要的环境保护设施和生态保护措施；④法律、行政法规规定的其他条件。

2019年，我国共有A级景区12 402个，接待游客人数近65亿人次。

3）风景名胜区的分级

（1）我国的风景名胜区分级

风景名胜区按其景物的观赏价值、文化价值、科学价值和环境质量、规模大小、游览条件等划分为两级：国家级风景名胜区和省级风景名胜区。

自然景观和人文景观能够反映重要自然变化过程和重大历史文化发展过程，基本处于自然状态或者保持历史原貌，具有国家代表性的，可以申请设立国家级风景名胜区；具有区域代表性的，可以申请设立省级风景名胜区。

（2）我国的国家级风景名胜区

目前，我国已公布的国家级风景名胜区共9批244处（截止到2017年3月底），如北京的八达岭-十三陵、四川的九寨沟、山东的泰山、江苏的太湖、广西的桂林漓江、云南的路南石林等。这些景区，不仅观赏、文化、科学价值都很高，而且环境质量好，具有相当大的规模和良好的游览条件。

（3）我国的世界遗产

联合国教科文组织于1976年成立了世界遗产委员会，确定将那些世界公认的、具有突出意义和价值的文物古迹和自然遗产列入《世界遗产名录》。被列入者，其价值必须具有真实性和唯一性，一旦列入，将受到联合国教科文组织所有成员的共同保护和集体援助，即使在战争中也不能列入军事攻击目标。中国于1985年12月加入《保护世界文化和自然遗产公约》，1986年开始向联合国教科文组织申报世界遗产项目。截止到2019年7月，我国先后有55处文化和自然遗产被联合国教科文组织批准列入《世界遗产名录》，数量居世界各国第一位（与意大利并列）。这55处世界遗产分别是：万里长城，明清皇宫，周口店"北京人"遗址，敦煌莫高窟，秦始皇陵及兵马俑，拉萨布达拉宫，承德避暑山庄及其周围的庙宇，曲阜孔庙、孔林及孔府，武当山古建筑群，庐山风景名胜区，云南丽江古城，山西平遥古城，苏州古典园林，颐和园，天坛，重庆大足石刻，河南洛阳龙门石窟，四川青城山和都江堰，安徽古村落，明清皇家陵寝，山西大同云冈石窟，吉林高句丽王城、王陵和贵族墓群，澳门历史城区，河南安阳殷墟，广东开平碉楼及村落，福建土楼，山西五台山，河南登封"天地之中"古建筑群，杭州西湖文化景观，内蒙古元上都遗址，云南红河哈尼梯田，中国大运河，丝绸之路：长安－天山廊道路网，湖南、贵州、湖北土司遗址，广西左江花山岩画，福建厦门鼓浪屿，浙江良渚古城遗址等37处文化遗产；武陵源、九寨沟、黄龙、云南三江并流、四川大熊猫栖息地、中国南方喀斯特地貌、江西三清山、中国丹霞、云南省澄江化石地、新疆天山、贵州梵净山、湖北神农架、黄（渤）海候鸟栖息地、青海可可西里等14处自然遗产，以及泰山、黄山、峨眉山-乐山大佛、福建武夷山等4处文化与自然双重遗产。

4）风景名胜区的设立

设立风景名胜区的根本目的是要有利于保护和合理利用风景名胜资源。设立国家级风景名胜区，由省、自治区、直辖市人民政府提出申请，国务院建设主管部门会同国务院生态环境主管部门、林业和草原主管部门、文物主管部门等有关部门组织论证，提出审查意见，报国务院批准公布。设立省级风景名胜区，由县级人民政府提出申请，省、自治区人民政府建设主管部门或者直辖市人民政府风景名胜区主管部门，会同其他有关部门组织论证，提出审查意见，报省、自治区、直辖市人民政府批准公布。

风景名胜区内的土地、森林等自然资源和房屋等财产的所有权人、使用权人的合法权益受法律保护。

5）风景名胜区的规划

风景名胜区的规划分为总体规划和详细规划。

风景名胜区总体规划应包括：①风景资源评价；②生态资源保护措施、重大项目布局、开发利用强度；③风景名胜区的功能结构和空间布局；④禁止开发和限制开发的范围；⑤风景名胜区的游客容量；⑥有关专项规划。

风景名胜区详细规划应当根据核心景区和其他景区的不同要求编制，确定基础设施、旅游设施、文化设施等建设项目的较为详细的内容。

风景名胜区规划经批准后，应当向社会公布，任何组织和个人都有权查阅。

经批准的风景名胜区规划不得擅自修改。政府或者政府部门修改风景名胜区规划对公民、法人或者其他组织造成财产损失的，应当依法给予补偿。

6）风景名胜区的管理与保护

（1）风景名胜区的管理机构

国务院建设主管部门负责全国风景名胜区的监督管理工作。国务院其他有关部门按照国务院规定的职责分工，负责风景名胜区的有关监督管理工作。

省、自治区人民政府建设主管部门和直辖市人民政府风景名胜区主管部门，负责本行政区域内风景名胜区的监督管理工作。省、自治区、直辖市人民政府其他有关部门按照规定的职责分工，负责风景名胜区的有关监督管理工作。风景名胜区依法设立的人民政府，全面负责风景名胜区的保护、利用、规划和建设。风景名胜区没有设立人民政府的，应当设立管理机构，在所属人民政府领导下，主持风景名胜区的管理工作。设在风景名胜区的所有单位，除各自业务受上级主管部门领导外，都必须服从管理机构对风景名胜区的统一规划和管理。

（2）风景名胜区的保护

①风景名胜区内的景观和自然环境，应当根据可持续发展的原则，严格保护，不得破坏或者随意改变。

②在风景名胜区内禁止进行下列活动：

——开山、采石、开矿、开荒、修坟立碑等破坏景观、植被和地形地貌的活动；

——修建储存爆炸性、易燃性、放射性、毒害性、腐蚀性物品的设施；

——在景物或者设施上刻画、涂污；

——乱扔垃圾。

③禁止违反风景名胜区规划，在风景名胜区内设立各类开发区和在核心景区内建设宾馆、招待所、培训中心、疗养院以及与风景名胜资源保护无关的建筑物；已经建设的，应当按照风景名胜区规划，逐步迁出。

④在风景名胜区进行下列活动，应当经风景名胜区管理机构审核后，依照有关法律、法规的规定报有关主管部门批准：

——设置、张贴商业广告；

——举办大型游乐等活动；

——改变水资源、水环境自然状态的活动；

——其他影响生态和景观的活动。

⑤风景名胜区内的建设项目应当符合风景名胜区规划，并与景观相协调，不得破坏景观、污染环境、妨碍游览。

⑥国务院建设主管部门应当对国家级风景名胜区的规划实施情况、资源保护状况进行监督检查和评估。对发现的问题，应当及时纠正、处理。

《旅游法》第一百零五条规定：景区不符合本法规定的开放条件而接待旅游者的，由景区主管部门责令停业整顿直至符合开放条件，并处2万元以上20万元以下罚款。

《风景名胜区条例》专门设立了"法律责任"一章，对违反《风景名胜区条例》规定的，给予严厉的处罚，如：

在风景名胜区内进行开山、采石、开矿等破坏景观、植被、地形地貌的活动的，在风景名胜区内修建储存爆炸性、易燃性、放射性、毒害性、腐蚀性物品的设施的，在核心景区内建设宾馆、招待所、培训中心、疗养院以及与风景名胜资源保护无关的其他建筑物的，由风景名胜区管理机构责令停止违法行为、恢复原状或者限期拆除，没收违法所得，并处50万元以上100万元以下的罚款。县级以上地方人民政府及其有关主管部门批准实施上述行为的，对直接负责的主管人员和其他直接责任人员依法给予降级或者撤职的处分；构成犯罪的，依法追究刑事责任。

个人在风景名胜区内进行开荒、修坟立碑等破坏景观、植被、地形地貌的活动的，由风景名胜区管理机构责令停止违法行为、限期恢复原状或者采取其他补救措施，没收违法所得，并处1 000元以上1万元以下的罚款。

在景物、设施上刻画、涂污或者在风景名胜区内乱扔垃圾的，由风景名胜区管理机构责令恢复原状或者采取其他补救措施，处50元的罚款；刻画、涂污或者以其他方式故意损坏国家保护的文物、名胜古迹的，按照《中华人民共和国治安管理处罚

《法》的有关规定予以处罚；构成犯罪的，依法追究刑事责任。

　　未经风景名胜区管理机构审核，在风景名胜区内进行下列活动的，由风景名胜区管理机构责令停止违法行为、限期恢复原状或者采取其他补救措施，没收违法所得，并处 5 万元以上 10 万元以下的罚款；情节严重的，并处 10 万元以上 20 万元以下的罚款：设置、张贴商业广告的；举办大型游乐等活动的；改变水资源、水环境自然状态的活动的；其他影响生态和景观的活动。

职业道德与企业伦理 3-1

四川旅游人在九寨沟地震救援工作中发光

　　背景与情境：2017 年 8 月 8 日 21 时 19 分，我国著名的旅游景区九寨沟发生了 7.0 级地震。由于正处于旅游旺季，当天九寨沟共接待游客 38 799 人次，其中团队 18 158 人次，散客 20 641 人次。灾情就是命令，地震发生后，全省旅游系统雷厉风行，政府部门、旅游协会、旅行社、酒店、车队……许许多多旅游人在第一时间坚守最前线，一程一程接力，守望相助，全力保障游客生命安全。危难突至，许多导游、司机和酒店服务人员挺身而出，勇敢无畏，带给游客安定和温暖。地震那一夜，数千名导游、司机、酒店服务人员成为距游客最近的一线救援人员。在山摇地动的夜晚中，那高高举起的导游旗、结实平稳的旅游大巴、安置有序的酒店院落和避险场所，给惊慌失措的游客以安全和力量。

　　地动山摇之后，儿子刚 4 个月的女导游邵丹忙着清点安抚惊魂未定的游客。因一名 12 岁的孩子走失，一对游客父母抱头痛哭。邵丹动员不需要照顾老人小孩的十几位团员，手拉手在酒店一层楼一层楼、一间房一间房搜寻，直到在附近一座山坡上找到了正被当地藏族群众好好照料着的孩子。

　　在九寨沟一线跑了十几年的资深导游张立，带着 46 人散客团行进在川主寺到九寨沟的路上，震落的巨石砸断前后道路，游客一片惶恐。“死生有命，怕啥子！”张立独自冒险攀爬塌方区，探出一条长约 500 米的生命通道，七八次往返穿越，与同行一起转移游客及伤员，直到手中那个 11 个月大的重伤婴儿搭乘一位藏族大哥的摩托车赶往医院。

　　当时哪儿来那么大的勇气？事后，不少导游和司机也说，不是没有过害怕，但这就是我们工作的职责要求：人在旗在，人在车在，人在客在！

　　地震发生 10 分钟后，位于九寨沟沟口的喜来登大酒店的救灾组织工作有序推进，刚刚脱险的工作人员多次冒着余震危险，冲入酒店内为游客取浴巾、浴袍、被子等御寒物资和行李。酒店驻店经理李小石通宵协调指挥，不断向游客通报最新情况、安排疏散登记，不断安抚告知，“不要恐慌，酒店的建筑很安全，主体建筑没有遭到丝毫损坏”“提高警惕，震后要防范山体滑坡、泥石流等次生灾害”……直到 9 日 7 时 30 分，第一辆疏散大巴发车。9 日上午，所有旅客疏散完毕。

　　台湾游客汪怡安，地震时正乘旅游车行进在去九寨沟的路上。虽然对地震不陌生，但是碎石击打到车上时，她还是极度紧张。慌乱间，听到导游声嘶力竭报告险情的声音，听到电话里传来“一切以保障游客生命安全为前提”的指令，听到大巴车紧急后退、掉头的轰鸣，她的紧张消除了。当夜一脱险，汪怡安就迫不及待找到纸笔，写下感谢信："佩服你们的勇气和敬业，谢谢导游和司机带我们脱离险境！"

仅仅一天多就从九寨沟安全返回湖北老家的张先生，对《长江日报》记者说："平时柔弱的导游小姑娘们，都完全不顾形象了，大声叫着、吼着，引导游客们疏散到空旷地带。我听到好几个导游嗓子都喊哑了，导游就是那时候的英雄！"

地震后，记录四川旅游人事迹的许多新媒体稿件阅读量突破10万次，网友纷纷点赞留言："向尽职尽责的人敬礼，职业没有高低，只有其行为是否令人尊敬！""危难时刻见人心！谢谢这些导游，谢谢这些老司机！好人一生平安！"

有网友说，在这次地震中的四川导游，"零差评"！

资料来源　杨晓，刘星，朱丽，等. 穿越生死　四川旅游人在九寨沟地震救援工作中发光 [EB/OL]. [2017-08-14]. http://scnews.newssc.org/system/20170814/000807958.html.

问题：地震中的四川旅游人体现出了什么精神？

分析提示：2012年11月，中共十八大报告明确提出"三个倡导"，即倡导富强、民主、文明、和谐，倡导自由、平等、公正、法治，倡导爱国、敬业、诚信、友善，积极培育社会主义核心价值观。爱国、敬业、诚信、友善是公民个人层面的价值准则。地震中的四川旅游人体现出了社会主义核心价值观和高尚的职业道德：爱岗敬业，遵纪守法；热情服务，宾客至上；诚实守信，公私分明；团结协作，顾全大局；一视同仁，不卑不亢。

3.2.3　自然保护区的保护与管理

1）自然保护区的概念

人类是大自然的产物，大自然是人类赖以生存的基本条件，人类的生产活动和生活应当遵守自然规律，以保护自己的家园。

近代以来，人们逐渐认识到保护大自然就是保护人类自己。1872年，世界上第一个自然保护区——美国黄石国家公园建立。从此以后，世界各国都注意到建立自然保护区的重要意义，在全球范围内建立起数量众多的自然保护区，形成了广泛的自然保护区网络。自然保护区所具有的优良的生态景观对旅游者产生着极大的吸引力，使自然保护区成为旅游开发的对象。

为了加强自然保护区的建设和管理，保护自然环境和自然资源，国务院于1994年9月2日第二十四次常务会讨论通过了《中华人民共和国自然保护区条例》。该条例自1994年12月1日起实施，标志着我国对自然保护区的建设和管理走上了法治化的道路。

自然保护区，是指对有代表性的自然生态系统、珍稀濒危野生动植物物种的天然集中分布区、有特殊意义的自然遗迹等保护对象所在的陆地、陆地水体或者海域，依法划出一定面积予以特殊保护和管理的区域。

自然保护区因其保护的对象不同有不同的类型，因而有不同的名称，世界各国使用的名称有国家公园、自然公园、保护公园、生物保护区、森林保护区、狩猎动物保护区等。我国一般称自然保护区、国家森林公园等。

2）自然保护区的建立和分级

（1）我国自然保护区的建立

根据《中华人民共和国自然保护区条例》的规定，凡具有下列条件之一的，应当建立自然保护区：

①典型的自然地理区域、有代表性的自然生态系统区域以及已经遭受破坏但经保护能够恢复的同类自然生态系统区域；

②珍稀、濒危野生动植物物种的天然集中分布区域；

③具有特殊保护价值的海域、海岸、岛屿、湿地、内陆水域、森林、草原和荒漠；

④具有重大科学文化价值的地质构造、著名溶洞、化石分布区、冰川、火山、温泉等自然遗迹；

⑤经国务院或者省、自治区、直辖市人民政府批准，需要予以特殊保护的其他自然区域。

（2）我国自然保护区的分级

①我国自然保护区分为国家级自然保护区和地方级自然保护区。

——国家级自然保护区。国家级自然保护区指在国内外有典型意义，在科学上有重大国际影响或者有特殊科学研究价值的自然保护区。

——地方级自然保护区。地方级自然保护区指除国家级自然保护区外，其他具有典型意义或者重要科学研究价值的自然保护区。

②为了更好地对自然保护区实施保护和管理，自然保护区又分为核心区、缓冲区和实验区。

——核心区。核心区是自然保护区内保存完好的天然状态的生态系统以及珍稀、濒危动植物的集中分布区。通常，该区禁止任何单位和个人进入（非省级以上人民政府有关自然保护区行政管理部门批准），也不允许进入从事科学研究活动。

——缓冲区。缓冲区是在核心区外围划定的一定面积的区域。这里只准进入从事科学研究观测活动。

——实验区。实验区指缓冲的外围区域。这里可以进入从事科学实验、教学实习、参观考察、旅游以及驯化、繁殖珍稀、濒危野生动植物活动等。

原批准自然保护区的人民政府认为必要时，可在自然保护区的外围划定一定面积的外围保护地带。

自然资源部、国家林业和草原局《关于做好自然保护区范围及功能分区优化调整前期有关工作的函》（自然资函〔2020〕71号）规定：自然保护区功能分区由核心区、缓冲区、实验区转为核心保护区和一般控制区。由于原自然保护区核心区、缓冲区管控要求基本接近，故一般情况下，将自然保护区原核心区和原缓冲区转为核心保护区，将原实验区转为一般控制区。自然保护区原实验区内无人为活动且具有重要保护价值的区域，特别是国家和省级重点保护野生动植物分布的关键区域、生态廊道的重要节点、重要自然遗迹等，也应转为核心保护区。自然保护区原核心区和原缓冲区有以下情况，可调整为一般控制区：自然保护区设立之前就存在的合法水利水电等设施；历史文化名村、少数民族特色村寨和重要人文景观合法建筑，包括有历史文化价值的遗址遗迹、寺庙、名人故居、纪念馆等有纪念意义的场所。

（3）我国已建成的自然保护区

国家级自然保护区是由国家直接管理的。1956年，在广东肇庆建立了保护南亚热带雨林为主的我国第一个自然保护区——鼎湖山自然保护区。经过几十年的不懈努力，我国现在已建立了包括国家重点保护区、国家森林公园和国家重点风景名胜区在内的保护区网络。截至2018年底，我国已经建立2 750个自然保护区，总面积为147万平方千米，占陆域国土面积的15%，其中国家级自然保护区474处。自然保护区已有效地保护了全国85%的野生动物种群和65%的高等植物群落，为社会经济的可持续发展提供了保障。其中著名的有：四川卧龙国家级自然保护区、湖北神农架国家级自然保护区、贵州梵净山国家级自然保护区、安徽扬子鳄国家级自然保护区、江西鄱阳湖候鸟国家级自然保护区、云南西双版纳国家级自然保护区、吉林长白山国家级自然保护区等。我国还建立了一批国家森林公园，如湖南张家界、浙江千岛湖、广州流溪河、陕西楼观台、河南嵩山、安徽琅琊山等。

3.3　人文资源的法律保护

3.3.1　人文资源保护法律概述

人文旅游资源是人类历史和文化的结晶，是民族风貌和特色的集中反映。构成人文旅游资源景观的主要有历史遗址、古建筑、古代陵墓、古典园林、社会风情、古镇等。人文旅游资源是以自然环境为基础的人类活动的产物，因此带有一定的地域性，同时更与历史、经济、政治、文化、民族等因素有着密切的关系，所以人文旅游资源具有鲜明的时代性、民族性和高度的思想性、历史性。人文旅游资源与自然旅游资源相比，更能产生强烈的吸引力和感染力，具有更丰富多彩的内容。

一个国家或地方人文旅游资源的种类、数量、质量、特色与其历史长短、民族多寡、文化传统及文明发达程度有着直接的、密不可分的关系。我国是世界文明古国，有着5 000年的文明史，众多的民族共同谱写出灿烂的历史文化，创造了许多人间奇迹，形成了今天独具魅力的人文旅游资源。我国的古遗址、古建筑、古典园林以及戏曲、书画、烹饪、武术等，体现出了鲜明的民族性，成为我国发展旅游业的突出优势。截止到2019年7月，已被联合国教科文组织批准列入《世界遗产名录》中的55处中国文化和自然遗产中，文化遗产占了绝大部分，这也从一个侧面反映出我国人文旅游资源所占地位的重要性。

我国十分重视人文旅游资源的保护工作。《中华人民共和国宪法》明确规定："国家保护名胜古迹、珍贵文物和其他重要历史文化遗产。"为此，国家制定和颁布了一系列有关保护人文旅游资源的法律、法令、法规和规范性文件，如《文物保护法》等。此外，《旅游法》《中华人民共和国城乡规划法》《中华人民共和国环境保护法》《中华人民共和国海关法》《中华人民共和国治安管理处罚法》《风景名胜区条例》《全国重点文物保护单位名单》《中华人民共和国文物保护法实施条例》《历史文化名城名镇名村保护条例》等法律、法规中也有许多保护人文旅游资源的内容。

由省、自治区、直辖市人民代表大会及其常委会制定的地方性法规数量较多。这些机关根据当地的具体情况，分别制定了有关保护人文旅游资源的地方性法规和规范性文件。

我国参加和批准的国际公约同我国法律具有同等效力，成为我国法律、法规的一部分。其中最主要的是《保护世界文化和自然遗产公约》，另外还有一些国际上通用的公约，如《武装冲突情况下保护文化财产公约》《关于禁止和防止非法进出口文化财产和非法转让其所有权的方法的公约》等。

3.3.2 文物和《文物保护法》

1）文物

我国是闻名于世的文化古国，悠久的历史、灿烂的文化给我们留下了大量珍贵的历史文化遗产，使我国成为世界上的文物大国。

"文物"一词在我国有着久远的历史，早在 2 000 多年前的历史古籍中就已经使用过。但最早的文物仅指礼乐典章制度及祭器。今天我们所说的文物，从字面上理解就是文化遗产。

现代的文物概念，是指人类社会历史发展过程中遗留下来的，由人类创造或者与人类活动有关的一切有价值的物质遗产的总称。

文物是国家的宝贵财富，它在人文旅游资源中占有重要地位。文物以其直观形象性、历史真实性、社会典型性和不可再生性的基本特征及其所具有的历史价值、艺术价值和科学价值强烈地吸引着旅游者。许许多多的中外旅游者无不为我国大量的文物精品而惊叹和陶醉，文物为旅游业的发展提供了必不可少的资源条件。文物旅游资源为旅游者提供了高层次的文化、精神享受，为我国旅游业的深层次发展奠定了坚实的基础，是我国旅游产品在国际旅游市场上具有强大竞争力的重要方面。

2）《文物保护法》

（1）《文物保护法》的制定

文物是我国发展旅游业的重要资源，又是我国法律、法规中明令要求予以保护的对象。保护文物不仅是国家的重要职责，也是整个国际社会以及一切机关、组织和公民个人的共同义务。为此，我国制定颁布了《文物保护法》。《文物保护法》是我国文物保护管理的基本法。

（2）制定《文物保护法》的宗旨

制定《文物保护法》的宗旨是：加强对文物的保护，继承中华民族优秀的历史文化遗产，促进科学研究工作，进行爱国主义和革命传统教育，建设社会主义精神文明和物质文明。

（3）文物保护管理的方针

文物是不可再生的人类历史的遗存物，毁坏一件就少一件，所以对文物旅游资源进行开发、利用时，必须依法保护和管理。我国文物保护工作贯彻保护为主、抢救第一、合理利用、加强管理的方针。

（4）《文物保护法》的主要内容

《文物保护法》共八章八十条，其主要内容是：①《文物保护法》的宗旨和受国家保护的文物范围；②文物保护单位的界定和分级管理；③国家和地方各级文物保护管理机构；④文物所有权；⑤文物考古发掘；⑥馆藏文物的管理；⑦民间收藏文物的管理；⑧文物出境入境管理；⑨法律责任。

同步案例 3-1

"故宫喊累"需反思文物保护

背景与情境：截至2016年12月31日，北京故宫博物院接待观众1600多万人次，比2015年增加了6.19%，再次刷新了故宫博物院自1925年建院以来的接待观众纪录（2017年1月3日《人民日报》）。

2016年，故宫持续实施"限流8万"政策，并推行网络预售，这些举措无疑值得点赞。然而，故宫曾公布过一组数据：故宫最佳、最大和极限日接待游客分别是3万人次、6万人次和8万人次。可见，"限流8万"选择的是极限日接待量，显然使故宫超负荷运转。

故宫2016年接待游客再创历史纪录，再次敲响了文物安全警钟。事实上，故宫喊"累"，已经喊了几十年。1925年10月10日，故宫博物院首度向公众开放。第一天免费，次日门票半价。两天之内，5万名市民拥入紫禁城，真正是"皇帝前脚走，老百姓后脚进来"。2011年，Frommer's旅行指南系列《500处即将消逝的美景》收录了全球一批面临破坏甚至濒危的旅游目的地，北京故宫也"榜上有名"。可见，故宫实施限流政策，是文化遗产保护的不二选择。

近年来，随着国民生活水平的提高和对外开放程度的加大，很多海内外游客来到北京，长城和故宫已然成为必选景点。对于8万人次的极限日接待量，从开始实行黄金周之后，这个数字就被无数次打破。在"五一"和"十一"期间，故宫每天接待的游客人数接近10万人次。2012年10月2日，故宫接待游客17.5万人次，达到"极限日接待量"的两倍多。可见，故宫年游客超1600万人次并不可怕，可怕的是日接待量频频突破极限。

庞大且持续增长的客流量，令故宫在文物保护、古建筑维护、游客安全等方面承受巨大压力。首先，故宫要建立差别化限客预警机制，即平常保持3万人次以下最佳日接待量，节假日保持6万人次以下最大日接待量，"十一"黄金周不超过8万人次极限日接待量。同时，发挥价格调节作用，通过节日调价、平时降价等方式，限制和分流游客量，也是对世界文化遗产的敬畏和保护。

资料来源 汪昌莲. "故宫喊累"需反思文物保护［N］. 湖北日报，2017-01-04（5）.

问题：故宫景区为什么要对游客人数进行限制？

分析提示：故宫景区对游客人数进行限制，主要目的是更好地保护好古建筑和环境，避免因游客过多而对景物产生破坏，使景区能够可持续发展，同时也可以帮助旅游管理部门较好地掌握景区状态，合理安排和疏导游客，提高旅游质量和旅游接待水平，应对旅游高峰等特殊情况。

教学互动 3-1

背景资料：《旅游法》第四十五条规定："景区接待旅游者不得超过景区主管部门核定的最大承载量。景区应当公布景区主管部门核定的最大承载量，制订和实施旅游者流量控制方案，并可以采取门票预约等方式，对景区接待旅游者的数量进行控制。旅游者数量可能达到最大承载量时，景区应当提前公告并同时向当地人民政府报告，景区和当地人民政府应当及时采取疏导、分流等措施。"

互动问题： 在《旅游法》的规定中，为什么强调景区接待旅游者不得超过景区主管部门核定的最大承载量？

要求： 同 "教学互动 1-1" 的 "要求"。

3.3.3　文物管理机构和文物保护管理原则

1）文物管理机构

国家文化行政管理机关主管全国的文物工作。地方各级人民政府保护本行政区域内的文物。各省、自治区、直辖市和文物较多的自治州、市可以设立文物保护管理机构，管理本行政区域内的文物工作。

2）文物保护管理的原则

中共中央政治局 2020 年 9 月 28 日下午就我国考古最新发现及其意义为题举行第二十三次集体学习。中共中央总书记习近平在主持学习时强调，当今中国正经历广泛而深刻的社会变革，也正进行着坚持和发展中国特色社会主义的伟大实践创新。我们的实践创新必须建立在历史发展规律之上，必须行进在历史正确方向之上。历史文化遗产不仅生动述说着过去，也深刻影响着当下和未来；不仅属于我们，也属于子孙后代。保护好、传承好历史文化遗产是对历史负责、对人民负责。习近平强调，在历史长河中，中华民族形成了伟大民族精神和优秀传统文化，这是中华民族生生不息、长盛不衰的文化基因，也是实现中华民族伟大复兴的精神力量，要结合新的实际发扬光大。要通过深入学习历史，加强考古成果和历史研究成果的传播，教育引导广大干部群众特别是青少年认识中华文明起源和发展的历史脉络，认识中华文明取得的灿烂成就，认识中华文明对人类文明的重大贡献，不断增强民族凝聚力、民族自豪感。要运用我国考古成果和历史研究成果，通过交流研讨等方式，向国际社会展示博大精深的中华文明，讲清楚中华文明的灿烂成就和对人类文明的重大贡献，让世界了解中国历史、了解中华民族精神，从而不断加深对当今中国的认知和理解，营造良好国际舆论氛围。各级党委和政府要牢固树立保护历史文化遗产责任重大的观念，关心爱护考古工作者，积极提供人力、物力、财力等方面的支持，为考古事业、文物保护、历史研究创造良好条件。

文物保护工作中的主要原则有：

（1）一切文物均受法律保护

我国《宪法》第二十二条规定：国家保护名胜古迹、珍贵文物和其他重要历史文化遗产。《文物保护法》明确规定了受国家保护的文物范围。

有些文物属于集体或私人所有，如家传的古器物、书画，私家园林，具有历史价值和民族特色的生活用品、生产工具，具有文物价值和地方特色的民居、祠堂、牌坊，私人购置和从先辈手中继承下来的文物等。这些文物的财产权属于集体或个人，但作为精神财富，又是属于全民族共有的历史遗产。《文物保护法》第六条规定："属于集体所有和私人所有的纪念建筑物、古建筑和祖传文物以及依法取得的其他文物，其所有权受法律保护。文物的所有者必须遵守国家有关文物保护的法律、法规的规定。"可以说，我国境内的一切文物，不论其所有权是属于国家还是属于集体或个人，均受国家法律保护。

小资料3-2

一游客在八达岭长城城砖刻字被处罚

2020年10月，在北京市延庆区，一名17岁的游客杨某在八达岭长城景区游玩时，在一块长城城砖上刻字，造成城砖损坏。根据《中华人民共和国治安管理处罚法》的规定，公安机关给予杨某罚款200元的行政处罚。

"在长城本体上刻画，对文物造成的影响是不可逆的。"北京市延庆区八达岭特区办事处相关负责人向广大游客呼吁，长城是中华民族的重要象征，要重视历史文化的保护传承，文明游览，共同保护好长城这一珍贵的文化遗产。

与此同时，八达岭长城景区根据《关于对破坏八达岭长城景区文物行为的惩戒办法》和《八达岭长城景区旅游不文明行为记录管理暂行办法》，将杨某列入景区旅游不文明行为记录。

资料来源　魏梦佳. 拒绝不文明旅游！一游客在八达岭长城城砖刻字被处罚［EB/OL］.［2020-10-17］. http：//www.chinanews.com/sh/2020/10-17/9315308.shtml.

（2）按照文物保护单位的价值分级管理

①我国文物保护单位的分级。《文物保护法》规定："古文化遗址、古墓葬、古建筑、石窟寺、石刻、壁画、近代现代重要史迹和代表性建筑等不可移动文物，根据它们的历史、艺术、科学价值，可以分别确定为全国重点文物保护单位，省级文物保护单位，市、县级文物保护单位。"据此，我国的文物保护单位分为三级：

——国家级文物保护单位，即全国重点文物保护单位，由国务院文化行政管理部门在省级、市、县级文物保护单位中，选择具有重大历史、艺术、科学价值的确定为全国重点文物保护单位，或者直接确定为全国重点文物保护单位，报国务院核定公布。

——省级文物保护单位，由省、自治区、直辖市人民政府核定公布，并报国务院备案。

——市、县级文物保护单位，分别由设区的市、自治州和县级人民政府核定公布，并报省、自治区、直辖市人民政府备案。

尚未核定公布为文物保护单位的不可移动文物，由县级人民政府文物保护部门予以登记并公布。

《文物保护法》同时还规定："历史上各时代重要实物、艺术品、文献、手稿、图书资料、代表性实物等可移动文物，分为珍贵文物和一般文物；珍贵文物分为一级文物、二级文物、三级文物。"

②我国的重点文物保护单位。截止到2019年10月，国务院已公布了八批全国重点文物保护单位名单。1961年3月4日公布第一批180处；1982年2月23日公布第二批62处；1988年1月13日公布第三批258处；1996年11月20日公布第四批250处；2001年6月25日公布第五批528处；2006年5月25日公布第六批1 080处；2013年5月3日公布第七批1 990处；2019年10月16日公布第八批812处。八批公布的全国重点文物保护单位共5 160处。省级和市、县级文物保护单位更多，如河南省有5处世界文化遗产、420处全国重点文物保护单位、1 575处省级文物保护单位（截止到

2019 年）。

③我国的历史文化名城。《文物保护法》第十四条规定："保存文物特别丰富并且具有重大历史价值或者革命纪念意义的城市，由国务院核定公布为历史文化名城。"

根据这一规定，国务院先后于 1982 年 2 月、1986 年 12 月、1994 年 1 月、2001 年至 2020 年分批公布了历史文化名城名单，共 135 个，它们是：

第一批：北京、承德、大同、南京、泉州、景德镇、曲阜、洛阳、开封、苏州、扬州、杭州、绍兴、江陵、长沙、广州、桂林、成都、遵义、昆明、大理、拉萨、西安、延安等 24 个。

第二批：天津、保定、平遥、呼和浩特、沈阳、上海、镇江、常熟、徐州、淮安、宁波、歙县、寿县、亳州、福州、漳州、南昌、济南、安阳、南阳、商丘、武汉、襄阳、潮州、重庆、阆中、宜宾、自贡、镇远、丽江、日喀则、韩城、榆林、武威、张掖、敦煌、银川、喀什等 38 个。

第三批：正定、邯郸、新绛、代县、祁县、哈尔滨、吉林、集安、衢州、临海、长汀、赣州、青岛、聊城、邹城、临淄、郑州、浚县、随州、钟祥、岳阳、肇庆、佛山、梅州、海康（1994 年 4 月撤销，设立雷州市）、柳州、乐山、都江堰、泸州、建水、巍山、江孜、咸阳、汉中、天水、同仁等 36 个（原名单中的琼山因后与海口合并，琼山不再出现在历史文化名城名单中）。

增补：凤凰县、安庆、山海关、濮阳、南通、无锡、金华、绩溪、泰安、海口、吐鲁番、特克斯县、北海、嘉兴、宜兴、中山、太原、蓬莱、会理、库车、伊宁、泰州、会泽、烟台、青州、湖州、齐齐哈尔、常州、瑞金、惠州、温州、金华、高邮、永州、长春、龙泉、蔚县等 37 个。

这些历史文化名城体现了中华民族的悠久历史、灿烂文化和光荣革命传统。保护历史文化名城是社会主义精神文明建设的重要内容。在保护的前提下，开发建设历史文化名城也是发展我国旅游业的一个重要途径。

《文物保护法》规定："保存文物特别丰富并且具有重大历史价值或者革命纪念意义的城镇、街道、村庄，由省、自治区、直辖市人民政府核定公布为历史文化街区、村镇，并报国务院备案。历史文化名城和历史文化街区、村镇所在地的县级以上地方人民政府应当组织编制专门的历史文化名城和历史文化街区、村镇保护规划，并纳入城市总体规划。"国务院于 2008 年 4 月 22 日公布，2017 年 10 月 7 日修订的《历史文化名城名镇名村保护条例》规定：历史文化名城、名镇、名村的保护应当遵循科学规划、严格保护的原则，保持和延续其传统格局和历史风貌，维护历史文化遗产的真实性和完整性，继承和弘扬中华民族优秀传统文化，正确处理经济社会发展和历史文化遗产保护的关系。

（3）在保护、开发、利用时不得对文物造成损害

《文物保护法》第九条规定："各级人民政府应当重视文物保护，正确处理经济建设、社会发展与文物保护的关系，确保文物安全。基本建设、旅游发展必须遵守文物保护工作的方针，其活动不得对文物造成损害。"

文物是在一定的社会历史条件下形成的，它真实地记录和反映了人类在一定社会

环境、历史条件下的活动情况，没有任何虚假和歪曲，所以，一定要保持文物的原状。国务院发布的《关于进一步加强文物保护和管理工作的指示》中明确指出："对于革命纪念建筑和古建筑，主要是保持原状，防止破坏，除少数即将倒塌的需要加以保固修缮以外，一般以维持不塌不漏为原则，不要大兴土木。""不应当大拆大改或者将附近环境大加改变，那样做既浪费了人力、物力，又改变了文物的历史面貌，甚至弄得面目全非，实际上是对文物古迹的破坏。"对文物保护单位进行必要的保养、修缮时，要做到"修旧如旧"，绝不能"整旧如新"。近些年，有的地方在开发文物旅游资源过程中，追求所谓的"新"，改变文物的某些材料，如将原为本色的木质门、窗、梁、柱涂抹油漆，修缮时以钢筋水泥代替原来的石材石料，用水泥覆盖原来的砖铺地面等，这些做法都是对文物的严重破坏。

《文物保护法》第二十条规定："建设工程选址，应当尽可能避开不可移动文物；因特殊情况不能避开的，对文物保护单位应当尽可能实施原址保护。"长江三峡水利枢纽工程是世界上规模最大的水电站，也是中国有史以来建设的最大型的工程项目，从1994年开工，到2009年竣工，总工期15年。三峡库区的历史文物分布广、数量多、价值大，汇集了一大批国宝级的珍贵文物。1994年，为彻底探明库区文物的"家底"，国家文物局组织全国数名专家学者组成三峡文物保护规划小组，对三峡地区文物开展了地毯式调查，审查批准三峡工程库区文物保护项目1 087个，其中地下发掘项目723个，地面文物保护项目364个。保护项目中的白鹤梁、大昌古镇、张飞庙和石宝寨这四大地面文物尤为珍贵。涪陵白鹤梁古代水文题刻是目前世界上发现时间最早、延续时间最长、数量最多的枯水水文题刻，远远超过了埃及尼罗河中类似的水文石刻，被誉为"世界第一古代水文站"；巫山县大昌古镇有1 700多年的历史，是重要的物资集散地和历代军事重地，其中的温家大院是当地清代民居的典范；云阳县张飞庙汇集了唐宋元明清建筑精华，庙内有大量字画碑刻珍品，有"文藻胜地"之称；被誉为"世界八大奇异建筑"的石宝寨，是我国现存体积最大、层数最多的穿斗式木结构建筑。为了保存库区珍贵文物，库区规划中都做了搬迁保护的详细计划和具体措施，在工程投资中列支相当数量的经费。对要淹没的地面文物如云阳县张飞庙，奉节县的永安宫，巫山县大昌古镇的温家大院，秭归县的江渎庙、新滩古民居，忠县丁房阙、无铭阙和古代桥梁等，都按照原工艺、原材料、原形式进行复建（多选址在临近、淹没区以外）。国内外闻名的白鹤梁石刻采取了原址保护的方法，即在40米的水下建设一座博物馆，建成后游人可到水下参观石刻，摩崖石刻则整体切割移至他处。同时在重庆市中心修建了一座现代化的三峡博物馆，用来安放在抢救发掘工作中出土的大量文物。

> ### 职业道德与企业伦理 3-2

婚俗表演向游客要礼金　西双版纳叫停"抢亲"

背景与情境：中央电视台2015年10月4日的"新闻30分"栏目爆出：在某些少数民族地区有一些所谓的民俗风情村。某地的原始森林公园，就有一个爱伲部落。游客进入村寨以后，打扮得花枝招展的少女将游人热情地迎进二层竹楼，参观其民居。

一名女子稍作介绍，一摆手，进来好几位女孩，不由分说把一个小葫芦样的幸运符戴到男士的脖子上，然后让你一起参加所谓的抢亲游戏。

"婚礼"的一个重头戏是"送入洞房"。不要以为洞房里真有那好事，可怜的、无辜的"新郎"都在那乖乖交钱呢。进了"洞房"，女孩就伸手向你要做嫁妆的钱。主婚人会说，爱伲姑娘给你戴幸运符的时候，如果你接受了，那就表示同意这门亲事了，如果反悔，就要把你在村口的大树上倒挂三天，还要给他们干三年苦力。游客稀里糊涂就被强拉入"洞房"，不把钱给够甭想出"洞房"。忍痛掏大洋把自己给赎回来吧，少则五六十，多则上百元。如果掏的是整的，这里的规矩是概不找零。如今个别地方的民俗风情却往往成了民俗陷阱。从那里回来的男女游客，大多有这样一个教训，那就是"洞房不是随便进的"。

新闻播出后，西双版纳傣族自治州相关部门快速反应，并于10月15日将州旅游局、文体局、宗教事务局三部门联合签发的"叫停"文件传给了景区，正式以官方文件叫停了这一饱受争议的民俗表演节目。

资料来源　根据《春城晚报》2015年12月13日报道以及《最新曝料中国十大景区宰客黑幕》有关资料整理．

问题：景区的"婚礼"抢亲游戏为什么会被叫停？

分析提示：在景区内开展游客参与的自费娱乐活动应当是自愿的，更不能是带有强迫性的陷阱，否则就违反了《旅游法》和《消费者权益保护法》的规定。

（4）珍贵文物严禁出境，馆藏文物禁止出卖

我国的许多文物都具有极高的历史、艺术、科学价值，历来都是世界各国收藏单位、收藏家所追求的目标。以前，我国大量的珍贵文物屡遭抢掠盗运，流失国外，使我国的文化遗产蒙受极大损失。中华人民共和国成立后，我国政府颁布了第一个文物法令——《禁止珍贵文物图书出口暂行办法》，从而结束了百年来我国文物屡遭外国侵略势力抢掠盗运的历史。《文物保护法》第六十条规定："国有文物、非国有文物中的珍贵文物和国家规定禁止出境的其他文物，不得出境；但是依照本法规定的出境展览或者因特殊需要经国务院批准出境的除外。"

禁止文物非法进出境，也是国际社会的惯例。联合国教科文组织大会于1970年11月14日通过的《关于禁止和防止非法进出口文化财产和非法转让其所有权的方法的公约》指出："考虑到文化财产实为构成文明和民族文化的一大基本要素，只有尽可能充分掌握有关其起源、历史和传统背景的知识，才能理解其真正价值。"各国有责任保护其领土上的文化财产免受偷盗、秘密发掘和非法出口的危险。

对馆藏文物，各收藏单位必须区分等级，设置藏品档案，建立严格的管理制度，并向文化行政管理部门登记。国有的博物馆、图书馆和其他单位的文物藏品严禁出卖。《文物保护法》第四十四条规定："禁止国有文物收藏单位将馆藏文物赠与、出租或者出售给其他单位、个人。"

同步案例3-2

滇池的尴尬

背景与情境：云南昆明是我国著名的"春城"，夏无酷暑，冬无严寒，一年四季

都适合旅游。位于昆明市区西南的滇池是我国著名的淡水湖之一，被誉为云贵高原上的明珠，是旅游的好去处。但曾有一段时期，滇池污染严重、水质下降，难以吸引游人。1999年昆明世界园艺博览会举办前，云南省昆明市准备下大力气治理滇池。到2001年治理滇池第三阶段结束时，所需的静态投入达到85亿元人民币。85亿元这个数字可以让人有很多遐想：假如当初没有污染，假如这些钱能投入到当地的经济建设中……欣慰的是，滇池的尴尬情形让云南各地的官员和老百姓深切感受到了环境污染的危害，提倡环境保护已不再是一句口号，而是迫在眉睫的大事。

问题：滇池的尴尬说明了什么？

分析提示：发展旅游促进地方经济发展，是目前各地的共识。保护环境和自然资源，防治污染和其他公害，是开发利用旅游资源的重要原则；否则，人们将会为此付出沉重的代价。2005年8月15日，时任浙江省委书记的习近平同志在浙江湖州安吉考察时，首次提出了"绿水青山就是金山银山"的科学论断，后来，他又进一步阐述了绿水青山与金山银山之间三个发展阶段的问题。习近平同志的"两山"重要思想，充分体现了马克思主义的辩证观点，系统剖析了经济与生态在演进过程中的相互关系，深刻揭示了经济社会发展的基本规律。2017年10月18日，习近平同志在十九大报告中指出，坚持人与自然和谐共生。必须树立和践行绿水青山就是金山银山的理念，坚持节约资源和保护环境的基本国策，像对待生命一样对待生态环境，统筹山水林田湖草系统治理，实行最严格的生态环境保护制度，形成绿色发展方式和生活方式，坚定走生产发展、生活富裕、生态良好的文明发展道路，建设美丽中国，为人民创造良好生产生活环境，为全球生态安全做出贡献。每个地方、单位、公民都应树立起保护自然资源、人文资源的法治观念并贯彻于实际行动中，这是永续利用旅游资源、使旅游业可持续发展的关键。

同步案例3-3

长江三峡水利工程建设与资源的保护

背景与情境：1992年第七届全国人民代表大会第五次会议通过了兴建长江三峡水利枢纽工程的决议，并于1994年正式动工，于2009年全部建成。水库建设将分期蓄水，1997年大江截流，坝前水位升至82.28米（海拔，下同）；2003年坝前水位升至135米；2006年坝前水位升至156米；2009年坝前水位升至175米，工程全部建成。水库总面积为1 084平方千米，受淹面积632平方千米，涉及湖北、重庆22个区、县。

兴建三峡工程决议通过后，作为三峡工程组成部分的三峡文物保护工程正式启动。这也是中国最大的文物保护工程。1992年即开始在库区范围内展开专项文物普查工作。文物保护工程分为两个阶段，第一阶段1993—1996年为规划阶段，第二阶段1997（湖北库区为1995年）—2009年为实施阶段。根据水库分期蓄水的时间表，又相应地分为几个阶段。

规划阶段按照三峡建设委员会的要求，成立了三峡工程库区文物保护规划组，负责规划的制定工作。全国有来自30所大学和科研机构的专业人员300余人参加制定规划的基础工作，在库区淹没区和迁建区的范围内，对地下文物和地面文物进行了大规模的调查、勘测和发掘，基本查清了文物点的情况。在水库建设十几年的时间内，要做好如此巨大的文物保护工程，必须依据"保护为主，抢救第一"的方针和"重点保护，重点发掘""最大限度地抢救，将损失减少到最小"的原则，根据库区文物本身的价值和保存状况，拟定其重要性的次序，分别采取不同的保护措施。

1997—2003年的实施阶段（二期蓄水前）取得了阶段性的重大成果。这个阶段一方面对135米水位以下的地域展开全面的文物保护抢救工作，同时还要配合迁建区的文物保护工作。这期间来自全国近百家单位的上千名专业人员和上万名工作人员奋战在三峡文物保护工地上，克服了重重困难，按照规划的要求完成了任务。

在地下文物保护方面，规划实施项目723项，发掘面积187万平方米，勘探面积1 200万平方米，种类有城址、居住址、墓葬群和冶铸、盐业、窑址等。

地面文物列入规划实施项目的有364项，类别有古建筑、石刻（含水下）、栈道、纤道、桥梁、塔、牌坊等。采取的保护措施有原地保护62项，搬迁保护133项，留取资料169项。其中涪陵白鹤梁石刻、忠县石宝寨的原地保护，云阳张飞庙的搬迁保护，被列为三大专题保护项目。最著名的涪陵白鹤梁枯水石刻，被誉为"世界第一古代水文站"，记录了自唐代广德元年（公元763年）至近代1 200余年的水文资料，有极高的科学价值和应用价值。由于这些枯水和洪水石刻是长江特定地点的水位记录，不宜搬迁，而只能采取原地保护的措施。白鹤梁石刻经过10年的反复论证，决定建立"无压容器"的水下博物馆。三峡地区还有丰富的石刻题记，有治理岩崩灾害、清理河滩的碑刻题记，有作为航行标志的石刻，还有许多咏叹三峡风光的诗文，篆、隶、草、楷各体皆备，有些出自历代名家之手，如黄庭坚的题刻等，这些都是宝贵的历史文化遗产，根据不同情况，多数原地保护，也有一些切割搬迁保护。

三峡地区的宗教祠庙建筑，在构筑技术、工艺及装饰艺术方面，代表了当地建筑的最高水准，其平面布局和建筑形式有明显的地方文化特征。江上明珠忠县石宝寨为重点原地保护项目，因属四期蓄水项目，保护方案经10年论证方才确定。云阳张飞庙为重点搬迁项目，已于2003年7月搬迁复建完工，并对外开放。

资料来源 徐光冀. 三峡文物保护工程回顾［N］. 中国社会科学院院报，2004-11-16（4）.

问题： 如何正确处理经济建设、社会发展、旅游开发、文物保护四者之间的关系？

分析提示： 长江三峡是我国著名的黄金旅游线，长江三峡水利工程是世界上最大的水利枢纽工程，这一地区也是中华民族文化遗产最多的地区之一，地上、地下文物数量众多。如何正确处理经济建设、社会发展、旅游开发、文物保护之间的关系，受到世界各国的瞩目。我国政府在三峡工程开始前，就制定了文物保护工程规划，设立了专项抢救资金。大量的文物被原地保护、搬迁保护，许多珍贵的旅游景点在得到有效保护后重新开放。中共中央总书记习近平于2020年9月28日强调，经过几代考古人接续奋斗，我国考古工作取得了重大成就，延伸了历史轴线，增强了历史信度，丰富了历史内涵，活化了历史场景。考古发现展示了中华文明起源和发展的历史脉络，展示了中华文明的灿烂成就，展示了中华文明对世界文明的重大贡献。长期以来，中华文明同世界其他文明互通有无、交流借鉴，向世界贡献了深刻的思想体系、丰富的科技文化艺术成果、独特的制度创造，深刻影响了世界文明进程。考古遗迹和历史文物是历史的见证，必须保护好、利用好。要建立健全历史文化遗产资源资产管理制度，

健全不可移动文物保护机制，增强历史文化遗产防护能力，严厉打击文物犯罪。长江三峡的建设工程成为我国处理经济建设、社会发展、旅游开发、文物保护的典范。

✂ 本章概要

□ 内容提要

本章介绍了我国保护旅游资源的主要法律、法规，目前这些法律、法规在旅游资源的保护、开发、利用过程中，发挥着巨大的作用。它们规定了旅游资源保护的范围，旅游资源管理机构的职权和任务，旅游资源保护开发利用的原则，各级旅游资源主管机构和旅游者的义务，以及有关的法律责任等。这些内容是我们在保护、开发、利用旅游资源时必须遵守的，也是发展旅游业所必需的。

□ 主要概念和观念

▲ 主要概念

旅游资源　旅游资源法　风景名胜区　自然保护区　文物

▲ 主要观念

自然旅游资源　人文旅游资源

✂ 基本训练

□ 知识训练

▲ 复习题

1）旅游资源保护法规的基本内容是什么？

2）国家对风景名胜区实行什么原则？

3）风景名胜区的总体规划应包括哪些内容？

4）风景名胜区管理机构的职责是什么？

5）风景名胜区的保护有哪些内容？

6）哪些地方应建立自然保护区？

7）自然保护区管理机构的主要职责有哪些？

8）《文物保护法》的宗旨是什么？

9）文物保护工作的方针是什么？

▲ 讨论题

将班级学生分成若干讨论小组，各组成员根据"旅游资源的法律保护"这一主题，通过上网或查阅报刊资料等途径，分别搜集和分析旅游资源保护方面的正面和反面案例，讨论旅游资源保护的重要性。

□ 能力训练

▲ 案例分析

【训练项目】

案例分析-Ⅲ。

【相关案例】

山东处理"三孔"文物受损事件

背景与情境：山东曲阜是世界文化名人孔子的故乡。圣人遗泽，使得曲阜这个不大的小城成为全国的历史文化名城，号称"三孔"的孔庙、孔府、孔林是第一批全国重点文物保护单位，并于1994年被列入世界文化遗产名录。对孔子的崇敬，使得鲁国故城曲阜长久地吸引着四面八方的热切目光，牵动着世界各地游客的匆匆步履。但在2000年年底，山东曲阜孔庙、孔林连续发生文物损坏的事件。先是2000年11月孔庙的"元代石碑被汽车撞毁"事件，损失无法弥补；2000年12月，在对"三孔"进行大扫除时，又发生了以水直接冲刷和擦拭古建筑和碑刻事件，造成油漆彩画的直接损失与古建筑、碑刻的隐患，使3处古建筑群的22个文物点不同程度地受损，有的损坏严重。消息传出后，引起了人们的热切关注。国家文物局就此事发出通知，要求：

（1）各地文物部门必须严格遵守《文物保护法》的有关规定，坚持"保护为主，抢救第一"和"有效保护，合理利用，加强管理"的方针和原则，深入贯彻落实《国务院关于加强和改善文物工作的通知》精神，切实担负起保护祖国文化遗产的重任。

（2）各级文物部门要从曲阜文物被损事件中吸取深刻教训，会同本地公安、消防等部门对本地区的文物安全工作进行一次深入细致的全面检查，防微杜渐，消除隐患。要定期向地方政府汇报文物安全工作的进展情况，确保万无一失。对于检查中发现的事故隐患威胁到文物安全而又暂时无法消除的，应暂停对社会开放。

（3）各级文物保护单位的管理机构及其主管部门要加强对广大干部职工进行文物保护和文物安全意识教育，健全完善各级文物保护单位的各项规章制度，并坚决落到实处。

（4）国家文物局将会同有关部门组成检查证据组对各地文物保护和文物安全情况进行全面检查，也请各地文物部门将本地区检查情况及时报给国家文物局。

山东省委、省政府对此事高度重视，组织了调查督导组和专家组进行多次现场调查和取证后，最后确认这是一起文物受损责任事件，责成济宁市、曲阜市政府对有关责任人依法严肃处理，对文物管理体制进行了重新确定："三孔"文物景区的保护管理工作由市文管会统一负责，孔子国际旅游股份有限公司对"三孔"的管理立即退出。曲阜市政府、曲阜孔子旅游集团等部门的负责人分别受到了撤销行政职务、行政降级、行政记过等处分。

资料来源　卢新宁.山东处理"三孔"文物受损事件［N］.人民日报，2001-05-18（6）.

问题：此事件为什么会引起人们的热切关注和有关部门的高度重视？

【训练要求】

同第1章"基本训练"中本题型的"训练要求"。

▲ 自主学习

【训练项目】

自主学习-Ⅱ。

【训练目的】

见本章"学习目标"中的"职业能力"。

【训练步骤】

1）班级同学以小组为单位组建"自主学习"训练团队，每队确定一人负责。

2）各团队根据训练项目需要进行角色分工。

3）通过校图书馆、院资料室和互联网，查阅"文献综述格式、范文及书写规范要求"和近三年关于"人文资源的法律保护"研究的前沿学术文献资料。

4) 综合和整理"人文资源的法律保护"研究的前沿学术文献资料，依照"文献综述格式、范文及书写规范要求"，撰写《"人文资源的法律保护"最新文献综述》。

5) 在班级交流各团队的《"人文资源的法律保护"最新文献综述》。

6) 在校园网的本课程平台上展出经过修订并附有教师点评的各团队《"人文资源的法律保护"最新文献综述》，供学生相互借鉴。

□ 课程思政

【训练项目】

课程思政－Ⅲ。

【相关案例】

宣传引导多了，不文明旅游少了
——记者采访重庆中旅集团导游张如意

背景与情境：我带的主要是东南亚旅游团线，以前，国内游客乱扔垃圾、乱刻乱画、不尊重当地风俗的诸多不文明行为，确实为旅途带来不少麻烦。作为领队，我有时候主动提醒游客，反而会遭到白眼，感觉既委屈又丢脸。

随着不文明行为的陆续曝光，以及《旅游法》将文明旅游上升到法律层面，现在，越来越多的游客加入到了文明旅游的行列，在旅游中开始注意自己的一言一行。

感触最深的就是，前不久，我带了一个泰国5日游的团，在向游客讲解注意事项时，发现绝大多数游客都已经提前上网查询过当地的民风习俗，知道不能随便摸小孩的头、避免与僧尼交流过多等，这让我很意外。

此外，我还明显感受到，主管部门和旅行社也开始重视和加强了文明旅游方面的引导。

以前出团，旅行社对于文明旅游方面的宣传和提醒基本为"零"。而现在，旅行社在出团前，都会组织一个游客说明会，向旅游者告知和解释旅游文明行为规范，并将目的地国家的礼仪风俗常识打印好分发给团员。同时，旅行社还将《中国公民出境旅游文明行为指南》和《中国公民国内旅游文明行为公约》打印成宣传单，放入游客出团说明书中，帮助游客了解相关事项。

景区、景点也正在采取一些积极措施，引导游客文明出行。在多方努力下，游客不文明现象确实减少了。我期待，有关部门继续加强公民道德教育，普及文明旅游知识，加大文明旅游宣传力度。我建议，既然《旅游法》将"文明旅游"上升到法律层面，有关部门就应该及时制定出相应的实施细则，将法律落到实处。

资料来源　阳炆杉，李沁穗. 不文明旅游少了，宣传引导多了——记者采访重庆中旅集团导游张如意［N］. 重庆日报，2013-11-26（3）.

问题：

1) 本案例采取了哪些积极措施引导游客保证文明旅游？

2) 试就本案例中旅游者在保证文明旅游中的行为做出思政研判。

3) 旅游景区对旅游者的道德规范能发挥作用吗？

【训练要求】

同第1章"基本训练"中本题型的"训练要求"。

第4章　旅行社管理法规

● 学习目标

通过本章学习，应当达到以下目标：

职业知识：学习和把握"旅行社管理法规"的相关概念，旅行社的性质、业务范围、开办，旅行社的经营规定，旅游服务质量保证金制度，旅行社的权利和义务，旅行社的法律责任，以及"同步链接""延伸阅读""小资料"等理论与实务知识；能用其指导本章"同步思考""教学互动"和"基本训练"中"知识训练"各题型的认知活动，建构专业规则意识，正确解答相关问题。

职业能力：运用本章知识研究相关案例，训练在"旅行社管理法规"特定情境下对当事者行为的多元表征专业能力和"与人交流"通用能力；通过"'《旅游法》《旅行社条例》'知识应用"的实训操练，培养相关专业技能。

课程思政：结合本章教学内容，依照相关规范或要求，对"课程思政4-1"专栏和章后"信誉无价，25个人的包机照飞不误"等案例中的企业或其从业人员行为进行思政研判，强化与案例议题相关的法律法规思考和政治素质，促进"立德树人"根本任务的落实。

学习微平台

思维导图4-1

引例：非法经营旅游业务被罚万元

背景与情境： 2016年8月14日，合肥市旅游质量监督投诉中心接到一起电话投诉求助。投诉人一行20人通过王某某报名参加8月13日至8月14日牯牛降2日游，返程至合安高速安庆至桐城82千米处时，车辆撞到因修路变道设置的隔离栏上，造成11人受伤。工作人员在当日处理投诉过程中，发现王某某涉嫌存在未经许可经营旅行社业务的行为。8月15日，合肥市旅游局对王某某涉嫌存在未经许可经营旅行社业务的行为进行了立案，立即安排执法人员深入调查。经查，王某某之前在合肥某家旅行社做销售接待工作，当年6月底离职，8月上旬与某公司商谈了一笔牯牛降旅游业务。此笔旅游业务系王某某个人招徕、组织。王某某的行为违反了《旅游法》第二十八条的规定。合肥市旅游局按照旅游行政处罚程序，依据《旅游法》第九十五条第一款和《安徽省旅游行政处罚自由裁量权指导标准》第一项，对王某某做出10 000元罚款的行政处罚。

资料来源　宣城市旅发委.2016年1至10月宣城市旅游投诉情况及全省旅游投诉处理、质监工作典型案例［EB/OL］.［2016-11-20］.　http://www.xuancheng.gov.cn/OpennessContent/show/1370197.html.

上述案例告诉我们，从事旅游业务经营活动，必须经旅游行政管理部门批准。在旅游经营活动中造成旅游者人身、财产损害的，应当承担相应的法律责任。本章我们将学习有关旅行社设立、经营的法律、法规的内容。

4.1 旅行社概述

旅行社是旅游活动的组织者。它通过销售旅游产品，把旅游产品供应者和旅游产品消费者有机地联系在一起，并由此获取利润。旅行社通过出售旅游产品，安排组织旅游活动，提供导游翻译等工作，把旅游活动的各要素串联起来。因此，旅行社成为旅游行业的"龙头"企业，它与旅游交通、旅游饭店并称为旅游业的三大支柱。随着旅游产品的日益丰富，人们旅游需求的不断增加，我国旅行社的数量由1985年的450家发展到2016年的28 000多家。为了加强对旅行社的管理，保障旅游者和旅行社的合法权益，维护旅游市场秩序，促进旅游业的健康发展，国务院于2009年1月21日发布了《旅行社条例》，国家旅游局于2009年4月2日发布了《旅行社条例实施细则》，全国人民代表大会常务委员会于2013年4月25日通过了《旅游法》，文化和旅游部于2018年12月21日发布了《旅游市场黑名单管理办法（试行）》。另外，国家及有关主管部门还制定了一些有关旅行社行业的管理法规，这对规范旅行社的经营管理发挥了重要作用。

学习微平台

同步链接4-1

4.1.1 旅行社的概念和性质

《旅行社条例》第二条对我国旅行社的概念做出了明确的规定，旅行社"是指从事招徕、组织、接待旅游者等活动，为旅游者提供相关旅游服务，开展国内旅游业务、入境旅游业务或者出境旅游业务的企业法人"。

从旅行社的概念中我们可以看出，旅行社的主要性质是：

第一，营利性。旅行社是以营利为目的的企业，旅行社作为独立的企业法人，应当自主经营、自负盈亏，以自己的名义独立承担民事责任，依法享有权利和承担相应的义务。旅行社对自己的经营成果要承担经济责任和享有相应的经济权利，如果不是以营利为目的，在经营中不能获得一定利润，那么旅行社就有可能面临破产倒闭。

第二，服务性。旅行社属于服务业，主要业务是为旅游者的旅行游览提供服务。这类服务主要包括旅游咨询、旅游线路设计；招徕、组织、接待旅游者；安排旅游者的国内旅游、入境旅游或者出境旅游。

第三，中介性。旅行社是旅游产品生产者和旅游产品消费者的中间商。它依托各类旅游资源和旅游设施设备向旅游者提供服务，对不同的旅游服务供应者（如饭店、餐馆、车船公司、旅游景点）的产品进行推销，为各类旅游服务供应者招徕旅游者，产生经济效益、社会效益；旅行社为旅游者提供方便顺利的旅游服务，它把旅游者需要的多种服务集中起来，一次性地销售给旅游者，在满足了旅游者旅游需求的同时，使旅游产品的生产和消费得以实现。旅行社既满足了旅游者的消费需求，又促进了旅游产品的生产和销售，起到了促进旅游业发展的中介作用。

4.1.2　旅行社的业务

根据《旅行社条例》和《旅行社系例实施细则》的规定，旅行社招徕、组织、接待旅游者，为旅游者提供的相关旅游服务主要包括：安排交通服务；安排住宿服务；安排餐饮服务；安排观光游览、休闲度假等服务；导游、领队服务；旅游咨询、旅游活动设计服务。

旅行社还可以接受委托，提供下列旅游服务：接受旅游者的委托，代订交通客票、代订住宿和代办出境、入境、签证手续等；接受机关、事业单位和社会团体的委托，为其差旅、考察、会议、展览等公务活动代办交通、住宿、餐饮、会务等事务；接受企业委托，为其各类商务活动、奖励旅游等代办交通、住宿、餐饮、会务、观光游览、休闲度假等事务；其他旅游服务。

上述所列出境、签证手续等服务，应当由具备出境旅游业务经营权的旅行社代办。

国内旅游业务，是指旅行社招徕、组织和接待中国内地居民在境内旅游的业务。入境旅游业务，是指旅行社招徕、组织、接待外国旅游者来我国旅游，我国香港特别行政区、澳门特别行政区旅游者来内地旅游，我国台湾地区居民来大陆旅游，以及招徕、组织、接待在中国内地的外国人，在内地的香港特别行政区、澳门特别行政区居民和在大陆的台湾地区居民在境内旅游的业务。出境旅游业务，是指旅行社招徕、组织、接待中国内地居民出国旅游，赴香港特别行政区、澳门特别行政区和台湾地区旅游，以及招徕、组织、接待在中国内地的外国人，在内地的香港特别行政区、澳门特别行政区居民和在大陆的台湾地区居民出境旅游的业务。

小思考4-1

所有旅行社都能经营中华人民共和国境内居民出国旅游业务和我国的港、澳、台地区的旅游业务吗？

理解要点： 不能。只有经文化和旅游部批准具备出境旅游业务经营权的旅行社，才能组织中华人民共和国境内居民到外国和我国的港、澳、台地区旅游。

4.2 旅行社的设立

4.2.1 设立旅行社的条件

随着我国旅游业的发展，旅行社发挥的作用也越来越显著。在现代经济生活中，旅行社同其他企业一样，是国民经济的一个基层单位，任何单位或个人设立旅行社都必须具备一定的条件。从外部条件来说，旅行社的开办要受到由旅游供给与旅游需求共同构成的旅游市场的制约，受到国家对旅行社行业管理所制定的有关政策与法规的规范；从内部条件来说，旅行社的开办要受到自身的人力、物力、财力和组织管理诸因素的影响。

《旅游法》第二十八条规定：设立旅行社，招徕、组织、接待旅游者，为其提供旅游服务，应当具备下列条件，取得旅游主管部门的许可，依法办理工商登记：有固定的经营场所；有必要的营业设施；有符合规定的注册资本；有必要的经营管理人员和导游；法律、行政法规规定的其他条件。

申请设立旅行社，经营国内旅游业务和入境旅游业务的，应当具备下列条件：

1）有固定的经营场所

《旅行社条例》中所规定的经营场所应当符合下列要求：

申请者拥有产权的营业用房，或者申请者租用的、租期不少于1年的营业用房；营业用房应当满足申请者业务经营的需要。

2）有必要的营业设施

《旅行社条例》中所规定的营业设施应当至少包括下列设施、设备：

两部以上的直线固定电话；传真机、复印机；具备与旅游行政管理部门及其他旅游经营者联网条件的计算机。

3）有不少于30万元的注册资本

注册资本是指旅行社用于正常经营活动所应拥有的固定资金和流动资金，也是向有关行政管理部门申请营业的重要依据。根据《旅行社条例》规定，经营国内旅游业务和入境旅游业务的，注册资本不得少于30万元人民币。其注册资本可以高于上述规定数额，但不得低于上述规定数额。

同步案例4-1

旅行社的注册条件

背景与情境： 某市甲、乙两家公司协商准备申请成立一家旅行社，甲公司出资25万元人民币，乙公司用自己经营的门面房作价出资25万元人民币。

问题： 以上符合设立旅行社的注册资本条件吗？

分析提示： 符合。注册资本包括固定资金和流动资金，甲、乙两公司出资的注册资本共50万元人民币，符合设立旅行社注册资本不少于30万元人民币的规定。

4.2.2 旅行社的开办审批

在我国，旅行社业是属于进行前期归口审批、实行业务许可证制的行业。凡拟设立旅行社的单位，都必须严格按照《旅行社条例》的规定，经申请、审批、核准、登记后，方可正式成立旅行社。

1）申请设立旅行社

申请设立旅行社，经营国内旅游业务和入境旅游业务的，应当向所在地省、自治区、直辖市旅游行政管理部门或者其委托的设区的市级旅游行政管理部门提出申请，并提交符合《旅行社条例》第六条规定的相关证明文件。受理申请的旅游行政管理部门应当自受理申请之日起20个工作日内做出许可或者不予许可的决定。予以许可的，向申请人颁发旅行社业务经营许可证，申请人持旅行社业务经营许可证向市场监督管理部门办理设立登记；不予许可的，书面通知申请人并说明理由。

申请设立旅行社，应当向省、自治区、直辖市旅游行政管理部门（简称省级旅游行政管理部门，下同）提交下列文件：

（1）设立申请书。内容包括申请设立的旅行社的中英文名称及英文缩写，设立地址，企业形式、出资人、出资额和出资方式，申请人、受理申请部门的全称、申请书名称和申请的时间；

（2）法定代表人履历表及身份证明；

（3）企业章程；

（4）依法设立的验资机构出具的验资证明；

（5）经营场所的证明；

（6）营业设施、设备的证明或者说明；

（7）市场监督管理部门出具的"企业名称预先核准通知书"。

省级旅游行政管理部门可以委托设区的市（含州、盟，下同）级旅游行政管理部门，受理当事人的申请并做出许可或者不予许可的决定。

2）出境旅游业务经营权的申请

旅行社取得经营许可满两年，且未因侵害旅游者合法权益受到行政机关罚款以上处罚的，可以申请经营出境旅游业务。

旅行社申请出境旅游业务的，应当向国务院旅游行政主管部门提交原许可的旅游行政管理部门出具的、证明其经营旅行社业务满两年且连续两年未因侵害旅游者合法权益受到行政机关罚款以上处罚的文件。

旅行社取得出境旅游经营业务许可的，由国务院旅游行政主管部门换发旅行社业务经营许可证。旅行社持旅行社业务经营许可证向市场监督管理部门办理经营范围变更登记。不予许可的，书面通知申请人并说明理由。

国务院旅游行政主管部门可以委托省级旅游行政管理部门受理旅行社经营出境旅游业务的申请，并做出许可或者不予许可的决定。

旅行社申请经营边境旅游业务的，适用《边境旅游暂行管理办法》的规定。

旅行社申请经营赴台湾地区旅游业务的，适用《大陆居民赴台湾地区旅游管理办法》的规定。

旅行社业务经营许可证是旅行社经营旅游业务的资格证明，它表明设立申请者已经具备了经营旅游业务的条件。未取得许可证的单位，一律不得从事旅游业务。

3）旅行社的变更和终止

旅行社变更名称、经营场所、法定代表人等登记事项或者终止经营的，应当到市场监督管理部门办理相应的变更登记或者注销登记，并在登记办理完毕之日起10个工作日内，向原许可的旅游行政管理部门备案，换领或者交回旅行社业务经营许可证。

小思考4-2

所有旅行社都能经营国内旅游和入境旅游业务吗？

理解要点：能。按照《旅行社条例》的规定，我国已经取消了国际旅行社和国内旅行社的分类制度，所有旅行社都能经营国内旅游和入境旅游业务。

4.2.3　旅行社的分支机构

1）旅行社分社的设立

旅行社设立分社的，应当持旅行社业务经营许可证副本向分社所在地的市场监督管理部门办理设立登记，并自设立登记之日起3个工作日内向分社所在地的旅游行政管理部门备案。

旅行社分社（以下简称分社）的设立不受地域限制。分社的经营范围不得超出设立分社的旅行社的经营范围。

2）旅行社服务网点的设立

服务网点是指旅行社设立的，为旅行社招徕旅游者，并以旅行社的名义与旅游者签订旅游合同的门市部等机构。

设立服务网点的旅行社（以下简称设立社）设立服务网点的区域范围，应当在设立社所在地的设区的市的行政区划内。

设立社不得在上述规定的区域范围外设立服务网点。

旅行社设立专门招徕旅游者、提供旅游咨询的服务网点应当依法向市场监督管理部门办理设立登记手续，并向所在地的旅游行政管理部门备案。

旅行社的服务网点应当接受旅行社的统一管理，不得从事招徕、咨询以外的活动。

旅行社分社及旅行社服务网点均不具有法人资格，以设立社的名义从事《旅行社条例》规定的经营活动，其经营活动的责任和后果由设立社承担。

同步案例4-2

北京中港联合国际旅行社扰乱旅游市场秩序案

背景与情境：北京中港联合国际旅行社有限公司设立黄村门市部、东城营业部、东花市门市部，三个服务网点在未取得工商营业执照、未在旅游部门备案登记的情况下，经营出境旅游业务，与游客签订合同并以低于合同价收取费用，将游客出境游押金存入旅行社员工的个人账户。

依据《旅游法》的相关规定，北京市旅游委给予北京中港联合国际旅行社有限公司停业整顿6个月、处28.9万元罚款的行政处罚；给予旅行社直接负责人刘某2万元罚款的行政处罚；会同工商部门对非法设立的服务网点予以处理；处罚结果列入旅游经营服务不良信息记录，并转入旅游经营服务信用档案，向社会予以公布。

另该旅行社因涉嫌合同诈骗，已被公安机关立案调查，5名相关人员被警方拘留。

资料来源　佚名. 国家旅游局在北京、四川督办两起扰乱旅游市场秩序典型案件［EB/OL］.［2015-12-16］. http://www.gov.cn/xinwen/2015-12/16/content_5024632.htm. 引文经过改编.

问题：这家旅行社为什么会受到旅游行政管理部门行政处罚和公安机关的立案调查？

分析提示：

（1）这家旅行社设立的三个服务网点在未取得工商营业执照、未在旅游部门备案登记的情况下，经营出境旅游业务，违反了《旅行社条例》第十一条的规定。

（2）三个服务网点与游客签订合同并以低于合同价收取游客费用，违反了《旅游法》第三十五条的规定。

（3）该旅行社涉嫌合同诈骗，违反了现行《民法典》的规定。

4.2.4　外商投资旅行社的规定

外商投资企业申请经营旅行社业务，应当向所在地省、自治区、直辖市旅游行政管理部门提出申请，并提交符合《旅行社条例》第六条规定条件的相关证明文件。省、自治区、直辖市旅游行政管理部门应当自受理申请之日起30个工作日内审查完毕。予以许可的，颁发旅行社业务经营许可证；不予许可的，书面通知申请人并说明理由。设立外商投资旅行社，还应当遵守有关外商投资的法律、法规的规定。

外商投资旅行社不得经营中国内地居民出国旅游业务以及赴我国香港特别行政区、澳门特别行政区和台湾地区旅游的业务，但是国务院决定或者我国签署的自由贸易协定和《内地与香港、澳门关于建立更紧密经贸关系的安排》中另有规定的除外。

4.3　旅行社的经营管理制度

企业在生产经营活动中，必须依照法律、法规进行合法经营。旅行社在激烈的市场竞争中如何求得自身的生存与发展，涉及很多问题，而依照法律、法规来规范旅行社的经营活动，保护旅行社和旅游者的合法权益，惩罚和打击不法行为，则是首要的问题。

4.3.1　旅行社的经营原则

旅行社在经营活动中应当遵循自愿、平等、公平、诚实信用的原则，遵守商业道德。

自愿原则就是要求参与市场的经营者，在市场中能充分地表达自己的真实意愿，根据自己的意愿选择交易对手、交易内容和条件以及终止或变更交易的条件。

平等原则是指在具体的交易中，不论经营者一方是法人还是自然人，或双方在经济力量上存在的差别有多大，或即使一方交易者属某行政机关管辖，交易者双方都是平等的，在双方权利与义务的约定上必须平等协商。一方不得恃强凌弱，强迫对方服从自己的意志。

公平原则是指交易和竞争的方法、条件和结果都应当是公平的。发展社会主义市场经济，必须保护公平竞争，发挥竞争机制推动市场经济发展的作用。

诚实信用原则要求经营者以善意、诚实、公正为基础，自觉履行对其他经营者、消费者和国家所承担的基本责任。诚实信用原则是市场经济中公认的商业道德，也是道德规范在法律上的表现。

4.3.2 旅行社的经营规定

旅行社为招徕、组织旅游者而发布的信息，必须真实、准确，不得进行虚假宣传，误导旅游者。

经营出境旅游业务的旅行社不得组织旅游者到国务院旅游行政主管部门公布的中国公民出境旅游目的地之外的国家和地区旅游。

旅行社及其从业人员组织、接待旅游者，不得安排参观或者参与违反我国法律、法规和社会公德的项目或者活动。

旅行社不得以低于旅游成本的报价招徕旅游者。未经旅游者同意，旅行社不得在旅游合同约定之外提供其他有偿服务。

旅行社为旅游者提供服务，应当与旅游者签订旅游合同并载明下列事项：①旅行社的名称及其经营范围、地址、联系电话和旅行社业务经营许可证编号；②旅行社经办人的姓名、联系电话；③签约地点和日期；④旅游行程的出发地、途经地和目的地；⑤旅游行程中交通、住宿、餐饮服务安排及其标准；⑥旅行社统一安排的游览项目的具体内容及时间；⑦旅游者自由活动的时间和次数；⑧旅游者应当交纳的旅游费用及交纳方式；⑨旅行社安排的购物次数、停留时间及购物场所的名称；⑩需要旅游者另行付费的游览项目及价格；⑪解除或者变更合同的条件和提前通知的期限；⑫违反合同的纠纷解决机制及应当承担的责任；⑬旅游服务监督、投诉电话；⑭双方协商一致的其他内容。

旅行社在与旅游者签订旅游合同时，应当对旅游合同的具体内容做出真实、准确、完整的说明。

旅行社和旅游者签订的旅游合同约定不明确或者对格式条款的理解发生争议的，应当按照通常理解予以解释；对格式条款有两种以上解释的，应当做出有利于旅游者的解释；格式条款和非格式条款不一致的，应当采用非格式条款。

同步案例4-3

旅行社操作过程中的违规和违约行为

背景与情境：某国内旅行社组团到某著名景点旅游，旅游广告称组团标准有豪华A等、豪华B等、普通游等团队。旅游者尹女士选择了豪华B等旅游团，并交纳了旅游团款。旅游合同约定，旅游团全程由豪华空调中巴接送，住二星级饭店。但实际旅游时，一个晚上住的饭店没有星级，另一个晚上住的客房没有窗户，在景点旅游期间，尹女士乘坐的车辆均为当地景点提供的普通中巴车。尹女士对旅行社的做法十分不满，经过协商，旅行社向尹女士补偿300元。

问题： 旅行社操作过程中存在哪些明显的违规和违约行为？

分析提示： 广告用语不规范、不明确，案例中的广告使用含糊不清、使人误解的用语。运用"豪华游"等辞藻的旅游广告，至少会给旅行社带来两个不利后果：第一，含有"豪华游"等辞藻的旅游广告，提高了旅游者的期望值，无形中降低了旅游者的满意度。旅行社安排的住宿饭店无从体现豪华游；旅行社安排的旅游交通同样名不副实，"全程豪华中巴"的理解应当是，在旅游行程中，只要是旅游者参加的旅游活动，旅行社就必须安排豪华中巴，而不是乘坐景点中巴。第二，没有相关部门对"豪华"出具权威论证，意味着假如旅游者向有关部门投诉，或者向人民法院提起诉讼，旅行社无法举证，从而存在败诉的风险。

旅行社不得要求导游人员和领队人员接待不支付接待和服务费用或者支付的费用低于接待和服务成本的旅游团队，不得要求导游人员和领队人员承担接待旅游团队的相关费用。

旅行社违反旅游合同约定，造成旅游者合法权益受到损害的，应当采取必要的补救措施，并及时报告旅游行政管理部门。

旅行社需要对旅游业务做出委托的，应当委托给具有相应资质的旅行社，征得旅游者的同意后，与接受委托的旅行社就接待旅游者的事宜签订委托合同，确定接待旅游者的各项服务安排及其标准，约定双方的权利、义务。

旅行社将旅游业务委托给其他旅行社的，应当向接受委托的旅行社支付不低于接待和服务成本的费用；接受委托的旅行社不得接待不支付或者不足额支付接待和服务费用的旅游团队。

接受委托的旅行社违约，造成旅游者合法权益受到损害的，做出委托的旅行社应当承担相应的赔偿责任。做出委托的旅行社赔偿后，可以向接受委托的旅行社追偿。接受委托的旅行社因故意或者重大过失造成旅游者合法权益受到损害的，应当承担连带责任。

旅行社应当投保旅行社责任险。同时，旅行社应当提示参加团队旅游的旅游者按照规定投保人身意外伤害保险。

旅行社对可能危及旅游者人身、财产安全的事项，应当向旅游者做出真实的说明和明确的警示，并采取防止危害发生的必要措施。

旅行社接待入境旅游发生旅游者非法滞留我国境内的，应当及时向旅游行政管理部门、公安机关和外事部门报告，并协助提供非法滞留者的信息。

4.3.3　旅行社工作人员的聘用安排及要求

旅行社是劳动密集型和智力密集型企业，人才的使用和管理水平决定了旅行社的经营成败。在旅行社之间竞争日趋激烈、人才流动越来越频繁的环境下，《旅行社条例》对工作人员的聘用做出了相应的规定。

旅行社组织中国内地居民出境旅游的，应当为旅游团队安排领队全程陪同。

旅行社组织团队出境旅游或者组织、接待团队入境旅游，应当按照规定安排领队或者导游全程陪同。

旅行社应当与其聘用的导游依法订立劳动合同，支付劳动报酬，缴纳社会保险费用。

旅行社临时聘用导游为旅游者提供服务的，应当全额向导游支付规定的导游服务费用。旅行社安排导游为团队旅游提供服务的，不得要求导游垫付或者向导游收取任何费用。

旅行社应对其委派的导游人员和领队人员进行严格的管理，要求导游人员和领队人员不得有下列行为：

（1）拒绝履行旅游合同约定的义务；

（2）非因不可抗力改变旅游合同安排的行程；

（3）欺骗、胁迫旅游者购物或者参加需要另行付费的游览项目。

发生危及旅游者人身安全的情形的，旅行社及其委派的导游人员、领队人员应当采取必要的处置措施，并及时报告旅游行政管理部门；在境外发生的，还应当及时报告中华人民共和国驻该国使领馆、相关驻外机构、当地警方。

旅游者在境外滞留不归的，旅行社委派的领队人员应当及时向旅行社和中华人民共和国驻该国使领馆、相关驻外机构报告。旅行社接到报告后应当及时向旅游行政管理部门和公安机关报告，并协助提供非法滞留者的信息。

小资料 4-1

关于旅游市场黑名单

文化和旅游部于 2018 年 12 月 21 日发布《旅游市场黑名单管理办法（试行）》。其中第二条规定：本办法所称旅游市场黑名单管理，是指文化和旅游行政部门或者文化市场综合执法机构将严重违法失信的旅游市场主体和从业人员、人民法院认定的失信被执行人列入全国或者地方旅游市场黑名单，在一定期限内向社会公布，实施信用约束、联合惩戒等措施的统称。

旅游市场主体包括旅行社、景区、旅游住宿等从事旅游经营服务的企业、个体工商户和通过互联网等信息网络从事提供在线旅游服务或者产品的经营者；从业人员包括上述市场主体的法定代表人、主要负责人以及导游等其他从业人员。

学习微平台

延伸阅读 4-1

4.4 旅游服务质量保证金制度

4.4.1 质量保证金的概念

为加强对旅行社服务质量的监督和管理，保护旅游者的合法权益，保障旅行社规范经营，维护我国旅游业的声誉，文化和旅游部根据《旅游法》《旅行社条例》的有关规定，按照旅行社的经营特点，参照国际惯例，经国务院批准，对旅行社实行质量保证金制度。

2013 年 9 月 26 日，国家旅游局办公室以旅办发〔2013〕170 号印发《关于将〈旅行社质量保证金存取管理办法〉修改为〈旅游服务质量保证金存取管理办法〉的通知》。《旅游服务质量保证金存取管理办法》分总则、存款、取款、附则 4 章 17 条，自发布之日起旅行。旅游服务质量保证金是指根据《旅游法》及《旅行社条例》的规定，由旅行社在指定银行缴存或由银行担保提供的一定数额用于旅游服务质量赔偿支付和团队旅游者人身安全遇有危险时紧急救助费用垫付的资金。

4.4.2　质量保证金的存入

旅行社应当自取得旅行社业务经营许可证之日起 3 个工作日内，在国务院旅游行政主管部门指定的银行开设专门的质量保证金账户，存入质量保证金，或者向做出许可的旅游行政管理部门提交依法取得的担保额度不低于相应质量保证金数额的银行担保。

经营国内旅游业务和入境旅游业务的旅行社，应当存入质量保证金 20 万元；经营出境旅游业务的旅行社，应当增存质量保证金 120 万元。

旅行社每设立一个经营国内旅游业务和入境旅游业务的分社，应当向其质量保证金账户增存 5 万元；每设立一个经营出境旅游业务的分社，应当向其质量保证金账户增存 30 万元。

质量保证金的利息属于旅行社所有。

旅行社自交纳或者补足质量保证金之日起 3 年内未因侵害旅游者合法权益受到行政机关罚款以上处罚的，旅游行政管理部门应当将质量保证金的交存数额降低 50%，并向社会公告。旅行社可凭省、自治区、直辖市旅游行政管理部门出具的凭证减少其质量保证金。

旅行社在旅游行政管理部门使用质量保证金赔偿旅游者的损失，或者依法减少质量保证金后，因侵害旅游者合法权益受到行政机关罚款以上处罚的，应当在收到旅游行政管理部门补交质量保证金的通知之日起 5 个工作日内补足质量保证金。

旅行社不再从事旅游业务的，凭旅游行政管理部门出具的凭证，向银行取回质量保证金。

4.4.3　质量保证金的适用范围

《旅游法》第三十一条规定："旅行社应当按照规定交纳旅游服务质量保证金，用于旅游者权益损害赔偿和垫付旅游者人身安全遇有危险时紧急救助的费用。"

（1）有下列情形之一的，旅游行政管理部门可以使用旅行社的质量保证金：

①旅行社违反旅游合同约定，侵害旅游者合法权益，经旅游行政管理部门查证属实的；

②旅行社因解散、破产或者其他原因造成旅游者预交旅游费用损失的。

（2）人民法院判决、裁定及其他生效法律文书认定旅行社损害旅游者合法权益，旅行社拒绝或者无力赔偿的，人民法院可以从旅行社的质量保证金账户上划拨赔偿款。

小思考 4-3

李某等 20 名旅游者参加了天下旅行社组织的旅游，在去景区的途中发生交通事故，造成李某等 3 名旅游者受到不同程度的轻伤。3 名旅游者因治疗花费 1 500 元，要求天下旅行社予以赔偿。在协商赔偿期间，李某等到法院起诉，而法院受理后未做出判决以前，李某又到文化和旅游局投诉，要求文化和旅游局用天下旅行社的质量保证金赔偿他们的医疗费等费用。请问：这起案件能用质量保证金赔偿吗？

理解要点：不能。

（1）质量保证金不适用于旅游者在旅游期间发生的人身、财物意外事故；

（2）司法机关已经受理的案件也不适用质量保证金赔偿。

教学互动4-1

背景资料：山东王先生等15人到当地A旅行社报名参加云南五日游，双方签订了旅游合同。A旅行社派导游将王先生等15人带到云南交给B旅行社接待。在旅游过程中，王先生等发现B旅行社安排的住宿标准与合同约定的差很多，还少游两个景点，因此很不满意。返回山东后，王先生等要求A旅行社赔偿他们的损失，A旅行社称自己只负责组织，并没有接待，所以不承担赔偿责任。

互动问题：

1）A旅行社的说法对吗？为什么？

2）应该如何处理游客的损失？

要求：同"教学互动1-1"的"要求"。

4.5 旅行社的权利和义务

旅行社的权利与义务，是指由旅游法律、法规所规范的旅行社在其经营活动中的权利和义务。旅行社通过为旅游者实现其消费需要，提供服务而得以生存和发展，旅行社与旅游者之间由此产生权利义务关系。同时，旅行社作为旅游中介机构是不可能单独进行业务活动的，它要依靠众多的旅游服务供应者，如交通运输部门、饭店、餐馆、各地的接待旅行社、旅游景区、购物商店等，为旅游者提供服务，旅行社由此与这些相关部门产生了权利义务关系。另外，旅行社与旅游行政管理部门之间又有纵向的法律关系。

4.5.1 旅行社与旅游者之间的权利和义务

1）旅行社的权利

（1）旅行社有权自主地同任何团体和个人旅游者签订旅游合同，有权进行招徕和广告宣传。

旅行社与旅游者签订合同，应按平等、自愿、等价、有偿的原则行事。在合同关系中，旅行社与对方在法律上是平等的。

（2）旅行社有权向旅游者收取服务费。

旅行社向旅游者提供导游、翻译、交通，联系食宿、组织旅游项目等服务，收费是作为旅行社提供服务的报酬，是合同价金。

（3）旅行社有权要求旅游者按照合同约定的时间、路线、方式进行旅游。

若旅游者未按合同约定的时间参加旅游，旅行社可以扣除旅游者交付的定金作为违约金。若因旅游者变更旅游合同而引起额外支出或造成旅行社经济损失的，旅行社有权要求提出变更要求的旅游者承担赔偿责任。旅游者因个人行为给旅行社造成损失的，旅行社有权提出索赔请求。

2）旅行社的义务

（1）旅行社最基本的义务是关心旅游者的利益，按照合同约定的活动项目向旅游者提供各项服务，认真组织好旅游，保证旅游活动的顺利进行。

旅行社在旅游者动身之前，就要做周密的安排，使计划的旅游路线、日程、项目能顺利地得到实施。对合同中约定的旅行社代办项目，旅行社有义务认真完成。旅行社组织旅游者旅游，应当与旅游者签订合同。旅游合同应就下列内容做出明确约定：旅游行程安排（包括乘坐的交通工具、旅游景点、住宿标准、餐饮标准、娱乐标准、购物次数等）、旅游价格、违约责任等。

（2）旅行社提供的服务不得低于国家标准或行业标准，并且是质价相符的。

高价劣质、弄虚作假、欺诈旅游者，是违约行为，若有此类现象发生，旅行社应承担相应的法律责任。旅行社应按照合同的约定保质保量地履行对旅游者的承诺，如保证饭店档次、餐饮质量、车辆规格、景点数量、导游水平等。除不可抗力的因素外，旅行社不能改动或降低服务内容，如果被迫对旅游计划做出变更，必须耐心地做好解释，并承担旅游者因此受到的损失。

（3）旅行社有义务对由于自身的过错使旅游者蒙受损失承担赔偿责任。

除了不可抗力的因素和法律另有规定之外，旅行社对自己的过错行为，无论是故意还是过失，都应该承担相应的法律责任，凡造成旅游者人身和财产损失的，应予以赔偿。

> **职业道德与企业伦理 4-1**

诚信是根本，服务无止境

背景与情境： 天津开发区泰达国际旅行社自成立以来，就制定了"体察客户心理、掌握客户需求、持续改进服务、达到客户满意"的质量方针。全体员工努力做到处处为客户着想，以不断提高服务质量。

泰达旅行社在长期的旅游服务中发现，旅行社与客户产生矛盾多是由于出行前的承诺与出游后的服务差距很大，因此客户感觉签约付款前主动权在己，一旦签约付款，则完全处于被动地位。为了彻底打消客户的担心和忧虑，让客户变被动为主动，放松心情，愉快出游，泰达旅行社决定采用"先旅游，后付款"的方式签订合同。

2012年5月，天津开发区的哈那好医药器械公司计划组织180名职工前往张家界旅游。泰达旅行社在成团时，对客户出行费用采取以实际成本报价，旅行结束后如客户满意旅行社的服务，再收取适当比例的服务费的做法进行操作。这样做，一方面让客人可以无忧无虑地踏上旅途，另一方面也是对旅行社的服务质量进行严格考验。赴张家界的旅行结束后，哈那好医药器械公司非常满意，并按照事前约定，全额给付了团款和服务费。事后，哈那好医药器械公司感觉泰达旅行社在实际人力、财力及服务等方面付出太多而回报太少，二者不成比例，打算增加服务费，但泰达旅行社本着诚信经营的服务宗旨，婉言谢绝了客户额外增付的费用，并对客户如此认同他们的服务深表谢意。

诚信是根本，服务无止境。天津泰达国际旅行社将诚信视为企业的生命，并以此为基础，继续不断提高服务质量，精益求精。

问题：

1）泰达旅行社为什么决定采用"先旅游，后付款"的方式签订合同？

2）客户为什么打算增加服务费？

分析提示：

1）泰达旅行社在长期的旅游服务中发现，旅行社与客户产生矛盾多是由于出行前的承诺与出游后的服务差距很大，客户不同程度地存在担心和忧虑。泰达旅行社为了彻底打消客户的担心和忧虑，让客户放心旅游，遂决定采用"先旅游，后付款"的方式签订合同。

2）泰达旅行社以诚信经营为服务宗旨，赢得了客户的满意，客户打算增加服务费以表示对旅行社服务的肯定。

4.5.2 旅行社与相关部门之间的权利和义务

1）旅行社与交通运输企业之间的权利和义务

旅行社与交通运输部门之间的权利义务关系，通过签订合同而形成。双方根据合同各自享有权利并承担相应的义务。

旅行社方面的义务首先是根据合同向交通运输企业提供客源，如向航空公司预订机票、向火车站预订车票等。交通运输企业则根据旅行社预订航班或车次提供交通运输服务，以解决旅游者的交通运输问题。同时，交通运输企业要向旅行社支付一定数额的佣金（代办费），作为旅行社招徕、组织客源的报酬。

旅行社在履行它与交通运输企业之间的合同时，应按照交通运输方面的法律、法规和交通运输企业的规定处理事务，如履行机票、车票的预订、退票手续及费用的支付等。

2）旅行社与饭店之间的权利和义务

旅行社与饭店之间为安排旅游者住宿签订合同，从而明确双方的权利和义务。

旅行社对饭店的义务首先是按合同规定向饭店输送客人。在团体旅行者按约定的时间到达饭店之前向饭店提供客房分配名单。在旅行社无法按时履行合同规定的输送客人的义务时，旅行社应在饭店要求的期限内通知饭店，使饭店能将这部分客房或床位租给他人；否则，旅行社应赔偿饭店所受的实际损失。

旅行社对饭店所提供的客房和相关服务，应按合同约定的价格，向饭店支付费用。

旅行社有权要求饭店向旅游者提供的服务质量与相同条件下的其他客人相同；饭店不履行其义务，不提供相应服务，饭店应向旅行社支付赔偿金。

饭店接受旅行社的预订后无力接待旅游者时，旅行社有权要求饭店安排旅游者入住距离近的、条件相等的或较高等级的饭店，由此引起的收费差价及费用由饭店承担。

旅行社有权要求饭店向自己支付佣金，或者按约定的比例从旅行社客人享用服务的总价款中扣除应付给旅行社的那部分佣金。

4.5.3　旅行社与政府旅游行政管理部门之间的权利和义务

旅游行政管理部门与旅行社之间是领导和被领导的关系，双方的主体地位是不平等的。它们之间的权利义务属于纵向法律关系范畴。尽管如此，双方仍是独立的权利义务主体。

一方面，旅行社的主要义务是接受旅游行政管理部门的管理、检查和监督。检查监督的内容包括旅行社业务经营、对外报价、资产状况、服务质量、旅游安全、财务管理、资格认证等方面的情况。旅行社应当按照旅游行政管理部门的要求提供有关报表、文件和资料，不得提供虚假数据或伪造统计报表。

另一方面，旅行社依法享有自主经营权，其正当权益受法律保护，这些权利的行使不应受到无理干涉，更不能被剥夺。旅游行政管理部门的检查人员对旅行社进行检查时，应当出示有效证件，检查人员未出示有效证件的，旅行社有权拒绝其进行检查。对旅游行政管理部门做出的错误行政决定和处罚，旅行社有权向上一级主管部门提出申诉，要求纠正错误，或直接依照《中华人民共和国行政诉讼法》向法院起诉。

旅游行政管理部门对旅行社的成立、经营、结业有审查、批准、检查、监督的权力，但在行使这些权力时必须尊重、保护旅行社的自主经营权，不能凭借行政权力侵犯旅行社的合法利益，不得泄露旅行社的商业秘密。

4.5.4　旅行社的法律责任

法律关系的主体依照法律的规定享有一定的权利，同时要承担相应的义务。不履行义务或不恰当履行义务而给他方造成损失时，或在行为过程中违反了法律、法规的有关规定时，就要承担相应的法律责任。

1）旅行社法律责任的分类

（1）因合同违约而产生的违约责任。

《民法典》中"合同"部分规定，一份有效的合同对签约各方都具有约束力，任何一方无正当理由不履行、不完全履行或不恰当履行合同条款时，就构成违约行为，对方就有权要求违约方支付违约金或赔偿损失。

违约有全部违约和部分违约的区分。

全部违约要承担全部违约责任，如某旅行社推出一条旅游路线，在报纸上刊登广告，定于某日18时出发。一对年轻夫妇报名参加，并预交了全部费用。但到出发之日，报名参加此项旅游的游客仅有这两名，旅行社认为组织这次旅游经济上不合算，便于原计划出发之日下午以电话方式告诉那对年轻夫妇，说旅游计划因故取消，其预交的费用全部退回。这对夫妇不答应，投诉至文化和旅游局旅游质量监督管理所。经调查，文化和旅游局认定该旅行社违反合同约定，应承担全部违约责任，除退回游客预交的全部费用外，还应一次性补偿每位客人综合服务费200元。

部分违约如果不影响合同其他条款的履行，只承担部分违约责任。如某旅行社为旅游者预订某饭店住宿，住宿条件为双人间，有空调、彩电、冷热水、独立卫生间，但旅游者到达饭店后，发现入住的客房无空调和独立卫生间，很不满意。旅行社主动承担了责任，解释饭店因临时有特殊原因，为游客调换了预订的客房，希望大家能够谅解，并向游客宣布今天晚上的住宿费全部退还给游客。取得游客谅解后，第二天的行程计划照常进行，以后的日程安排也都很顺利。

（2）因侵权行为而产生的民事责任。

旅行社因自身的过错造成旅游者人身或财产的损失，就构成了对旅游者人身权和财产权的侵害，即应承担民事责任中的侵权责任。如某旅行社组织旅游者乘大客车前往某景点游览，中途发生了交通事故，造成几名客人受伤和几件行李破损。发生这种情况，不论责任是否在旅行社一方，旅行社都应向旅游者承担民事责任，向受到人身、财产损失的旅游者赔礼道歉、赔偿损失。赔偿的主要方面包括：受伤者的医疗费和必要的营养费；因受伤而减少的工资收入；因身体残废失去劳动力而造成的收入损失；破损行李的补偿等。当然，如果这次交通事故的责任经有关部门确定为第三方承担时，也应由旅行社先赔偿旅游者的人身和财产损失，然后再向第三方追偿。

旅行社在经营过程中造成旅游者人身或财产损失的过错，可能是故意，也可能是过失，不论是故意还是过失，旅行社都应承担法律责任。

小资料4-2

原国家旅游局于2011年4月12日发布了《旅行社服务质量赔偿标准》，要求旅行社严格执行旅行社服务质量标准。若违反规定给旅游者造成损失的，按以下赔偿标准执行。

旅行社服务质量赔偿标准

第一条　为了维护旅游者的合法权益，根据《旅行社条例》及有关法律、法规，制定本赔偿标准。

第二条　旅行社不履行合同或者履行合同不符合约定的服务质量标准，旅游者和旅行社对赔偿标准未做出合同约定的，旅游行政管理部门或者旅游质监执法机构在处理相关旅游投诉时，参照适用本赔偿标准。

第三条　由于不可抗力等不可归责于旅行社的客观原因或旅游者个人原因，造成旅游者经济损失的，旅行社不承担赔偿责任。

第四条　旅行社与旅游者订立合同或收取旅游者预付旅游费用后，因旅行社原因不能成行的，旅行社应在合理期限内通知旅游者，否则按下列标准承担赔偿责任：

（一）国内旅游应提前7日（不含7日）通知旅游者，否则应向旅游者全额退还预付旅游费用，并按下述标准向旅游者支付违约金：出发前7日（含7日）至4日，支付旅游费用总额10%的违约金；出发前3日至1日，支付旅游费用总额15%的违约金；出发当日，支付旅游费用总额20%的违约金。

（二）出境旅游（含赴台游）应提前30日（不含30日）通知旅游者，否则应向旅游者全额退还预付旅游费用，并按下述标准向旅游者支付违约金：出发前30日至15日，支付旅游费用总额2%的违约金；出发前14日至7日，支付旅游费用总额5%的违约金；出发前6日至4日，支付旅游费用总额10%的违约金；出发前3日至1日，支付旅游费用总额15%的违约金；出发当日，支付旅游费用总额20%的违约金。

第五条　旅行社未经旅游者同意，擅自将旅游者转团、拼团的，旅行社应向旅游者支付旅游费用总额25%的违约金。解除合同的，还应向未随团出行的旅游者全额退还预付旅游费用，向已随团出行的旅游者退还未实际发生的旅游费用。

第六条 在同一旅游行程中，旅行社提供相同服务，因旅游者的年龄、职业等差异增收费用的，旅行社应返还增收的费用。

第七条 因旅行社原因造成旅游者未能乘坐预订的公共交通工具的，旅行社应赔偿旅游者的直接经济损失，并支付直接经济损失20%的违约金。

第八条 旅行社安排的旅游活动及服务档次与合同不符，造成旅游者经济损失的，旅行社应退还旅游者合同金额与实际花费的差额，并支付同额违约金。

第九条 导游或领队未按照国家或旅游行业对旅游者服务标准提供导游或者领队服务，影响旅游服务质量的，旅行社应向旅游者支付旅游费用总额1%至5%的违约金，本赔偿标准另有规定的除外。

第十条 旅行社及导游或领队违反旅行社与旅游者的合同约定，损害旅游者合法权益的，旅行社按下述标准承担赔偿责任：

（一）擅自缩短游览时间、遗漏旅游景点、减少旅游服务项目的，旅行社应赔偿未完成约定的旅游服务项目的合理费用，并支付同额违约金。遗漏无门票景点的，每遗漏一处旅行社向旅游者支付旅游费用总额5%的违约金。

（二）未经旅游者签字确认，擅自安排合同约定以外的用餐、娱乐、医疗保健、参观等另行付费项目的，旅行社应承担另行付费项目的费用。

（三）未经旅游者签字确认，擅自违反合同约定增加购物次数、延长停留时间的，每次向旅游者支付旅游费用总额10%的违约金。

（四）强迫或者变相强迫旅游者购物的，每次向旅游者支付旅游费用总额20%的违约金。

（五）旅游者在合同约定的购物场所所购物品系假冒伪劣商品的，旅行社应负责挽回或赔偿旅游者的直接经济损失。

（六）私自兜售商品，旅行社应全额退还旅游者购物价款。

第十一条 旅行社违反合同约定，中止对旅游者提供住宿、用餐、交通等旅游服务的，应当负担旅游者在被中止旅游服务期间所订的同等级别的住宿、用餐、交通等必要费用，并向旅游者支付旅游费用总额30%的违约金。

第十二条 本标准自发布之日起实施。

（3）因经营行为违反《旅游法》《旅行社条例》等法律、法规而引起的行政责任。

保护旅游者权益是《旅游法》的基石和灵魂。《旅游法》对旅行社不履行或不适当履行义务规定了应当承担相应的比较严格的行政责任，如《旅游法》第九十五条规定："违反本法规定，未经许可经营旅行社业务的，由旅游主管部门或者市场监督管理部门责令改正，没收违法所得，并处一万元以上十万元以下罚款；违法所得十万元以上的，并处违法所得一倍以上五倍以下罚款；对有关责任人员，处二千元以上二万元以下罚款"。第九十八条规定，旅行社如果以不合理的低价组织旅游活动，诱骗旅游者，并通过安排购物或者另行付费旅游项目获取回扣等不正当利益的，则"由旅游主管部门责令改正，没收违法所得，责令停业整顿，并处三万元以上三十万元以下罚款；违法所得三十万元以上的，并处违法所得一倍以上五倍以下罚款；情节严重的，吊销旅行社业务经营许可证；对直接负责的主管人员和其他直接责任人员，没收违法所得，处二千元以上二万元以下罚款，并暂扣或者吊销导游证"。《旅游法》第九章

"法律责任"中的第九十五条、九十六条、九十七条、九十八条、九十九条、一百条、一百零一条、一百零二条等专门对旅行社的违法行为做出了相应的行政处罚规定。

> **小资料 4-3**
>
> ### 对雇用无导游资质人员姜某非法提供导游服务的惩处
>
> 黑龙江省桃源假日国际旅行社有限责任公司在组织接待黑龙江雪乡二日游团队时，雇用无导游资质人员姜某非法提供导游服务。接团期间，姜某在车上向游客推销自费项目时与游客发生肢体冲突，殴打游客。哈尔滨市旅游发展委员会根据《旅游法》对姜某给予罚款一万元的行政处罚。黑龙江省大海林林业地区人民检察院以涉嫌"强迫交易罪"对犯罪嫌疑人姜某予以批捕，将依法追究其刑事责任。对黑龙江省桃源假日国际旅行社有限责任公司给予罚款十万元、责令停业整顿三个月的处罚；对其直接负责人王某某给予罚款二万元的处罚。对组团社康辉集团黑龙江国际旅行社有限公司给予罚款三十万元，并责令停业整顿三个月的处罚；对其直接负责人汪某某给予罚款二万元的处罚。
>
> 资料来源　刘佳.旅游市场秩序违法典型案例公布 黑龙江和云南最多［EB/OL］.［2018-02-12］. http://travel.people.com.cn/n1/2018/0212/c41570-29819589.html.

> **小资料 4-4**
>
> ### 吊销许可证后的处理
>
> 旅行社被吊销旅行社业务经营许可证的，由做出处理决定的旅游行政管理部门通知市场监督管理部门吊销其营业执照。依照《旅游法》的规定，被吊销旅行社业务经营许可证的有关管理人员，三年内不得重新申请从事旅行社业务。

2）减轻或免除旅行社法律责任的条件

旅游活动的综合性很强，它通常包括交通、住宿、餐饮、游览、购物、娱乐等多个方面。这些多方面的服务不可能由旅行社全部提供，旅行社只能以合同的方式依靠众多的旅游服务供应者如航空公司、车船公司、饭店、旅游景点等为其客人提供旅游服务，而跨国、跨地区的旅游活动，一般也不是由一家旅行社独立承担的，是要由多家旅行社共同完成的，如在旅游客源产生地主要负责组织旅游者的组团社，在旅游目的地主要负责接待旅游者的接待社。组团社与接待社之间也要靠合同来明确双方各自的权利和义务。在一定条件下，法律规定了可以减轻或者免除义务人所应承担的责任。旅行社减免法律责任的条件主要有：

（1）遇到了来自自然和社会的不可抗力。

不可抗力是人力不可抗拒的自然灾害或社会重大事件，是当事人不能预见、不可避免并不能克服的客观情况。自然灾害如地震、台风、海啸、山体滑坡等，社会重大事件如战争、罢工等，这些不可抗力的事件若发生在旅游活动过程中，由此给旅游者造成的后果和损害，除了法律有特别规定的外，旅行社可以免除法律责任。

小资料4-5

因疫情造成旅游合同解除　旅行社应与游客协商退费

2020年7月，最高人民法院、司法部、文化和旅游部发布《关于依法妥善处理涉疫情旅游合同纠纷有关问题的通知》。通知提出，因疫情或者疫情防控措施导致旅游合同解除的，旅游经营者与旅游者应就旅游费用的退还进行协商。若双方不能协商一致，旅游经营者应当在扣除已向地接社或者履行辅助人支付且不可退还的费用后，将余款退还旅游者。旅游经营者应协调地接社和履行辅助人退费，并提供其已支付相关费用且不能退回的证据，尽力减少旅游者因疫情或者疫情防控措施受到的损失。

（2）由于旅游者要求修改旅游内容和日程而造成的损失，由旅游者自己补偿。

如旅游团成员都要求增加一天游览内容，可能造成原来预订的交通票改签或作废，旅行社向游客讲明了后果，旅游团成员仍要求增加一天并愿意承担相应的后果，旅行社可免除与交通部门的合同违约责任。

（3）由于旅游者自身的过错造成的损失。

如旅游者不听从旅行社工作人员的安排和劝阻，擅自从事危险活动或冒险活动，造成人身伤害的，旅行社可以不承担责任。

（4）由于第三方的责任造成的损失。

旅行社导游带团搭乘飞机、火车、轮船或者在饭店、餐馆等各项旅游设施中游客受到损害，应当由与旅行社签订服务合同的第三方承担责任，如某旅行社导游带团下榻于某饭店，饭店失火，造成游客在火灾中受伤和行李物品损失，游客对旅行社提起诉讼并索赔，法院判决旅行社不承担责任，最后由饭店赔偿游客的损失。由第三方的责任造成旅游者人身权、财产权损害的，在有些情况下，应由旅行社先对旅游者承担责任，然后由旅行社依据其与第三方签订的合同向第三方追偿。

《旅游法》第七十一条规定："由于地接社、履行辅助人的原因导致违约的，由组团社承担责任；组团社承担责任后可以向地接社、履行辅助人追偿。由于地接社、履行辅助人的原因造成旅游者人身损害、财产损失的，旅游者可以要求地接社、履行辅助人承担赔偿责任，也可以要求组团社承担赔偿责任；组团社承担责任后可以向地接社、履行辅助人追偿。"

由于公共交通经营者的原因造成旅游者人身损害、财产损失的，由公共交通经营者依法承担赔偿责任，旅行社应当协助旅游者向公共交通经营者索赔。

（5）由于混合过错造成的损失。

在有些情况下，旅行社与旅游者之间、旅行社与第三方之间都有过错。在承担法律责任时，对不属于旅行社方面的那部分原因，旅行社不承担责任，即按照各方过错的大小分别承担相应的法律责任。

同步案例4-4

疫情挡住旅游脚步团费能不能全退

背景与情境：2019年12月，浙江省湖州市某公司与湖州某旅行社签订了35人越南芽庄6天5晚的跟团游合同。合同约定出团时间为2020年1月30日至2月4日，总团费为19万余元。合同签订后，某公司在规定日期内向旅行社支付了部分款项。之后，旅行社着手为35名游客办理签证、预订机票和境外酒店等。

由于新冠肺炎疫情暴发，导致这趟旅游不能成行。旅行社表示，经与相关旅游供应商协调，机票、门票、餐费等可全额退款，但签证费和酒店预订款共计6万余元无法退还。为此，某公司的35名员工不能接受。

因双方自行协商无果，就反映到了吴兴区文广旅体局。

随即，吴兴区法院联合区文广旅体局、妙西镇政府，组织员工代表和旅行社当面调解，向当事双方进行释法明理，解读相关法律规定。

之后又经过线上线下沟通协调，成功诉前化解了一起因疫情引发的旅游合同纠纷，最终促使当事双方达成一致意见：签订补充协议确定无损延期替代方案，将旅游时间变更为疫情得到有效控制之后旅游者可以出境旅游的1年时间内。

双方握手言和。

资料来源　徐冬梅.疫情挡住旅游脚步团费能不能全退［N］.大河文摘报，2020-06-03（5）.引文经过改编.

问题：

1）导致这趟旅游不能成行是否属于不可抗力？

2）应当如何解决这起旅游合同纠纷？为什么？

分析提示：

第一，此次纠纷是因新冠肺炎疫情暴发引起的，导致双方签订的旅游合同不能履行，符合法律规定的不可抗力因素的条件。

根据《旅游法》及《旅游纠纷司法解释》的相关规定，因不可抗力影响旅游行程，合同不能完全履行的，旅行社经向旅游者做出说明，可以在合理范围内变更合同；旅游者不同意变更的，可以解除合同。

第二，合同解除的，旅行社在扣除已支付且不可退还的费用后，应将余款退还旅游者；合同变更的，因此增加的费用由旅游者承担，减少的费用退还给旅游者。

若旅游者要求解除合同，旅行社可以扣除的费用一般包括：已经向地接社或者旅行辅助人支付的费用、已付外国使领馆的签证费用、大交通费用（飞机、火车、船票等）、旅游目的地相关费用等。旅行社不得将自身其他损失（经营成本、可得利益等）在已付费用中予以扣除。

学习微平台

延伸阅读4-2

本章概要

□ 内容提要

本章介绍了旅行社管理的重要法律、法规，包括《旅游法》《旅行社条例》《旅行社条例实施细则》《旅行社服务质量赔偿标准》等内容。旅行社的开办条件、申请设立旅行社的程序、旅行社经营中的有关规定，旅行社所享有的权利与应承担的义务等，都在有关法律、法规中有较明确的规定。旅行社的从业人员尤其是高、中级管理人员应严格地依法管理和经营；旅游者在参加旅行社组织的旅游活动时，要依法维护自己的合法权益。

□ 主要概念和观念

▲ 主要概念

旅游服务质量保证金　不可抗力

▲ 主要观念

对旅行社的经营要求　旅行社服务质量赔偿标准

□ 重点实务

旅行社的设立　旅行社的经营规定　旅行社与旅游者之间的权利和义务　质量保证金的适用范围　旅行社的法律责任

基本训练

□ 知识训练

▲ 复习题

1）设立旅行社的基本条件有哪些？

2）旅行社与旅游者之间的基本义务有哪些？

3）在哪些情形下可以用质量保证金进行赔偿？

4）减轻或者免除旅行社法律责任的条件有哪些？

▲ 讨论题

将班级学生分成若干个讨论小组，各组成员根据"旅行社的义务"这一主题，通过上网或查阅报刊资料等途径，分别搜集和分析旅行社业务经营中的案例。讨论旅行社应如何正确行使自己的权利，如何正确履行自己的义务。

教学要求：旅行社行使权利、履行义务应依照《旅游法》《旅行社条例》《旅行社服务质量赔偿标准》，不能超越规定擅自扩大使用权利；履行义务要正确、全面，不能部分履行、错误履行，否则，就要承担相应的法律责任。

□ 能力训练

▲ 案例分析

【训练项目】

案例分析－Ⅳ。

【相关案例】

旅行社的答复对吗？

背景与情境：某旅行社组织游客游览的途中，游客乘坐的大客车发生故障，修车用了两个小时。为了赶上去下一个城市的火车，旅行社只好让游客少游览一个景点。游客要求旅行社退还未能参观的景点的费用，而旅行社称少看景点的责任不在旅行社而在旅游地的客运公司，要求游客向客运公司索赔。

问题：旅行社的答复对吗？为什么？

【训练要求】

同第1章"基本训练"中本题型的"训练要求"。

▲ 实训操练

【训练项目】

"《旅游法》《旅行社条例》"知识应用。

【训练要求】

选取本章"重点实务"教学内容作为操练项目，进行"《旅游法》《旅行社条例》知识应用"模拟实训。

【训练步骤】

1）班级学生以小组为单位组建训练团队，每团队确定一人负责。

2）各团队选取和运用本章"重点实务"教学知识，通过"背景与情境"设计、角色分工和体验角色操作等进行"《旅游法》《旅行社条例》应用"的模拟实训。

3）各团队记录模拟实训过程中的心得体会，出现的问题、差错及纠正办法。

4）模拟实训结束后，各团队整理实训记录，在此基础上撰写《"〈旅游法〉〈旅行社条例〉知识应用"实训报告》。

5）在班级讨论交流、相互点评与修订各团队的《"〈旅游法〉〈旅行社条例〉知识应用"实训报告》。

6）在校园网的本课程教学平台上展示经过修订和教师点评的各团队《"〈旅游法〉〈旅行社条例〉知识应用"实训报告》，供学生借鉴。

□ 课程思政

课程思政－Ⅳ。

【相关案例】

信誉无价，25个人的包机照飞不误

背景与情境：多年来，西安中旅国际旅行社始终坚守着一个承诺："团队大小一个样、赚多赚少一个样、亏本服务不走样"，公司宁愿少赚、不赚，甚至是亏本，也要把客人的利益放在第一位，把客人的满意放在第一位，把企业的诚信和荣誉放在第一位。

2012年3月，西安中旅与多家旅行社企业联手启动了香港—西安的包机旅游线路。包机初期，由于航班班次安排较为密集（每周三班），因此，在运营过程中难免出现收客不满的现象，一旦座位空缺太多，就面临着亏损的风险，但西安中旅从未因此推迟或取消过一次航班。

6月中旬，一班包机仅收到了25位客人，如果继续执行飞行计划，亏损数额巨大。西安中旅内部有的工作人员说："客人团费区区几万元，飞机飞一趟的费用可是十几二十万元啊，数目太大，亏得太厉害了，还是找个理由，取消航班吧。"而对此毫不知情的25位客人都已办好了通行证，准备好了行李，兴冲冲地等待着集合出发呢。

怎么办？飞，损失惨重；不飞，失信于客。最后，为了不失信于人，为了维护西安中旅多年来精心培育和树立起来的宝贵的诚信企业形象，经过斟酌，西安中旅毅然决定该班包机仍按原计划正常飞行。直到登上飞机，这25位客人才知道了真相，不禁对随行的工作人员竖起了大拇指，由衷地称赞道："如此讲诚信，重信誉，西安中旅真是好样的！"

"金山有路诚为径，旅海无涯信作舟。"正是缘于诚信经营、优质服务，西安中旅业已成长为西安市旅游行业的排头兵，公司连续多年荣获各类荣誉称号。

问题：试就本案例中西安中旅国际旅行社的守信行为做出思政研判。

【训练要求】

同第1章"基本训练"中本题型的"训练要求"。

第5章　导游人员管理法规

● 学习目标

通过本章学习，应当达到以下目标：

职业知识： 学习和把握"导游人员管理法规"的相关概念、分类、应具备的条件，导游人员的权利和义务，导游考试与职业等级，以及"同步链接""延伸阅读""小资料"等理论与实务知识；能用其指导本章"同步思考""教学互动"和"基本训练"中"知识训练"各题型的认知活动，建构专业规则意识，正确解答相关问题。

职业能力： 运用本章知识研究相关案例，训练在"导游人员管理法规"特定情境下对当事者行为的多元表征专业能力和"与人交流"通用能力；参加"自主学习-Ⅲ"训练，通过搜集、整理与综合关于"导游人员管理法规"的前沿知识，撰写、讨论与交流《"导游人员管理法规"最新文献综述》，培养"导游人员管理法规"中"自主学习""与人协作""与人交流"的通用能力。

课程思政： 结合本章教学内容，依照相关规范或要求，对"课程思政5-1"专栏和章后"游客为何如此生气？"等案例中的企业或其从业人员行为进行思政研判，强化与案例议题相关的法律法规思考和政治素质，促进"立德树人"根本任务的落实。

学习微平台

思维导图5-1

引例：丽江导游辱骂游客、强迫消费案

背景与情境： 游客李女士一行43人参加昆明假日风光旅行社组织的昆明大理丽江4日游，其中丽江段行程由丽江青龙山旅行社负责接待，该社委托导游刘某提供带团服务。游客投诉导游刘某有辱骂游客、胁迫消费的行为。原国家旅游局督查组会同云南省旅游委赴丽江现场督查督办。

经调查，刘某系丽江滇西北旅行社导游，滇西北旅行社将其租借给丽江青龙山旅行社带团。刘某在带团过程中辱骂游客并胁迫游客消费。丽江青龙山旅行社对委派导游监管不到位，负有直接责任。

处罚结果： 依据《旅行社条例》第五十九条的规定，丽江市旅游委给予导游刘某吊销导游证的行政处罚，自处罚之日起未逾3年，不得重新申请导游证；给予丽江青龙山旅行社处10万元罚款的行政处罚；将导游刘某、丽江青龙山旅行社列入旅游经营服务不良信息名单，并转入旅游经营服务信用档案，向社会予以公布。

资料来源 佚名.丽江导游强迫消费案：涉事导游导游证被吊销［EB/OL］.［2015-11-17］. http://news.sohu.com/20151117/n426774868.shtml.引文经过改编.

该案例告诉我们，导游员辱骂游客、胁迫消费的行为，严重违反了《导游人员管理条例》的相关规定。导游人员服务质量的好坏，往往直接影响到一家旅行社、一个地区甚至一个国家旅游业的声誉。导游员必须遵守国家的法律、法规，具备良好的职业道德，热心为旅游者服务，维护旅游者的合法权益。欺骗、胁迫旅游者消费，辱骂游客都是法律所不允许的。

5.1 导游人员管理概述

导游人员是旅行社接待工作中的一线人员。随着旅游活动的发展，导游人员在旅游过程中的作用越发显得重要。旅游者预订的各项服务需要通过导游人员的联络安排付诸实践，达到旅游观光和了解旅游目的地风土人情的目的。旅游过程中出现的各种变故和意外，需要导游人员加以处理和协调，使旅游活动能顺利进行。国务院于1999年5月4日发布了《导游人员管理条例》，自1999年10月1日起施行，详细规定了导游人员从业期间的法律条款，这是对导游人员的一种保护和约束。为了加强对导游人员的管理，维护旅游市场秩序，提高服务质量，规范导游工作，保护旅游者和导游人员的合法权益，原国家旅游局先后发布了《导游人员资格考试制度》《全国导游人员资格考试管理办法》等，国家又发布了《导游服务质量》（GB/T 15971—1995）。2005年6月3日，国家旅游局公布了《导游人员等级考核评定管理办法（试行）》（自2005年7月3日起施行）。2017年10月6日，国家旅游局公布了《导游管理办法》（自2018年1月1日起施行）。这些法规的颁布施行，标志着我国旅游业在"依法治旅""依法兴旅"的目标下又前进了一大步。这对加强导游队伍的建设和发展，促进我国旅游业的健康发展起到了巨大的推动作用。

5.1.1 导游人员的概念及分类

《导游人员管理条例》为导游人员所下的定义是：依照《导游人员管理条例》

学习微平台

同步链接5-1

的规定取得导游证，接受旅行社委派，为旅游者提供向导、讲解及相关旅游服务的人员。

从这个概念中我们可以看出：第一，导游人员必须是依照国家规定，经过考试取得导游证的人员，无导游证从事导游活动是违法的；第二，导游人员从事导游活动，必须经旅行社委派，私自承揽、直接承揽导游业务，进行导游活动是不允许的；第三，导游人员的业务工作是为旅游者提供向导、讲解及相关旅游服务。

我国导游人员的分类方法主要有两种：一种是从其所使用的语言来划分；另一种是从其工作任务的范围上来划分。

按导游人员使用的语言划分，我国导游人员可以分为四种，即外语导游、汉语普通话导游、中国地方语导游和少数民族语导游。

按导游人员工作任务的范围划分，可以把导游人员分为三类，即全程陪同导游人员、地方陪同导游人员和定点陪同导游人员。

全程陪同导游人员（简称全陪）：指受旅行社委派或者聘用，为跨省、自治区、直辖市范围旅游的旅行者提供全部旅程导游服务的人员。全陪作为旅行社的代表，应自始至终参与旅游团（者）全旅程的活动，负责旅游团（者）移动中各环节的衔接，监督接待计划的实施，协调领队、地方陪同导游人员、司机等旅游接待人员的协作关系。

地方陪同导游人员（简称地陪）：指受旅行社委派或者聘用，在省、自治区、直辖市范围内为旅行者提供导游服务的人员。地陪应做好旅游团（者）在本站的迎送工作，严格按照接待计划，做好旅游团（者）参观游览过程中的导游讲解工作和计划内的食宿、购物、文娱等活动的安排，妥善处理各方面的关系和出现的问题。

定点陪同导游人员（简称定点导游）：指受旅行社委派或者聘用，在一个参观、游览点内为旅游者提供导游服务的人员。定点导游一般只负责提供某个参观游览点的讲解服务。

小资料 5-1

领队

中华人民共和国国家标准《导游服务质量》（GB/T 15971—1995）中对导游人员的分类中列有"领队"一项。所谓领队，是指受海外旅行社委派，全权代表该旅行社带领旅游团从事旅游活动的工作人员。领队即国际出境旅游的导游，他们由所在的有出国（境）旅游业务经营权的国际旅行社委派，带领旅游团出国（境）旅游，既对组团旅行社负责，又代表该旅行社与接待国进行业务联系，随团活动，伴随始终。

《旅游法》第三十九规定：从事领队业务，应当取得导游证，具有相应的学历、语言能力和旅游从业经历，并与委派其从事领队业务的取得出境旅游业务经营许可证的旅行社订立劳动合同。

5.1.2　导游人员应具备的条件

导游人员在从事导游工作的过程中，要负责旅游者的行、住、食、游、购、娱诸方面，工作庞杂；导游人员常常是一人在外独立工作，这就要求导游人员有较强的独立工作能力、组织能力和应变能力；导游人员面对的旅游者千差万别、层次悬殊，做好导游工作的难度很大；导游人员既要有广博的知识和综合运用知识的能力，又要有良好的身体条件，能够胜任爬山、涉水的体力活动，导游是一项脑力劳动与体力劳动密切结合的工作；面对形形色色的旅游者，导游人员要通过自己热情大方、自然得体的服务赢得旅游者的满意，使旅游者在愉快的旅途中加深对不同地区的民族、人民的了解与交流，又要在各种诱惑面前自尊自爱，这就要求导游人员要有强烈的爱国主义观念和法治观念，自觉抵御各种腐朽思想和生活方式的侵蚀。导游工作的重要性、复杂性和特殊性，要求导游人员必须具备下列条件：

1）必须是中华人民共和国公民

导游向旅游者讲解游览景区（点）的山水风光、风土民情、历史典故、人物事迹，也就是在宣传一种文化。介绍国家和民族的悠久历史、灿烂文化，需要导游人员全身心地投入，以自己的真情实感去感染旅游者，带领旅游者进入一个美好的境界，使他们在游览过程中获得美的感受。显然，导游讲解要带有强烈的感情色彩，这种感情，首先来自导游人员对国家、民族和生活的热爱。没有民族自豪感，没有对国家、对人民、对生活的一腔热忱，是做不好导游工作的。在外国游客面前，导游若没有强烈的民族自尊心，会遭到游客的鄙视。因此，许多国家都规定，导游人员必须是本国公民，外籍人员不得从事导游职业。

旅游业是一个国家和地区对外展示自己形象的"窗口"。导游工作的好坏，往往代表了一个地方甚至一个国家的形象，导游人员的思想道德修养，给旅游者留下的印象比较深。因此，做一名合格的导游人员，应当有较高的思想政治觉悟，模范地遵守国家的法律、法规和工作纪律；为外国游客做好导游服务，还应遵守国家的外事纪律，塑造自身良好的形象，自觉维护国家的利益和民族的尊严。

导游人员要认真学习并模范遵守各项规章制度和社会公德，热情为旅游者服务，不断检查并改进自己的工作，认真完成旅游计划所规定的各项任务，维护旅游者的合法权益。对旅游者所提出的计划外的合理要求，经主管部门同意，在条件允许的情况下应竭尽全力予以满足。

2）具有高级中学、中等专业学校或者以上文化水平，有胜任导游工作的语言表达能力

导游工作人员需要有广博的知识和较高的文化素质，需要掌握地理、历史、经济、政治、文学、艺术、外语以及国情、风土人情等方面的知识，没有一定的文化基础知识是不能胜任导游工作的。世界各国对导游人员的受教育水平规定不一：有的要求大学毕业，有的要求专科毕业，有的要求高中毕业。我国的《导游人员管理条例》根据目前国内的具体情况，要求导游人员的文化程度为高中以上，这是一个起码的条件。导游人员在讲解过程中，语言是不可缺少的、最基本的工具。导游人员不仅要有丰富的知识、娴熟的业务技能，而且要会使用规范化、艺术化的语言，这样才能很好地与旅游者交流，为旅游者服务。导游人员使用的语言不论是外语，还是汉语普通话、中国地方话、中国少数民族语言，都要做到语言准确、生动、形象、富有表达力，同时还要注意使用礼貌用语。

3）熟悉旅游业务，有组织接待能力

旅游业务范围非常广泛，涉及行、住、食、游、购、娱诸方面，导游人员经常单独带旅游团（者）外出，与各相关业务部门的往来交接都需要导游人员办理，因此，导游人员应当熟悉旅游业务，如接待游客到达，尽快帮助游客办理入住手续，落实交通票据及确定好准确的时间，安排就餐，介绍菜肴，参观游览过程中做好讲解，向游客介绍旅游地的特色商品，核对、协商计划内的文娱节目等。导游人员还要注意保护旅游者的人身、财物安全，关心老弱病残者，协助处理各种突发事件等。这一系列的问题，导游人员都要处理好，才能圆满完成旅游接待任务。

4）身体健康，能适应工作的需要

导游工作既是复杂的脑力劳动，也是繁重的体力劳动，且与人接触较多，所以身体健康是导游人员的必备条件之一。如广西桂林的导游人员在接待旅游团时，几乎每天都要爬山、涉水、钻洞，每逢炎热的夏季，洞外热得浑身是汗，洞内冻得直打战，还要时时注意游客的安全，心理负担很大。导游人员天天闯南走北，饮食、休息很不规律，没有健康的身体和充沛的精力是无法胜任工作的。

具备以上条件者，还必须经过专门的培训，在导游资格考试合格之后，才能成为导游人员。

小资料 5-2

我国导游队伍的现状

据文化和旅游部统计，截至 2019 年 12 月，全国持证导游人数为 80 万。在全国旅行社的直接从业人员为 415 941 人，其中大专及以上学历者有 282 214 人，签订劳动合同的导游人数为 121 710 人，领队人员 57 148 人。我国导游队伍呈现年轻化、平均学历偏低的状况，外语导游比重不足，不到导游总量的 10%，其中小语种导游尤其不足，一是越南语、泰语、蒙古语等周边市场语种导游少；二是韩语、德语、法语、西班牙语、意大利语等新兴市场和潜力市场语种导游少。

2019 年，全国报考导游资格人数达 33 万人。

学习微平台

延伸阅读 5-1

5.1.3　导游人员的义务和权利

旅行社服务质量和信誉的高低，在很大程度上取决于导游人员的工作质量如何。由于导游人员在旅游业中的特殊地位和作用，各国政府都十分重视对其的管理。我国制定《导游人员管理条例》的宗旨是："为了规范导游活动，保障旅游者和导游人员的合法权益，促进旅游业的健康发展。"

1）导游人员的义务

规范导游活动，就是由《旅游法》《导游人员管理条例》《导游管理办法》等明确规定导游人员的义务和违反应承担的义务时要受到的处罚。具体说来，导游人员的义务主要有：

（1）从事导游工作，必须取得导游证；进行导游活动，应当佩戴导游证。

《导游人员管理条例》第四条规定：在中华人民共和国境内从事导游活动，必须取得导游证。

　　我国公民从事导游工作，应参加导游人员资格考试；经考试合格的，由国务院旅游行政管理部门或者国务院旅游行政管理部门委托省、自治区、直辖市人民政府旅游行政管理部门颁发导游人员资格证书。导游证的有效期为3年，有效期满后继续从事导游活动的，应当在有效期限届满3个月前，向省、自治区、直辖市人民政府旅游行政管理部门申请办理换发导游证的手续。

　　《旅游法》第四十一条规定，导游和领队从事业务活动，应当佩戴导游证，遵守职业道德，尊重旅游者的风俗习惯和宗教信仰，应当向旅游者告知和解释旅游文明行为规范，引导旅游者健康、文明旅游，劝阻旅游者违反社会公德的行为。

　　导游和领队应当严格执行旅游行程安排，不得擅自变更旅游行程或者中止服务活动，不得向旅游者索取小费，不得诱导、欺骗、强迫或者变相强迫旅游者购物或者参加另行付费旅游项目。

同步案例5-1

导游资格证不能代替导游证

　　背景与情境：小李是某旅游职业学校的学生，毕业前他已考取了导游资格证。放假期间，他到甲旅行社去帮忙兼实习，旅行社安排小李带一旅游团外出。在旅游过程中，游客要求小李出示导游证，他拿出自己的导游资格证和旅行社的介绍信。有些游客认为小李是无证导游。

　　问题：导游资格证能代替导游证吗？

　　分析提示：不能。导游资格证只能说明小李具备了导游资格，并不等于他是导游人员。《导游人员管理条例》第四条规定："在中华人民共和国境内从事导游活动，必须取得导游证。取得导游人员资格证书的，经与旅行社订立劳动合同或者在相关旅游行业组织注册，方可持所订立的劳动合同或者登记证明材料，向省、自治区、直辖市人民政府旅游行政部门申请领取导游证。"《旅游法》第三十七条规定："参加导游资格考试成绩合格，与旅行社订立劳动合同或者在相关旅游行业组织注册的人员，可以申请取得导游证。"因此，小李属于无证导游。

　　（2）导游人员进行导游活动时，必须经旅行社委派。

　　《旅游法》第四十条规定："导游和领队为旅游者提供服务必须接受旅行社委派，不得私自承揽导游和领队业务。"《导游人员管理条例》第九条规定，导游人员不得私自承揽或以其他任何方式直接承揽导游业务，进行导游活动。违者，由旅游行政管理部门责令改正，处1 000元以上30 000元以下的罚款；有违法所得的，并处没收违法所得；情节严重的，由省、自治区、直辖市人民政府旅游行政管理部门吊销导游证并予以公告。

　　依据《旅游法》的规定，违反《旅游法》规定被吊销导游证的导游、领队，自处罚之日起未逾三年的，不得重新申请导游证。

　　（3）导游在执业过程中应当自觉维护国家利益和民族尊严；遵守职业道德，维护职业形象，文明诚信服务；按照旅游合同提供导游服务，讲解自然和人文资源知识、风俗习惯、宗教禁忌、法律法规和有关注意事项；尊重旅游者的人格尊严、宗教信仰、民族风俗和生活习惯。

导游人员进行导游活动时，有损害国家利益和民族尊严言行的，由旅游行政管理部门责令改正；情节严重的，由省、自治区、直辖市人民政府旅游行政管理部门吊销导游证并予以公告；对该导游人员所在的旅行社给予警告直至责令停业整顿。

（4）导游人员应当严格按照旅行社确定的接待计划，安排旅游者的旅行、游览活动，不得擅自增加、减少旅游项目或者中止导游活动。

导游人员在引导旅游者旅行、游览的过程中，遇到可能危及旅游者人身安全的紧急情形时，经征得多数旅游者的同意，可以调整或者变更接待计划，但是应当立即报告旅行社。

旅游突发事件发生后，导游应当立即采取下列必要的处置措施：

①向本单位负责人报告，情况紧急或者发生重大、特别重大旅游突发事件时，可以直接向发生地、旅行社所在地县级以上旅游主管部门、安全生产监督管理部门和负有安全生产监督管理职责的其他相关部门报告；

②救助或者协助救助受困旅游者；

③根据旅行社、旅游主管部门及有关机构的要求，采取调整或者中止行程、停止带团前往风险区域、撤离风险区域等避险措施。

有下列情形之一者，由旅游行政管理部门责令改正、暂扣导游证3至6个月；情节严重的，由省、自治区、直辖市人民政府旅游行政管理部门吊销导游证并予以公告：①擅自增加或者减少旅游项目的；②擅自变更接待计划的；③擅自中止导游活动的。

同步案例 5-2

导游人员擅自变更接待计划受惩处

背景与情境： 某年2月，甲旅行社接待香港某旅游团。按照合同约定，该旅游团在北京游览4天，其中2月11日游览长城，2月12日游览颐和园，2月13日游览故宫，2月14日参观市容后出境。甲旅行社导游员王某无正当理由，而且也未征得该旅游团的同意，擅自对游览日程进行了变更，将游览长城日期改为2月14日。该旅游团对此变更曾表示质疑，但导游员王某未做解释。不料，2月13日天降大雪。2月14日晨，该旅游团赴长城，车行至八达岭时，积雪封路，不能前行，该团只得返回。第二天，该团出境返港，并书面向文化和旅游局投诉称导游王某未征得旅游者同意，擅自变更接待计划，使该旅游团未能游览长城，旅行社应承担赔偿责任。甲旅行社辩称，变更旅游行程属导游员个人行为，与旅行社无关，至于未能游览长城，则是由于大雪封路，属于不可抗力，可以不承担赔偿责任。

问题： 旅行社和导游可以不承担赔偿责任吗？

分析提示： 导游人员王某无正当理由，也未征得旅游团的同意，擅自变更接待计划，既违反了《导游人员管理条例》，又违反了《民法典》，必须承担责任。

在本案中，造成该观光团未能游览长城的原因，并非不可抗力，而是导游人员擅自改变旅游行程。在合同正常履行的情况下，游览长城的日期应该是2月11日，但是，由于导游擅自变更合同，将游览日期改为2月14日，导致旅游团无法游览长城。《民法典》第四百六十五条规定："依法成立的合同，受法律保护。依法成立的合同，仅对当事人具有法律约束力，但是法律另有规定的除外。"第五百零九条规定："当事人应当按照约定全面履行自己的义务。"由此可见，造成旅游团未能游览长城的原因是旅行社的导游员王某违约在先。《民法典》第五百九十条规定："当事人一方因不可抗力不能履行合同的，根据不可抗力的影响，部分或全部免除责任，但法律另有规定的除外。因不可抗力不能履行合同的，应当及时通知对方，以减轻可能给对方造成的损失，并应当在合理期限内提供证明。当事人迟延履行后发生不可抗力的，不免除其违约责任。"本纠纷就属于这种情况。积雪封路这一不可抗力是在导游违约擅自改变日程安排之后发生的，依照《民法典》的规定，旅行社不得以不可抗力为理由，推卸赔偿责任。

本案中旅行社应当承担违约责任。《民法典》第五百八十三条规定："当事人一方不履行合同义务或者履行合同义务不符合约定的，在履行义务或者采取补救措施后，对方还有其他损失的，应当赔偿损失。"《旅行社服务质量赔偿标准》第十条规定："旅行社及导游或领队违反旅行社与旅游者的合同约定，损害旅游者合法权益的，旅行社按下述标准承担赔偿责任：擅自缩短游览时间、遗漏旅游景点、减少旅游服务项目的，旅行社应赔偿未完成约定旅游服务项目等合理费用，并支付同额违约金。……"

因此，旅行社应就导游擅自变更活动日程的行为，退还游览长城景点的门票、导游服务费并赔偿同额违约金。

甲旅行社是导游人员王某的服务工作单位，应当为这起旅游纠纷承担赔偿责任。甲旅行社赔偿旅游团损失后，可以向导游人员王某追偿。

（5）导游在执业过程中不得有下列行为：

①安排旅游者参观或者参与涉及色情、赌博、毒品等违反我国法律法规和社会公德的项目或者活动；

②擅自变更旅游行程或者拒绝履行旅游合同；

③擅自安排购物活动或者另行付费旅游项目；

④以隐瞒事实、提供虚假情况等方式，诱骗旅游者违背自己的真实意愿，参加购物活动或者另行付费旅游项目；

⑤以殴打、弃置、限制活动自由、恐吓、侮辱、咒骂等方式，强迫或者变相强迫旅游者参加购物活动、另行付费等消费项目；

⑥获取购物场所、另行付费旅游项目等相关经营者以回扣、佣金、人头费或者奖励费等名义给予的不正当利益；

⑦推荐或者安排不合格的经营场所；

⑧向旅游者兜售物品；

⑨向旅游者索取小费；

⑩未经旅行社同意委托他人代为提供导游服务；

⑪法律法规规定的其他行为。

导游人员进行导游活动，向旅游者兜售物品或者购买旅游者的物品的，或者以明示或者暗示的方式向旅游者索要小费的，由旅游行政部门责令改正，处 1 000 元以上 3 万元以下的罚款；有违法所得的，并处没收违法所得；情节严重的，由省、自治区、直辖市人民政府旅游行政部门吊销导游证并予以公告；对委派该导游人员的旅行社给予警告直至责令停业整顿。导游、领队违反《旅游法》规定，向旅游者索取小费的，由旅游主管部门责令退还，处 1 000 元以上 10 000 元以下罚款；情节严重的，并暂扣或者吊销导游证。

《旅游法》第四十一条规定，导游和领队应当严格执行旅游行程安排，不得擅自变更旅游行程或者中止服务活动，不得向旅游者索取小费，不得诱导、欺骗、强迫或者变相强迫旅游者购物或者参加另行付费旅游项目。

导游人员进行导游活动，欺骗、胁迫旅游者消费或者与经营者串通欺骗、胁迫旅游者消费的，由旅游行政部门责令改正，处 1 000 元以上 3 万元以下的罚款；有违法所得的，并处没收违法所得；情节严重的，由省、自治区、直辖市人民政府旅游行政部门吊销导游证并予以公告；对委派该导游人员的旅行社给予警告直至责令停业整顿；构成犯罪的，依法追究刑事责任。

《导游管理办法》第三十五条规定：导游涂改、倒卖、出租、出借导游人员资格证、导游证，以其他形式非法转让导游执业许可，或者擅自委托他人代为提供导游服务的，由县级以上旅游主管部门责令改正，并可以处 2 000 元以上 1 万元以下罚款。

小思考 5-1

导游小王能向游客出售画册吗？

小王是某旅行社的导游，由于工作认真负责，受到游客的好评。一次，他在带一个旅游团游览某名镇时，拿出介绍这一名镇的画册出售。该画册是某出版社出版的正规书刊，其中有不少重要的照片资料。不少游客购买了画册，但一名游客指出，导游小王卖画册不对。请问：小王能出售画册吗？

理解要点：不能。导游人员进行导游活动时，不得向旅游者兜售物品。

学习微平台

延伸阅读 5-2

2）导游人员的权利

导游人员进行导游活动时，除依法享有公民的政治、经济、文化和社会等各种权利外，依据《导游人员管理条例》《导游管理办法》及有关法规的规定，在履行职业活动中，还享有相应的权利。这些权利主要有：

（1）导游人员享有人格尊严不受侵犯权，合法权益受到保护。

《导游人员管理条例》第十条规定："导游人员进行导游活动时，其人格尊严应当受到尊重，其人身安全不受侵犯。导游人员有权拒绝旅游者提出的侮辱其人格尊严或者违反其职业道德的不合理要求。"

我国《宪法》第三十八条规定："中华人民共和国公民的人格尊严不受侵犯。禁止用任何方法对公民进行侮辱、诽谤和诬告陷害。"

人格是每一个公民和法人毫无例外、终身享有的权利。它是法律赋予民事主体所享有的基本的民事权利。无论公民或者法人，如不享有人格权，他的人身权就没有实际意义。《导游人员管理条例》之所以做上述规定，是因为在实际中，个别旅游者在旅行游览活动中，遇有不顺其心意的事情，就肆意侮辱谩骂导游人员，甚至还发生殴打导游人员的事件。针对这种情形，《导游人员管理条例》明确规定导游人员在进行导游活动时，其人格尊严应当受到尊重，其人身安全不受侵犯。

《导游管理办法》第二十六条规定："导游在执业过程中，其人格尊严受到尊重，人身安全不受侵犯，合法权益受到保障。导游有权拒绝旅行社和旅游者的下列要求：（一）侮辱其人格尊严的要求；（二）违反其职业道德的要求；（三）不符合我国民族风俗习惯的要求；（四）可能危害其人身安全的要求；（五）其他违反法律、法规和规章规定的要求。旅行社等用人单位应当维护导游执业安全、提供必要的职业安全卫生条件，并为女性导游提供执业便利、实行特殊劳动保护。"

（2）导游人员在旅游活动中享有调整或变更接待计划权。

《导游人员管理条例》第十三条第二款规定："导游人员在引导旅游者旅行、游览过程中，遇有可能危及旅游者人身安全的紧急情形时，经征得多数旅游者的同意，可以调整或变更接待计划，但是应当立即报告旅行社。"

根据该条法规的规定，导游人员享有调整或变更接待计划的权利。但是，导游人员行使这一权利时，必须符合下列条件：

①必须是在引导旅游者旅行、游览的过程中，也就是说，必须是在旅游活动开始后。在旅行、游览活动开始之前，导游人员不得行使这一权利。在旅游合同订立之后，旅游活动开始之前，如果出现不利于旅游活动的情形，应当由旅行社与旅游者进行协商，达成一致意见后，由旅行社调整或者变更旅游接待计划。

②必须是遇有可能危及旅游者人身安全的紧急情形时，导游人员才可以行使这一权利。例如，导游人员李某在带团旅游的过程中，得到前方某旅游目的地发生暴风雪的消息，如果团队继续前往，就有可能被困，使旅游者的人身安全受到威胁。在此紧急情况下，由于导游人员只身执行带团任务，为了避免可能危及旅游者人身安全的情形发生，导游人员就需要当机立断地调整或变更旅游行程计划。

③必须征得多数旅游者的同意。这是一个非常重要的条件，即在旅行游览中，遇有可能危及旅游者人身安全的紧急情形时，导游人员如果要调整或者变更接待计划，必须征得旅游团中多数旅游者的同意。这是因为，旅游合同包括旅游接待计划一经双方确认订立后，就应当严格按照合同约定履行。如果需要调整或者变更旅游计划，应当经双方协商一致。但是，由于现在发生了可能危及旅游者人身安全的紧急情形，所以，导游人员只要征得多数旅游者的同意，就可以调整或变更旅游接待计划，而不必得到全体旅游者的同意。

④必须立即报告旅行社。这是因为旅游接待计划是由旅行社确定的，是得到旅游者认可的，而导游人员是受旅行社的委派带团执行旅游接待计划的，调整或变更接待计划并不是导游人员的职责权限。但是，由于导游人员在执行带团旅游任务的途中，遇到可能危及旅游者人身安全的紧急情形，为了避免旅游者人身安全受到危害，在征得多数旅游者同意后，导游人员依法可以调整或变更接待计划。导游人员在调整或者变更接待计划后，必须立即报告旅行社，以得到旅行社的认可。

同步案例 5-3

导游调整旅游计划是否正当

背景与情境： 导游小王在带领一个旅游团前往某景区旅游的途中，从山上下来的旅游车司机告诉小王，前面道路因前天夜间山洪暴发被大水冲毁，旅游车无法通过。小王赶紧用手机与将要前往的景区联系，该景区也说目前通往景区的上山公路已中断。小王将此情况向旅行社做了汇报说明，旅行社迅速对旅游计划进行了调整。然后小王向游客讲明了情况，把行程改变的内容给该团做了介绍，在征求游客意见时，28名游客中22人同意，有6名游客不同意。该旅游团结束旅游返回后，不同意改变旅行行程的6名游客向文化和旅游局投诉，认为导游擅自改变旅游计划，要求赔偿他们每人400元的损失。

问题： 这6名游客能够得到赔偿吗？

分析提示： 此案例的关键在于导游人员有无调整或变更接待计划权，以及导游人员行使这项权利是否符合法规的规定。《导游人员管理条例》第十三条第二款规定："导游人员在引导旅游者旅行、游览的过程中，遇到可能危及旅游者人身安全的紧急情形时，经征得多数旅游者的同意，可以调整或变更接待计划，但是应立即报告旅行社。"

此案例中，第一，该旅游团遇到了公路被山洪冲毁的意外情形；第二，该旅游团已在前往景区的路途中；第三，该旅行团28名游客中，22人同意改变行程计划，占多数；第四，小王已通知旅行社，由旅行社进行了安排。所以导游不是擅自改变旅游计划，而是行使法规赋予的权力。6名游客要求赔偿损失的诉求不能成立。

（3）旅行社有下列行为的，导游有权向劳动行政部门投诉举报、申请仲裁或者向人民法院提起诉讼：

①不依法与聘用的导游订立劳动合同的；

②不依法向聘用的导游支付劳动报酬、导游服务费用或者缴纳社会保险费用的；

③要求导游缴纳自身社会保险费用的；

④支付导游的报酬低于当地最低工资标准的。

旅行社要求导游接待以不合理低价组织的旅游团队或者承担接待旅游团队的相关费用的，导游有权向旅游主管部门投诉举报。

（4）导游人员对旅游行政行为不服时，依法享有申请复议权。

《导游人员管理条例》规定了对导游人员违反条例的行政处罚。如果导游人员对旅游行政管理部门所给予的行政处罚不服，依照我国《中华人民共和国行政复议法》的规定，有权向旅游行政机关申请复议。

根据《中华人民共和国行政复议法》的规定，结合旅游行政管理实际，导游人员对旅游行政管理部门下列行政行为不服时，可以申请复议：

①对罚款、吊销导游证、责令改正、暂扣导游证等行政处罚不服的；

②认为符合法定条件申请行政机关颁发导游人员资格证书和导游证，旅游行政机关拒绝颁发或者不予答复的；

③认为旅游行政管理部门违法要求导游人员履行义务的；

④认为旅游行政管理部门侵犯导游人员人身权、财产权的；

⑤法律、法规规定可以提起行政诉讼或者可以申请复议的其他具体行政行为。

（5）导游人员对旅游行政管理部门的具体行政行为不服时，享有向人民法院提起行政诉讼的权利。

我国《中华人民共和国行政诉讼法》第二条规定："公民、法人或者其他组织认为行政机关和行政机关工作人员的行政行为侵犯其合法权益，有权依照本法向人民法院提起诉讼。"由此规定可见，导游人员对旅游行政管理部门给予其的行政处罚和有关行政行为，不仅享有申请复议权，而且享有向人民法院提起行政诉讼权。

导游人员对旅游行政管理部门的下列具体行政行为不服时，有权向人民法院提起诉讼：

①对行政处罚不服，可以提起诉讼。行政处罚是国家行政机关依法对违反行政管理法律、法规的公民、法人或其他组织给予的行政制裁。《导游人员管理条例》规定对导游人员违法行为的行政处罚主要有罚款、没收非法所得、责令改正、暂扣导游证、吊销导游证等。导游人员对旅游行政管理部门给予的行政处罚不服的，有权向人民法院提起诉讼。

②对符合法定条件申请旅游行政管理部门颁发导游人员资格证书和导游证，旅游行政管理部门拒绝颁发或不予答复的，可以提起诉讼。

③对旅游行政机关违法要求导游人员履行义务的，可以提起诉讼。

④对旅游行政机关侵犯导游人员人身权、财产权的具体行政行为，可以提起诉讼。

> **职业道德与企业伦理 5-1**

导游带游客少游景点

背景与情境： 一位散客旅游者打算去某一旅游风景区旅游，因对该景区不熟，请该风景区所在市的一家小有名气的旅行社派一全程导游。该社立即为其派了一位导游小姐，一路上导游小姐带领他参观游玩，兴致颇高，他对这位导游小姐的讲解和热情服务较为满意。可是当他要离开该风景区时，听到旁边有游人谈论某景点没去过，于是他心想：我付了她钱，她总不会骗我吧。后来一打听才知道，原来是导游小姐根本就没带自己去。结果该社形象在此游客心里大打折扣。

资料来源 佚名.导游实务案例分析：导游员的道德素质 [EB/OL]. [2014-02-20]. http: // www.wangxiao.cn/dy/86011433576.html.

问题：

1）本案例中的导游是否存在职业道德问题？

2）本案例中的导游应当如何做？她的做法会有什么后果？

分析提示：

1）导游要了服务费，该带游客参观的景点没有去，还自作聪明，认为少去一两个景点游客也不知道。这种行为极大地损害了旅游工作人员的形象，违反了导游人员"真诚公道，信誉第一"的职业道德，更损害了她所在旅行社的信誉。

2）导游必须具有待人真诚的品质，无论对游客还是对旅行社，都必须讲求信誉，做到言必信，行必果，一切事情必须光明正大，更不能欺骗游客，损害游客的利益。本例中导游小姐少去景点的做法，是导游职业道德所不允许的，这样做既不公平又不明智，要知"骗"得了一时，而"骗"不了一世，结果只能让游客对导游员产生恶劣的印象。

教学互动 5-1

背景资料： 某高校外语系学生李某先后两次报名参加导游资格考试，均未合格。他急于从事导游工作，遂与某国际旅行社多次联系，希望能给予其带团的实习机会。次年 7 月，正值旅游旺季，该国际旅行社导游人数不足，遂聘用李某充任导游人员，被旅游行政管理部门查获，以其未经导游资格考试合格，擅自进行导游活动为由给予了罚款处罚。李某对处罚不服，认为自己并非擅自进行导游活动，而是受旅行社聘用从事导游工作的，旅游行政管理部门处罚不当，遂向上一级旅游行政管理部门申请复议。

问题：

1）李某的说法是否成立？有何依据？

2）旅行社能否聘用李某从事导游工作？有何依据？

要求： 同"教学互动 1-1"的"要求"。

5.2　导游考试与导游人员职业等级制度

导游人员在旅游接待服务中扮演着十分重要的角色，导游工作又是一项脑力劳动与体力劳动强度都比较高的特殊工作，这就对导游人员的素质提出了很高的要求。为了保证导游人员队伍的质量和水平，我国制定了相关的法规。

5.2.1　导游考试制度

根据《文化和旅游部办公厅关于组织实施 2020 年全国导游资格考试的通知》（以下简称《通知》）的规定：国家实行统一的导游人员资格考试制度。经考试合格者，方可取得导游人员资格证书。导游人员取得导游人员资格证书，与旅行社订立劳动合同或者在相关旅游行业组织注册的，可以申请取得"中华人民共和国导游员证"从事导游工作。

1）实行导游考试的意义

导游考试分导游资格考试和导游等级考试两种。实行导游考试的意义在于：

（1）由国家统一组织的导游人员考试，体现了国家对导游工作的高度重视，体现了导游工作在整个旅游业中所占地位的重要性。

（2）为旅游行政管理部门对导游工作的管理提供了有力的法律支持。通过导游考试，可以防止不合格的人员混入导游队伍，能够调动导游人员钻研业务和努力工作的积极性，避免由于导游人员素质差而对我国旅游业形象造成不良的影响。

（3）通过导游考试确认导游资格、导游等级，体现了严格要求和公平竞争的原则。把竞争机制引入到导游队伍建设中去，能够比较客观公正地评价和选拔人才，有助于调动意欲从事导游工作人员的积极性，有利于保证和不断提高导游队伍的整体素质。

（4）为保障我国旅游服务质量打下了良好的基础。只有采用强有力的措施，不断提高导游人员的服务能力和水平，才有可能提高我国旅游业在国际上的形象。

（5）导游考试制度的实行适应了国际旅游业的发展要求。目前世界上许多旅游业发达的国家都建立了导游考试制度，并以法律、法规的形式加以确定。

2）参加导游人员资格考试的条件

根据文化和旅游部《通知》的规定，报考导游资格必须是：中华人民共和国公民；具有高级中学、中等专业学校或者以上学历；身体健康；具有适应导游需要的基本知识和语言表达能力。

考试合格的，由国务院旅游行政主管部门或者国务院旅游行政主管部门委托省、自治区、直辖市人民政府旅游行政管理部门颁发导游人员资格证书。

3）导游资格考试科目

全国导游资格考试是依据《旅游法》，为国家和社会选拔合格导游人才的全国统一的准入类职业资格考试。考试遵循公平、公正的原则，目的是检验考生是否具备从事导游职业的基本素养、基础知识和基本技能。

（1）考试科目、语种与要求

全国导游资格考试科目包括：科目一《政策与法律法规》、科目二《导游业务》、科目三《全国导游基础知识》、科目四《地方导游基础知识》、科目五《导游服务能力》。

考试语种分为中文和外语，其中外语类包括英语、日语、俄语、法语、德语、西班牙语、朝鲜语、泰语等。

上述科目内容，分别从了解、熟悉、掌握三个层次对考生进行考查。

（2）考试方式

考试形式分闭卷考试与现场考试（面试）两种，科目一、科目二、科目三、科目四为闭卷考试，科目五为现场考试（面试）。闭卷考试实行全国统一的计算机考试。现场考试（面试）以模拟考试方式进行，由省级考试单位根据考试大纲和《全国导游人员资格考试现场考试工作标准（试行）》组织。

科目一、科目二合并为1张试卷进行测试，其中科目一、科目二分值所占比例各为50%；科目三、科目四合并为1张试卷进行测试。考试题型包括判断题、单项选择题、多项选择题。每张试卷考试时间为90分钟，含165题，共100分，其中判断题40题（每题0.5分，共20分），单项选择题90题（每题0.5分，共45分），多项选择题35题（每题1分，共35分）。

科目五考试中文类考生每人不少于15分钟，备考旅游景区不少于12个；外语类考生每人不少于25分钟，备考旅游景区不少于5个。考试成绩采用百分制，中文类分值比例为：礼貌礼仪占5%，语言表达占20%，景点讲解占45%，导游服务规范占10%，应变能力占10%，综合知识占10%；外语类分值比例为：礼貌礼仪占5%，语言表达占25%，景点讲解占30%，导游服务规范占10%，应变能力占5%，综合知识占5%，口译占20%。

5.2.2　导游资格考试大纲

1）科目一：《政策与法律法规》

（1）考试目的

考查考生对党和国家的基本国策、根本制度、根本任务、重大方针政策以及与旅游业发展相关的法律、法规、方针政策的了解、熟悉和掌握程度。

（2）考试内容

①党的十九大报告及习近平总书记关于文化和旅游工作的重要讲话

了解：中国特色社会主义进入新时代的重大意义；中国特色社会主义经济建设、政治建设、文化建设、社会建设、生态文明建设的重大部署；国防和军队建设、港澳台工作、外交工作的重大部署；全面从严治党的重大部署。

熟悉：习近平新时代中国特色社会主义思想的历史地位、核心要义；新时代中国共产党的历史使命。

掌握：新时代我国社会的主要矛盾；"两个一百年"奋斗目标的任务要求；2019年以来习近平总书记关于文化和旅游工作的重要讲话。

②党的十八届四中全会公报

了解：《中共中央关于全面推进依法治国若干重大问题的决定》所提出的全面依法治国的重大意义和指导思想。

熟悉：全面依法治国的"五大体系、六大任务"。

掌握：全面依法治国的总目标和基本原则。

③旅游业发展相关政策

了解：《国务院办公厅关于加强旅游市场综合监管的通知》（国办发〔2016〕5号）的主要内容。

熟悉：《国务院办公厅关于促进全域旅游发展的指导意见》（国办发〔2018〕15号）、《国务院办公厅关于进一步激发文化和旅游消费潜力的意见》（国办发〔2019〕41号）、《文化和旅游部等17部门关于印发〈关于促进乡村旅游可持续发展的指导意见〉的通知》（文旅资源发〔2018〕98号）和《文化和旅游部〈关于实施旅游服务质量提升计划的指导意见〉》（文旅市场发〔2019〕12号）的主要内容。

④《中华人民共和国宪法》

了解：《中华人民共和国宪法》的序言、总纲、指导思想、基本原则、基本国策以及国旗、国歌、国徽和首都。

熟悉：《中华人民共和国宪法》关于国家机构的组成、任期和职权的规定。

掌握：《中华人民共和国宪法》的基本制度和根本任务；公民的基本权利和基本义务。

⑤维护国家安全法律制度

了解：《中华人民共和国香港特别行政区维护国家安全法》《中华人民共和国英雄烈士保护法》《宗教事务条例》的立法目的、起草过程和立法意义。

熟悉：《中华人民共和国香港特别行政区维护国家安全法》关于总则以及香港特别行政区维护国家安全的职责和机构、中央人民政府驻香港特别行政区维护国家安全机构的规定。《中华人民共和国英雄烈士保护法》关于烈士的历史功勋、人民英雄纪念碑的法律地位、纪念缅怀英雄烈士活动、弘扬传承英雄烈士精神、烈士褒扬和遗属抚恤的规定。《宗教事务条例》关于总则以及宗教活动场所、宗教活动的规定。

掌握：《中华人民共和国香港特别行政区维护国家安全法》关于罪行和处罚的规定。《中华人民共和国英雄烈士保护法》关于英雄烈士名誉荣誉法律保护及其相关法律责任的规定。

⑥《中华人民共和国旅游法》

了解：《中华人民共和国旅游法》的框架及其修正的内容。

熟悉：《中华人民共和国旅游法》的立法目的、适用范围和发展原则。

掌握：《中华人民共和国旅游法》的主要法律制度。

⑦旅游者相关法律制度

了解：《中华人民共和国治安管理处罚法》关于治安管理处罚种类及适用的规定。《中华人民共和国消费者权益保护法》的基本原则。

熟悉：《中华人民共和国消费者权益保护法》关于消费者权利、消费者权益的国家保护、消费者协会的公益性职责和禁止行为及其相关法律责任。《中华人民共和国治安管理处罚法》关于违反治安管理的行为和处罚。《关于旅游不文明行为记录管理暂行办法》（旅办发〔2016〕139号）关于旅游者、旅游从业人员被纳入"旅游不文明行为记录"的主要行为；"旅游不文明行为记录"的信息内容以及评审、申辩和动态管理制度。

掌握：《中华人民共和国旅游法》关于旅游者权利和义务的规定。《中华人民共和国消费者权益保护法》关于经营者义务及其相关法律责任的规定。

⑧旅行社法律制度

了解：《旅行社条例》《旅行社条例实施细则》关于旅行社（包括分支机构）设立与变更的规定。《旅游市场黑名单管理办法（试行）》关于旅游市场黑名单管理及其适用范围的规定。

熟悉：《中华人民共和国旅游法》、《旅行社条例实施细则》、《旅游服务质量保证金存取管理办法》（旅办发〔2013〕170号）关于旅行社经营范围、经营原则、旅游服务质量保证金制度的规定。《旅游市场黑名单管理办法（试行）》关于旅游市场黑名单列入和移除原则、程序、基本信息、动态管理、修复信用的规定；对列入黑名单的旅游市场主体和从业人员实施的惩戒措施。

掌握：旅行社经营规范、旅行社权利和义务等法律制度及其相关法律责任。《旅游市场黑名单管理办法（试行）》关于列入旅游市场黑名单情形的规定。

⑨导游法律制度

熟悉：《中华人民共和国旅游法》《旅行社条例》《导游人员管理条例》《导游管理办法》关于导游资格考试制度的规定。

掌握：导游执业许可和导游执业管理；导游执业保障与激励；导游从事领队服务的条件；导游的权利和义务及其相关法律责任。

⑩合同法律制度

了解：《中华人民共和国民法典》中关于合同的基本原则；合同的订立；合同的内容与形式。

熟悉：合同的效力；合同的履行；合同的变更、转让、解除和终止；合同违约责任的构成要件和承担方式。

掌握：《中华人民共和国民法典》关于防止损失扩大义务的规定。《中华人民共和国旅游法》关于旅游服务合同的规定。

⑪侵权责任法律制度

了解：《中华人民共和国民法典》关于债权责任一般规定的内容；不承担责任和减轻责任的情形。

熟悉：《中华人民共和国民法典》关于侵权责任构成和责任方式，监护人责任和用人责任，机动车交通事故责任、高度危险活动致人损害责任和物件致人损害责任的规定。

掌握：《中华人民共和国民法典》关于违反安全保障义务责任、饲养动物致人损害责任的规定。

⑫旅游安全法律制度

了解：《旅游安全管理办法》关于旅游突发事件等级及相关罚则的规定。

熟悉：《中华人民共和国旅游法》《旅行社条例》《旅游安全管理办法》《旅行社责任保险管理办法》关于安全管理、责任保险制度的规定。

掌握：《旅游安全管理办法》关于旅游经营者安全经营义务与责任、旅游目的地安全风险提示制度的规定。《中华人民共和国突发事件应对法》关于突发事件的界定、种类、级别以及公民、法人和其他组织参与突发事件应对的义务、突发事件预警制度、突发事件应急处置与救援制度的规定。

⑬出入境及交通法律制度

了解：《中华人民共和国民用航空法》关于公共航空运输企业权利和义务及相关法律责任的规定。《中华人民共和国铁路法》关于铁路运输企业权利和义务及相关法律责任的规定。《中华人民共和国道路运输条例》关于道路运输企业权利和义务及相关法律责任的规定。《国内水路运输管理条例》关于水路运输企业权利和义务及相关法律责任的规定。

熟悉：《中华人民共和国出境入境管理法》《中华人民共和国护照法》关于中国公民出境入境和外国人入境出境的证件制度、义务性规定和禁止性规定及相关法律责任。

⑭食品、住宿、娱乐法律制度

熟悉：《中华人民共和国食品安全法》关于食品安全保障法律制度及相关法律责任的规定。《中华人民共和国旅游法》《旅馆业治安管理办法》及有关法律法规关于饭店经营者权利和义务及相关责任的规定。《娱乐场所管理条例》关于娱乐场所的设立和经营规则、监督管理及相关法律责任的规定。

掌握：食品安全事故处置制度及相关法律责任。

⑮旅游资源法律制度

了解：《风景名胜区条例》关于风景名胜区设立、规划、保护、合理利用和管理及相关法律责任的规定。《中华人民共和国自然保护区条例》关于自然保护区设立条件、区域构成、管理制度、保护和合理利用及相关法律责任的规定。《中华人民共和国野生动物保护法》《中华人民共和国野生植物保护条例》关于野生动植物的保护、管理及相关法律责任的规定。《中华人民共和国文物保护法》关于不可移动文物、馆藏文物、民间收藏文物、文物出境及相关法律责任的规定。

熟悉：《国家级文化生态保护区管理办法》关于国家级文化生态保护区及其建设理念，申报与设立、建设与管理的规定。《中华人民共和国非物质文化遗产法》关于非物质文化遗产保护原则，非物质文化遗产代表性项目传承与传播及相关法律责任的规定。《保护世界文化和自然遗产公约》《保护非物质文化遗产公约》关于世界文化遗产和自然遗产名录、非物质文化遗产名录以及缔约国义务的规定。

掌握：《博物馆条例》《博物馆管理办法》关于博物馆设立、管理、社会服务及相关法律责任的规定。

⑯旅游纠纷处理法律制度

了解：旅游纠纷及其特点；《旅游投诉处理办法》关于旅游投诉及其构成要件的规定。

熟悉：《中华人民共和国消费者权益保护法》关于消费者权益争议的解决的规定以及《最高人民法院关于审理旅游纠纷案件适用法律若干问题的规定》《最高人民法院关于民事诉讼证据的若干规定》的主要内容。

掌握：旅游投诉案件的受理和处理；《旅行社服务质量赔偿标准》关于旅游主管部门调解旅游纠纷时执行的赔偿依据的规定。

⑰时事政治

了解：2019年10月以来的国内外时事政治。

熟悉：文化和旅游部自2020年1月以来发布的关于新型冠状病毒肺炎疫情防控工作的相关通知。

2）科目二：《导游业务》

（1）考试目的

考查考生对导游职业道德规范、导游职业素质、导游服务规范以及导游服务相关知识的了解、熟悉和掌握程度，考查考生对导游语言技能、带团技能和应变技能的了解、熟悉和掌握程度。

（2）考试内容

①业务基础

了解：导游的定义和分类；导游服务的内涵、特点、产生及发展历程。

熟悉：导游的从业素质、职责要求及礼仪规范，导游应具备的修养和行为规范，导游职业道德规范的基本内容；导游服务的性质、地位和作用。

掌握：社会主义核心价值观和旅游行业核心价值观。

②服务规范

了解：散客旅游的定义。

熟悉：景区导游服务程序和服务质量要求；散客旅游的特点。

掌握：旅游团的地陪、全陪导游服务程序和服务质量要求；散客导游服务程序和服务质量要求；导游引导文明旅游的规范内容。

③导游技能

了解：导游语言的内涵和特性；导游讲解的原则；导游带团的特点和原则。

熟悉：导游口头语言的表达技巧和态势语言的运用技巧；导游讲解的要求；导游主导地位的确立和导游形象的塑造。

掌握：常用的导游讲解方法和技巧；导游提供心理服务、活跃团队气氛、引导游客审美、组织协调旅游活动、接待不同类型游客的方法和技巧。

④应变处理

了解：游客个别要求的处理原则；旅游事故的类型和特点；游客投诉的心理。

熟悉：漏接、错接和误机（车、船）事故产生的原因；游客死亡的处理；地震、洪水、泥石流、台风、海啸等重大自然灾害的避险；游客投诉的处理。

掌握：游客在餐饮、住宿、交通、游览、购物、娱乐等方面个别要求的处理；游客要求自由活动、中途退团、延长旅游期限的处理；漏接、错接和误机（车、船）事故的预防与处理；旅游计划和行程变更的处理；游客证件、行李、钱物遗失和游客走失的预防与处理；游客晕车（机、船）、中暑的预防与处理；游客在旅游过程中患病的处理；游客不当言行的处理；旅游交通事故、治安事故、火灾事故、溺水、食物中毒、突发疫情等事件的预防与处理。

⑤相关知识

了解：高原旅游、冰雪旅游、沙漠旅游、研学旅行、漂流和温泉旅游的安全常识；时差、华氏温度与摄氏温度换算和度量衡换算；中国货币兑换的相关知识。

熟悉：旅行社的发展历史和概况；旅行社的主要业务和产品类型；旅游保险的种类及相关知识；航空机票种类、旅客误机、航班延误或取消、行李赔偿的相关知识；中国海关有关出入境物品和人员的规定。

掌握：航空、铁路、水运购票、退票和携带物品的规定；旅客出入境应持有的证件和需要办理的手续；中国离境退税的相关知识。

3）科目三：《全国导游基础知识》

（1）考试目的

考查考生对中国共产党成立以来领导全国人民在革命、建设和改革进程中所取得的伟大成就、中国旅游业发展概况、中国历史知识、中国文学知识、中国民族与宗教知识、中国自然与地理常识和中国主要旅游客源国概况的了解、熟悉和掌握的程度。

（2）考试内容

①中国共产党建党以来领导中国人民和中国革命取得的伟大成就

熟悉：中国共产党的发展历程、重要会议、重大事件和重要人物。中华人民共和国成立以来取得的辉煌成就，如"两弹一星"、北斗导航、探月工程、FAST大型天文望远镜等科技成就；高速公路和高速铁路建设（如雅西高速、成昆铁路、青藏铁路等）、三峡水利工程、南水北调工程等建设成就等。

掌握：中国共产党的成立、第一次国共合作、南昌起义、秋收起义、三湾改编、古田会议、红军长征、遵义会议、西安事变和抗日民族统一战线的形成、抗日战争、解放战争、中华人民共和国成立、抗美援朝、三大改造、"三线"建设、大国外交、改革开放、一国两制、香港回归、澳门回归、"一带一路"倡议和人类命运共同体等现当代历史知识。

②中国旅游业发展概况

了解：中国旅游业的发展。

熟悉：中国旅游日和世界旅游组织，旅游业性质、特征和发展的意义，中国旅游业三大市场；文旅融合、全域旅游、旅游扶贫和"厕所革命"；智慧旅游、在线旅游（OTA）、乡村旅游、红色旅游、康养旅游、研学旅行、定制旅游等新业态。

③中国历史文化知识

了解：中国历史的发展脉络，著名古代文化和遗址（如仰韶文化、龙山文化、良渚文化，广汉三星堆遗址、安阳殷墟遗址、都江堰水利工程和秦始皇陵兵马俑遗址等）。

熟悉：中国历史上的重大事件和重要人物，中国历史各发展阶段的主要成就、主要科技发明。

掌握：中国传统哲学思想及戏剧戏曲、中医中药、书画艺术的发展等历史文化常识。

④中国文学知识

了解：中国汉字的起源、发展与格律常识，历代游记名篇赏析。

熟悉：名胜古迹中的著名楹联。

掌握：中国古典和近当代文学重要知识、重要文化名人及作品、古典旅游诗词名篇。

⑤传统工艺美术

了解：中国陶器、瓷器发展概况，仰韶文化彩陶、龙山文化蛋壳黑陶，东汉时期瓷器的出现。

熟悉：中国陶器、瓷器、漆器、玉器的主要产地和特色。

掌握：唐三彩、宋代五大名窑、青花瓷；景泰蓝工艺；中国四大刺绣及其代表作；中国文房四宝、年画、剪纸和风筝主要产地和特色。

⑥中国建筑、园林和饮食文化

A.建筑艺术

了解：中国建筑的历史沿革和基本特征；中国近现代建筑的特点；中国当代著名建筑，如国家体育场（"鸟巢"）、中央电视台总部大楼、苏州"东方之门"、上海东方明珠广播电视塔、上海中心大厦、广州塔（"小蛮腰"）等。

熟悉：中国传统建筑的基本构成与等级观念。

掌握：中国古代著名宫殿、坛庙、陵墓、古城、古长城、古镇古村、古楼阁、古塔和古桥的类型、布局、特点等相关知识；国庆十周年北京"十大建筑"和天安门广场改扩建工程；南京长江大桥、杭州湾跨海大桥、港珠澳大桥、北盘江大桥等建筑成就。

B.园林

了解：中国古典园林的起源与发展，中国现代园林特点。

熟悉：中国古典园林的特色和分类。

掌握：中国古典园林的构成要素、造园艺术、构景手段和代表性园林。

C.饮食文化

了解：中国饮食文化发展历史、风味流派。

熟悉：中国风味特色菜——宫廷菜、官府菜、寺院菜的特点和代表菜品。

掌握：中国"四大菜系"的形成、特点及代表性菜品；中国传统名茶、名酒的分类与特点等相关知识。

⑦中国民族与宗教知识

熟悉：中国民族的基本概况和地理分布；佛教的传入、发展及主要宗派；道教的产生、发展及主要派别；基督教和伊斯兰教的基本概况。

掌握：中国民族政策和宗教政策；著名宗教旅游景观的相关知识。

⑧中国自然与地理常识

了解：中国自然地理相关基础知识。

熟悉：中国主要地貌类型及代表性地貌景观；山、水、动物、植物、天象等自然景观知识。

⑨中国主要旅游客源国概况

了解：中国主要旅游客源国的基本情况、风俗习惯、主要城市与景点。

4）科目四：《地方导游基础知识》

（1）考试目的

考查考生对中国各省（区、市）以及香港、澳门、台湾地区概况的了解、熟悉和掌握的程度。

（2）考试内容

按照地理方位将包括香港、澳门、台湾地区在内的全国各省（区、市）划分为东北、华北、西北、西南、华东、华中、华南七大区域，考核各省（区、市）的知识点如下：

①了解：历史、地理、气候、区划、人口、交通等概况。

②熟悉：列入《世界遗产名录》的中国遗产地景观，列入《人类非物质文化遗产代表作名录》的遗产项目，国家 AAAAA 级旅游景区，中国历史文化名城，全国重点文物保护单位，国家级旅游度假区和国家级生态旅游区；汉族及主要少数民族有代表性的历史文化和民俗风情。

③掌握：各地代表性的饮食特点、主要美食和风物特产。国内知名的地域文化、民族文化及特色产业。

5）科目五：《导游服务能力》（考试大纲由各省、自治区、直辖市制定，本节大纲以北京市为例）

（1）考试目的

科目五《导游服务能力》的考试，以计算机人机对话、人机作答的方式对考生进行现场考试，考查考生应具备的导游服务基本能力和素质要求。

①语言表达

考查考生的语言能力，包括表达的准确性、流畅性、逻辑性、生动性、感染力等。

②景点讲解

考查考生对北京市主要景点的历史沿革、文化内涵、建筑特点等基础知识讲解的正确性和条理性，讲解是否详略得当、重点突出，是否具有一定的讲解技巧。

③综合能力

考查考生对北京地区的历史沿革、传统文化、建筑特点、民俗生活以及主要景点知识的掌握程度，考查考生对北京时政、经济、社会发展等方面的综合知识和导游应掌握的基本业务技能。

④外语口译

考查外语类考生在导游服务过程中，使用中文和外语之间口头互译的基本能力。

（2）考试内容

①景点讲解

A.中文类考生景点讲解

天安门及天安门广场、故宫、天坛、颐和园、明十三陵、长城。

B.外语类考生景点讲解

故宫、天坛、颐和园、明十三陵、长城。

②综合能力考查

A.城市概况

北京历史沿革、地理特点、城市发展。

B.景点知识问答

天安门及天安门广场、故宫、天坛、颐和园、明十三陵、长城、北海、雍和宫、景山、国家体育场（鸟巢）和国家游泳中心（水立方）、孔庙和国子监、恭王府、大运河、中轴线。

C.传统文化与民俗

a.世界文化遗产（北京地区）

b.世界非物质文化遗产（北京地区）

c.北京胡同及四合院

d.北京商业街及老字号

D.时事政治（2019—2020年）

小思考5-2

导游小王带一旅游团旅游时，一位游客突感肚子痛。小王想到自己带有止痛片，想给这位游客两片止痛片吃。小王这样做可以吗？

理解要点：不可以。旅游者意外受伤或患病时，导游人员应及时探视，如有需要，导游人员应陪同患者前往医院就诊。严禁导游人员擅自给患者用药。

5.2.3 导游证书的取得和管理

经导游资格考试合格者，由国家旅游行政管理部门委托省、自治区、直辖市旅游行政管理部门代为颁发给导游人员资格证书。《旅游法》第三十七条规定："参加导游资格考试成绩合格，与旅行社订立劳动合同或者在相关旅游行业组织注册的人员，可以申请取得导游证。"取得导游人员资格证书者要与旅行社签订劳动合同或者在导游服务公司登记后，办理注册登记手续，领取导游证和导游员胸卡，方可担任导游工作。

2016年1月，原国家旅游局通知，导游资格证终身有效，导游证全国通用。

导游人员资格证的取得，标志着其具备了从事导游工作的资格，导游证是国家准许从事导游工作的证件。国家规定，无导游证的，不得从事导游业务。旅游行政管理部门对无导游证从事导游业务的，除没收其非法所得外，还要给予严厉的经济处罚。

导游人员从事导游工作时，必须携带导游证，同时还应佩戴导游员胸卡。一方面表明了导游员的合法身份；另一方面也便于旅游行政管理部门监督检查。

《导游人员管理条例》规定，在中华人民共和国境内从事导游活动，必须取得导游证。取得导游人员资格证书的，经与旅行社订立劳动合同或者在相关旅游行业组织注册，方可持所订立的劳动合同或者登记证明材料，向省、自治区、直辖市人民政府旅游行政部门申请领取导游证。导游证的样式规格，由国务院旅游行政部门规定。

有下列情形之一的，不得颁发导游证：（1）无民事行为能力或者限制民事行为能力的；（2）患有传染性疾病的；（3）受过刑事处罚的，过失犯罪的除外；（4）被吊销导游证的。

省、自治区、直辖市人民政府旅游行政部门应当自收到申请领取导游证之日起15日内，颁发导游证；发现有上述规定情形，不予颁发导游证的，应当书面通知申请人。

导游证的有效期限为3年。导游证持有人需要在有效期满后继续从事导游活动的，应当在有效期限届满3个月前，向省、自治区、直辖市人民政府旅游行政部门申请办理换发导游证手续。

5.2.4　导游人员职业等级制度

随着我国旅游业的快速发展，为了加强导游队伍的建设，提高导游员的素质和接待水平，客观公正地评价和选拔人才，调动导游人员钻研业务和努力工作的积极性，引入竞争机制，为旅行社服务的等级化创造人员方面的条件，原国家旅游局于1994年发布了《关于对全国导游员实行等级评定的意见》和《导游员职业等级标准》。2005年6月3日，国家旅游局公布了《导游人员等级考核评定管理办法（试行）》（自2005年7月3日起施行）。

导游员等级，不论是中文（普通话、地方话、少数民族语言）导游，还是外语导游，都分为四个级别，即初级、中级、高级、特级。

导游人员等级考核评定工作，遵循自愿申报、逐级晋升、动态管理的原则。凡通过全国导游人员资格考试并取得导游员资格证书，符合全国导游人员等级考核评定委员会规定报考条件的导游人员，均可申请参加相应的等级考核评定。

导游员申报等级时，由低到高，逐级递升，经考核评定合格者，颁发相应的导游员等级证书。导游人员等级考核评定工作，按照"申请、受理、考核评定、告知、发证"的程序进行。

中级导游员的考核采取笔试方式，其中，中文导游人员的考试科目为"导游知识专题"和"汉语言文学知识"；外语导游人员的考试科目为"导游知识专题"和"外语"。高级导游员的考核采取笔试方式，考试科目为"导游案例分析"和"导游词创作"。特级导游员的考核采取论文答辩方式。

参加省部级以上单位组织的导游技能大赛获得最佳名次的导游人员，报全国导游人员等级考核评定委员会批准后可晋升一级导游人员等级，一人多次获奖只能晋升一次，晋升的最高等级为高级。

乐山市阳光假日国际旅行社诱导游客购物案

背景与情境：2015 年 10 月 2 日，四川省成都天府国际旅行社组团赴峨眉山、乐山旅游，委托乐山市阳光假日国际旅行社负责接待。乐山市阳光假日国际旅行社委派导游潘某某提供带团服务。在行程中潘某某诱导游客购物，并获得购物回扣。调查中还发现四川省成都天府国际旅行社存在合同签订不完善、服务网点超范围经营等问题。

依据《旅游法》的相关规定，乐山市旅游委给予乐山市阳光假日国际旅行社有限公司责令改正、停业整顿 3 个月、处 30 万元罚款的行政处罚；给予该社部门负责人马某某责令改正、处 2 万元罚款的行政处罚；给予导游潘某某责令改正、没收违法所得、处 2 万元罚款、暂扣导游证 6 个月的行政处罚。处罚结果列入旅游经营服务不良信息记录，并转入旅游经营服务信用档案，向社会予以公布。

资料来源 佚名.四川乐山一旅行社诱导游客购物吃回扣被罚 30 万〔EB/OL〕.〔2015-12-16〕. https：//www.sohu.com/a/48721752_119703.引文经过改编.

问题：乐山市旅游委给予阳光假日国际旅行社和导游潘某某行政处罚的依据是什么？

分析提示：乐山市旅游委依据《旅游法》第三十五条、第九十八条的规定，给予阳光假日国际旅行社和导游潘某某合理合法的行政处罚。

▶ 本章概要

□ 内容提要

本章主要介绍了《导游人员管理条例》的主要内容。导游是一个业务性很强的特殊职业，在旅游业中充当着非常重要的角色，所以国家对导游人员规定了必备的条件，并需经过培训和考试合格才能担任。导游人员在导游活动中应当承担的义务和可以享有的权利是以国家法律进行规范的。为了调动导游人员钻研业务和努力工作的积极性，提高导游人员的素质和接待水平，国家制定了导游人员职业等级制度，对初级、中级、高级、特级四个级别导游人员的知识、技能、业绩规定了不同的标准和要求。

□ 主要概念和观念

▲ 主要概念

导游人员　全程陪同导游人员　地方陪同导游人员　定点陪同导游人员

▲ 主要观念

导游考试与导游人员职业等级

□ 重点实务

导游人员的义务　导游人员的权利　　导游考试与导游人员职业等级制度

▶ 基本训练

□ 知识训练

▲ 复习题

1）导游人员必须具备哪些条件？

2）对哪些人员不得颁发导游证？

3）导游人员行使调整或变更接待计划时，必须符合哪些条件？

4）导游资格考试的考试科目和内容主要有哪些？

▲讨论题

将班级学生分成若干讨论小组，各组成员根据"导游人员的权利和义务"这一主题，通过上网或查阅报刊资料等途径，分别搜集和分析导游工作中的案例。讨论导游人员应如何正确行使自己的权利？如何正确履行自己的义务？

□ 能力训练

▲案例分析

【训练项目】

案例分析－Ⅴ。

【相关案例】

导游替他人带团对吗？

背景与情境：王某是某国际旅行社的一名正式导游员，从事了多年的导游工作，业绩颇丰，在导游界有许多朋友。一天晚上，正准备休息的王某接到一位同行的电话，称其手头有一个旅游团，但自己没有时间带，请王某做导游以解燃眉之急，并答应支付给王某导游服务费500元。王某见是朋友相求，再说自己也闲着，便毫不犹豫地答应下来。王某毕竟是老导游，对景点非常熟悉，讲解还不时有精彩之处，客人对此也较为满意，但在食宿方面出现了不少的问题，不但住宿标准由三星级宾馆降到了二星级宾馆，饭菜的质量也不尽如人意。尽管王某极力弥补损失，但也很难令客人满意。几天后，游客向市文化和旅游局投诉了该旅行社。

问题：

1）导游王某热心帮朋友带团对吗？为什么？

2）游客在旅游过程中的食宿标准被降低是导游的责任还是旅行社的责任？

3）市文化和旅游局会如何处理导游王某和旅行社？

【训练要求】

同第1章"基本训练"中本题型的"训练要求"。

▲ 自主学习

【训练项目】

自主学习－Ⅲ。

【训练步骤】

1）班级同学以小组为单位组建"自主学习"训练团队，每队确定一人负责。

2）各团队根据训练项目需要进行角色分工。

3）各团队通过校图书馆、院资料室和互联网，查阅"文献综述格式、范文及书写规范要求"和近三年关于"导游人员管理法规"研究的前沿学术文献资料。

4）各团队综合和整理"导游人员管理法规"研究的前沿学术文献资料，依照"文献综述格式、范文及书写规范要求"，撰写《"导游人员管理法规"最新文献综述》。

5）在班级交流各团队的《"导游人员管理法规"最新文献综述》。

6）在校园网的本课程平台上展出经过修订并附有教师点评的各团队《"导游人

员管理法规"最新文献综述》，供学生相互借鉴。

□ 课程思政

【训练项目】

课程思政－Ⅴ。

【相关案例】

游客为何如此生气？

背景与情境： 某旅行社质检部小张在晚上11点接到了一个投诉电话。游客刘某怒气冲冲地说："我要投诉你们的导游，他太让我生气了！"小张马上说道："先生，请不要着急，先告诉我您的姓名和团号以及导游的姓名。如果确有损害游客利益的事情发生，我们一定会调查处理，给您一个满意的答复。"这时，游客才将语气缓和下来，告诉小张他的姓名、所跟团的团号及导游的姓名。随后开始讲述自己被导游遗忘的经历："那天早上我根据旅行社的规定，7：00赶到规定地点集合，但是导游7：15才带我们出发，这也就算了。你们的导游不穿工作服、不拿导游旗、不主动联系游客，以致游客们都不知道导游在哪里，什么时候出发。最严重的是，回来时导游竟然将我落在集合地。当时，我已经到达指定地点，提前半小时等候并且签了名，但最后发车时导游竟没有叫我，而且上车的地点也并不是原定的集合地点。我不知道换了上车地点，导游既没有主动联系我，也没有找过我，只是以要准时发车为由，就将我落在原集合地点。导游还说，你已经签名了，她不负责任，让我自己坐车回家。还好我买到了末班车票，当晚回到了家。但我还是要投诉你们的导游，并要求旅行社赔偿回来的路费。据我了解，你们的导游是兼职导游，到底有没有经过培训？有没有导游证？"

小张听后，说道："如你说的是实情，我们一定会给您一个满意的答复，我会马上联系当事导游了解情况，明天就给您答复，好吗？"游客这才将火气降下来，答应明天再联系。第二天，游客刘某果然接到了小张的电话，小张抱歉地承认，确实是导游失职，并请游客后天到旅行社领取赔偿金，"非常感谢您对我们的工作提出宝贵意见，我们的导游确实是兼职导游，因为是旅游旺季，培训力度不够，我们会在以后的工作中改进和完善的。"小张说。

游客刘某拿到了赔偿金，心中的不满也平息了。

资料来源　陈辉.游客为何如此生气？［EB/OL］.［2011-08-22］. http://zj.nju.gov.cn/web/public_detail/detail.aspx？target=28422.html.

问题：

1）在本案例中，存在哪些关于旅游企业和导游人员行为的道德伦理问题？

2）试就上述问题做出关于旅游企业和导游人员相关行为的思政研判。

3）通过上网调研，搜集你做思政研判所依据的行业道德规范。

【训练要求】

同第1章"基本训练"中本题型的"训练要求"。

第6章　旅游饭店管理法规

● 学习目标

通过本章学习，应当达到以下目标：

职业知识：学习和把握"旅游饭店管理法规"的相关概念，旅游饭店的特征，旅游饭店星级评定制度，旅游饭店的权利和义务，以及"同步链接""延伸阅读""小资料"等理论与实务知识；能用其指导本章"同步思考""教学互动"和"基本训练"中"知识训练"各题型的认知活动，建构专业规则意识，正确解答相关问题。

职业能力：运用本章知识研究相关案例，训练在"旅游饭店管理法规"特定情境下对当事者行为的多元表征专业能力和"与人交流"通用能力；通过"'旅游饭店与旅客间的权利和义务'知识应用"的实训操练，培养相关专业技能。

课程思政：结合本章教学内容，依照相关规范或要求，对"课程思政6-1"专栏和章后"前台见习主管错在哪里？"等案例中的企业或其从业人员行为进行思政研判，强化与案例议题相关的法律法规思考和政治素质，促进"立德树人"根本任务的落实。

学习微平台

思维导图6-1

引例：客人住宿丢了物品　旅店有无责任赔偿？

背景与情境：当下，不论是小旅馆还是大酒店，都会在客人入住前声明，"请将贵重物品放于前台保管，否则客人在入住时万一发生失窃事件，店方概不负责"等类似的规定条款。张远由四川来天津出差，他住在河北路与广州道交叉口某旅馆里时，不幸房间内发生失窃。张远找到店主，对方告诉他，因为张远丢失物品的地点在客房内，并不属于旅馆声明中所说的看管范围，所以旅馆对此事没有责任。这种条款是否真的具有免责的法律效力呢？张远只能自认倒霉吗？

"我们公司是做软件设计的，笔记本里有很多涉及商业机密的资料，我肯定不能随便把电脑交给别人保管的。"张远向记者介绍，公司这次派他来给塘沽某家企业设计系统，双方所有的合作资料都被他保存在了电脑里随身携带。张远说："我晚上自己在房间里睡觉，从逻辑上讲也不可能把这么重要的东西交给旅店保管吧，而且当晚同时丢的还有我的一部手机和几百元钱，这些私人的东西谁会交给别人？在旅馆丢了东西，而旅馆方却说自己没有责任！这分明就是推卸责任！"

对于张远东西失窃问题，旅店真的完全没有责任了吗？记者就此事咨询了天津卓茂律师事务所的刘新伟律师。律师表示，旅馆老板的说法是不成立的，根据相关法律的规定，张远登记交费后住店，他与旅馆之间的合同关系已经自然成立，旅馆除了有为张远提供住宿条件的义务外，为客人提供相关的安全保障等条件属于合同中的从义务，旅馆一样要履行。从本案来看，张远在店中失窃，旅馆并未尽到相关义务，所以对张远的损失旅店有赔偿的责任。张远如需旅店赔偿还需要提供一系列的物品失窃证据，才能通过法律途径来维护自身的合法权益。

资料来源　吴征.客人住宿丢了物品　旅店有无责任赔偿？〔EB/OL〕.〔2011-03-28〕. http://www.chinanews.com/fz/2011/03-28/2935772.shtml.

以上案例告诉我们，宾馆对游客应尽何种义务是该起旅游案例的核心问题和原则问题。首先，从案例中可以看出，游客物品被盗事件发生在旅馆内，因此，根据《旅馆业治安管理办法》的规定，旅馆应该负有法律责任。其次，按照《中国旅游饭店行业规范》的规定，饭店应当按照规定的时限，免费提供住店客人贵重物品的保管服务。国际统一私法协会制定的《关于饭店合同的协定草案》第十三条也规定，对于应由饭店保管的财物而饭店拒绝寄存保管时，发生财物损失的，饭店不能免除其损害赔偿责任。根据上述情况，宾馆应该对游客张远进行赔偿。

6.1　旅游饭店概述

我国旅游饭店起步较晚。1949年前，虽然有一些饭店，但作为接待旅游者尤其是外国旅游者的饭店为数甚少。中华人民共和国成立后，改造了1949年前的一些饭店，同时在北京、上海等地先后建立了一批高级招待所。这些改造后的饭店和新建的招待所虽然数目不多，但已经具备了现代旅游饭店的水准，设施、功能和服务都达到了相当高的水平。我国旅游饭店真正兴起是从党的十一届三中全会之后开始的。随着国家工作重点的转移和对外开放政策的实施，我国的旅游业迅猛发展，来华旅游的国际旅游者与日俱增，旅游饭店蓬勃发展，各种合资、合作饭店及外资饭店不断涌现。据统计，1978 年全国只有 137 家带卫生间、适合接待境外客人的饭店。截止到 2019 年年底，全国共有旅游星级饭店 1 万多家。我国饭店业不仅发展速度快，而且已成为国民经济中管理制度严密、职工队伍素质高、管理标准与国际接轨、管理手段比较先进的行业之一。

6.1.1　饭店及旅游饭店的概念和特征

1）饭店的含义

在汉语语言中，表示食宿设施的名词很多，如旅馆、宾馆、招待所、饭店、酒店等；在英文中，表示食宿设施的词也很多，最主要的有两个，一个是 Hotel；另一个是 Inn。Hotel 的使用较为广泛，主要是指标准的食宿设施；Inn 则主要是指一些传统的小客店、小旅馆。

关于旅馆或饭店的定义，在不同国家，不同的教科书中，其阐述各不相同，但就其含义而言，不外乎如下几个方面：

第一，饭店是一种提供食宿和其他服务的设施；

第二，饭店的服务对象是社会公众；

第三，饭店是一种具有商业性、以营利为目的的机构。

据此，我们认为，饭店是指以营利为目的，向社会公众提供食宿设施和其他服务的商业性机构。

2）旅游饭店的概念和特征

旅游饭店（Tourist Hotel）是能够以夜为时间单位向旅游客人提供配有餐饮等相关服务的住宿设施，按不同习惯也可称为宾馆、酒店、旅馆、旅社、宾舍、度假村、俱乐部、大厦、中心等。旅游饭店同上文提到的饭店既有联系，又有所区别。旅游饭店除了具有为社会公众提供食宿设施和其他服务、以营利为目的等含义外，还具有自身的特征。

（1）旅游饭店的服务对象主要是旅游者

饭店虽然是面向社会公众的，但不同类型的饭店有着不同的服务对象，旅游饭店的服务对象尽管也包括一般社会公众，但主要还是面对旅游者，这是它与其他饭店的重要区别之一。

（2）旅游饭店具有现代化的设施、管理和服务

同一般饭店相比，旅游饭店不仅要有比较完善的、功能齐全的现代化设施和设备，而且要有科学先进的管理方法和手段，更要有全面优质的服务，这是现代旅游业发展的客观要求。

（3）旅游饭店的设立须经特定的机关按照特定程序审批

旅游饭店和非旅游饭店的审批机关和程序是不同的，一般说来，非旅游饭店的设立是比较简单的，无须经过特定的审批机关和审批程序；而旅游饭店则必须经过特定机关（旅游行政管理部门）按照特定的程序进行审批才能设立。

6.1.2　旅游饭店法规的作用

旅游饭店法规是调整旅游饭店在经营中发生的各种法律关系的法律规范的总称。

1）旅游饭店法规为旅游饭店和旅客提供了行为规范

旅游饭店和旅客作为旅游活动的主体，有着各自特殊的利益，在一定的条件下双方容易产生利益冲突。因此，旅游饭店法规既要确认旅游饭店和旅客的主体地位，又要规定双方的权利和义务，使双方在法律规定的范围内活动，只有这样才能减少冲突，促进旅游饭店业健康发展。

2）旅游饭店法规为旅游饭店和旅客的合法权益提供了保障法律

旅游饭店法规既要为人们提供行为模式，又要规定相应的法律后果；既要对合法行为加以肯定，又要对违法行为加以否定。只有如此，才能保护法律关系当事人各方的合法权益。旅游饭店在经营活动中，要经常与旅客或其他主体发生法律关系，其合法权益有可能受到侵害，因而，必须有相应的法律法规加以保障；同样，旅客在旅游活动中，必然要与旅游饭店发生法律关系，其合法权益也可能受到来自旅游饭店方面的侵害，因而也需要有相应的法律法规对其合法权益加以保护。旅游饭店法规的作用就在于保障旅游饭店和旅客双方的合法权益，维持双方的利益平衡。

3）旅游饭店法规为国家对旅游饭店的管理提供了必要的手段

旅游饭店作为旅游业的组成部分，在社会经济生活中的影响和作用越来越突出，国家必须加强对旅游饭店的管理、调节和监督。那么，如何有效地对旅游饭店实施管理呢？仅依靠行政手段或经济手段都是不行的，必须同时运用法律手段，即通过立法的方式，对旅游饭店的行为进行宏观调控和微观管理，使旅游饭店的经营活动、发展方针符合旅游业发展的整体要求，以促进我国对外开放和国民经济持续、健康、稳定发展。

6.2　旅游饭店星级评定制度

对旅游饭店进行星级评定，是世界上大多数国家和地区通行的做法。尽管不同的国家和地区用来区分饭店等级的标志和名称不尽相同，如有的用星、有的用钻石、有的用皇冠等，但有一点是共同的，即都是通过一定的标识来区分不同层次和等级的饭店。为了适应我国旅游业发展的需要，尽快提高旅游饭店的管理和服务水平，争取更广泛的客源，保护旅游经营者和旅游消费者的利益，我国采用了世界上大多数国家通用的星级评定制度。所谓星级评定制度，是指根据旅游饭店的服务设施、服务项目、管理水平和质量标准评定出不同等级的饭店，并以星数的多少加以区别的一种制度。通常把旅游饭店分为一星、二星、三星、四星、五星五个等级，星数越多，等级越高，档次和级别也就越高。为了使旅游饭店星级评定工作更加规范化，我国原国家旅游局参照国际上的有关标准，于1988年8月颁布了《中华人民共和国评定旅游（涉外）饭店星级的规定》和《中华人民共和国旅游（涉外）饭店星级标准》，原国家技术监督局于1993年9月发布了《旅游（涉外）饭店星级的划分及评定》。《旅游（涉外）饭店星级的划分与评定》又先后于1997年、2003年做了两次修订，修订后即更名为《旅游饭店星级的划分与评定》（GB/T 14308—2003），于2003年12月1日起正式实施。原国家质检总局、国家标准化管理委员会于2010年10月18日批准发布国家标准《旅游饭店星级的划分与评定》（GB/T 14308—2010），新版国家标准于2011年1

月1日实施。这些法规和标准的颁布与施行,使我国旅游饭店星级评定工作步入了法治化轨道,并朝着国际标准化方向迈进,大大地促进了我国旅游业的发展。

6.2.1　星级评定的范围

根据相关规定,凡在中华人民共和国境内,从事接待外国人、华侨、外籍华人、港澳台同胞以及国内人,正式开业一年以上的国营、集体、合资、独资、合作的饭店、度假村,均有资格参加星级评定;凡准备开业或正式开业不满一年的饭店,饭店星级评定机构只预定出预备星级,有效期一年,待饭店正式开业一年以后再正式评定。

小资料6-1

星级（Star-Rating）

用星的数量和颜色表示旅游饭店的等级,星级以镀金五角星为符号,用几颗五角星表示其为几星级。星级分为五个等级,即一星级、二星级、三星级、四星级、五星级（含白金五星级）。最低为一星级,最高为白金五星级（五颗白金五角星表示白金五星级）。星级越高,表示旅游饭店的档次越高。

预备星级（Probationary Star-Rating）作为星级的补充,其等级与星级相同。

6.2.2　星级评定的机构和权限

我国旅游饭店星级评定机构按其职权分为两级:全国旅游饭店星级评定机构和地方旅游饭店星级评定机构。

旅游饭店星级评定工作由全国旅游饭店星级评定机构统筹负责,其责任是制定星级评定工作的实施办法和检查细则;授权并督导省级以下旅游饭店星级评定机构开展星级评定工作;组织实施五星级饭店的评定与复核工作;保有对各级旅游饭店星级评定机构所评饭店星级的否决权。

省、自治区、直辖市旅游饭店星级评定机构按照全国旅游饭店星级评定机构的授权和督导,组织本地区旅游饭店星级评定与复核工作,保有对本地区下级旅游饭店星级评定机构所评饭店星级的否决权;实施或组织实施本地区四星级饭店的星级评定工作,并承担推荐五星级饭店的责任。同时,负责将本地区所评星级饭店的批复和评定检查资料上报全国旅游饭店星级评定机构备案。

其他城市或行政区域旅游饭店星级评定机构按照全国旅游饭店星级评定机构的授权和所在地区省级旅游饭店星级评定机构的督导,实施或组织实施本市三星级以下饭店的评定工作;根据授权向上级星评委推荐四、五星级饭店;对于部分暂时不具备评定三星级饭店的城市,由省级星评委提出意见,报全国星评委批准后暂缓授权。同时,负责将本地区所评星级饭店的批复和评定检查资料逐级上报全国旅游饭店星级评定机构备案。

6.2.3　星级评定的标准

根据《旅游饭店星级的划分与评定》的规定,我国的旅游饭店可分为五个等级:一星级、二星级、三星级、四星级、五星级（含白金五星级）。一星级、二星级、三星级饭店是有限服务饭店,评定星级时应对饭店住宿产品进行重点评价;四星级和五星级（含白金五星级）饭店是完全服务饭店，评定星级时应对饭店产品进行全面评价。各个星级饭店的基本评定标准如下：

一星级饭店：设备简单，具备食、宿两个最基本功能，能满足客人最简单的旅行需要。

二星级饭店：设备一般，除具备客房、餐厅等基本设备外，还有卖品部、邮电、理发等综合服务设施，服务质量较好，属于一般旅行等级。

三星级饭店：设备齐全，不仅提供食宿，还有会议室、游艺厅、酒吧间、咖啡厅、美容室等综合服务设施。这种属于中等水平的饭店在国际上最受欢迎，数量较多。

四星级饭店：设备豪华，综合服务设施完善，服务项目多，服务质量优良，室内环境艺术，提供优质服务。客人不仅能够得到高级的物质享受，而且能得到很好的精神享受。

五星级饭店：这是旅游酒店的最高等级。设备十分豪华，设施更加完善，除了房间设施豪华外，具有各种各样的餐厅、较大规模的宴会厅和会议厅，综合服务设施比较齐全，是社交、会议、娱乐、购物、消遣、保健等活动中心。

白金五星级饭店：具有两年以上五星级饭店资格；处于城市中心商务区或繁华地带，交通极其便利；建筑主体鲜明，外观造型独具一格，有助于所在地建立旅游目的地形象；内部功能布局及装修能与所在地的历史、文化、自然环境相结合；恰到好处地表现和烘托其主题氛围。

6.2.4　星级评定办法和步骤

饭店的星级按照饭店必备条件与检查评分相结合的综合评定办法确定。

1）星级评定项目

饭店星级的评定依照《旅游饭店星级的划分与评定》中的"星级划分条件"进行检查。其主要内容包括：

（1）《旅游饭店星级的划分与评定》附录A"必备项目检查表"。

该表规定了各星级必须具备的硬件设施和服务项目。评定检查时，逐项打"√"确认达标后，再进入后续打分程序。要求相应星级的每个项目都必须达标，缺一不可。

（2）《旅游饭店星级的划分与评定》附录B"设施设备评分表"（硬件表，共610分）。

该表主要是对饭店硬件设施的档次进行评价打分。各星级应得的分线：一星级70分、二星级120分、三星级220分、四星级330分、五星级420分。

（3）《旅游饭店星级的划分与评定》附录C"饭店运营质量评价表"（软件表，共610分）。

该表主要是评价饭店的"软件"，包括对饭店各项服务的基本流程、设施维护保养和清洁卫生方面的评价。三、四、五星级规定最低得分率：三星70%、四星80%、五星85%，一、二星级不做要求。

其中每一种评定检查都包括非常详细的评定检查项目。

2）星级评定的具体步骤

（1）提出申请

饭店星级评定遵循自愿申报的原则。申请星级的旅游饭店，应执行《旅游统计调查制度》，承诺履行向全国旅游饭店星级评定机构提供不涉及本饭店商业机密的经营管理数据的义务。

旅游饭店申请星级，应向相应评定权限的旅游饭店星级评定机构递交星级申请材料；申请四星级以上的饭店，应按属地原则逐级递交申请材料。申请材料包括：饭店星级申请报告、自查自评情况说明及其他必要的文字和图片资料、消防验收合格证（复印件）、卫生许可证（复印件）、工商营业执照（复印件）、饭店装修设计说明等。

（2）受理

接到饭店星级申请报告后，具有相应评定权限的旅游饭店星级评定机构应在核实申请材料的基础上，于14天内做出受理与否的答复。对于申请四星级以上的，其所在地旅游饭店星级评定机构在逐级递交或转交申请材料时应提交推荐报告或转交报告。

（3）检查

受理申请或接到推荐报告后，具有相应评定权限的旅游饭店星级评定机构应在一个月内以明察和暗访的方式安排评定检查。无论检查合格与否，检查员均应提交检查报告。对检查未予通过的饭店，相应星级评定机构应加强指导，待接到饭店整改完成并要求重新检查的报告后，于一个月内再次安排评定检查。对于申请四星级以上的，检查分为初检和终检。

①初检由具有相应评定权限的旅游饭店星级评定机构组织，委派检查员以明察或暗访的形式实施检查，并将检查结果及整改意见记录在案，供终检时对照使用，初检合格，方可安排终检。

②终检由具有相应评定权限的旅游饭店星级评定机构组织，委派检查员对照初检结果及整改意见进行全面检查，终检合格，方可提交评审。

（4）评审

接到检查报告后一个月内，旅游饭店星级评定机构应根据检查员意见对申请星级的饭店进行评审。评审的主要内容有：审定申请资格，核实申请报告，认定本标准的达标情况，查验违规及事故、投诉的处理情况等。

（5）批复

对于评审通过的饭店，旅游饭店星级评定机构应给予评定星级的批复，并授予相应星级的标志和证书。星级标牌统一由全国旅游星级饭店评定委员会颁发。对于经评审认定达不到标准的饭店，旅游饭店星级评定机构不予批复。

饭店星级确定后，应在其正门入口处或总服务台最明显的位置悬挂星级标志，并可在该饭店所有印刷品及宣传品上印制该饭店的星级标志。

饭店星级经星级评定机构批复后，可以享有5年有效期的星级及其标志使用权。

同步案例 6-1

不能自行定出饭店星级

背景与情境： 某企业投资建立一家旅游饭店，在施工即将完成时，该企业在报纸上刊登广告称，我们已建成一座三星级宾馆，现公开招聘部门经理若干名，各类服务员工若干名。

问题： 这个招聘广告有何不实之处？

分析提示： 准备开业或开业不满一年的饭店，饭店星级评定机构只会给出预备星级。该企业所建饭店尚未完工便自称为三星级饭店是没有根据的。

6.2.5 星级的评定原则

饭店所取得的星级表明该饭店所有建筑物、设施设备及服务项目均处于同一水准。如果饭店由若干座不同建筑水平或不同设施设备标准的建筑物组成，旅游饭店星级评定机构应按每座建筑物的实际标准评定星级，评定星级后，不同星级的建筑物不能继续使用相同的饭店名称；否则，旅游饭店星级评定机构应不予批复或收回星级标志和证书。

饭店取得星级后，因改造发生建筑规格、设施设备和服务项目的变化，关闭或取消原有设施设备、服务功能或项目，导致达不到原星级标准的，必须向原旅游饭店星级评定机构申报，接受复核或重新评定；否则，原旅游饭店星级评定机构应收回该饭店星级证书和标志。

某些特色突出或极其个性化的饭店，若其自身条件与《旅游饭店星级的划分与评定》规定的条件有所区别，可以直接向全国旅游饭店星级评定机构申请星级。全国旅游饭店星级评定机构应在接到申请后一个月内，安排评定检查，根据检查和评定审查结果给予评定星级的批复，并授予相应星级的证书和标志。

小资料 6-2

饭店星级标志

《〈旅游饭店星级的划分与评定〉实施办法》规定：饭店星级标志应置于饭店前厅最明显位置，接受公众监督。饭店星级标志已在商标局登记注册为证明商标，其使用要求必须严格按照《星级饭店图形证明商标使用管理规则》执行。任何单位或个人未经授权或认可，不得擅自制作和使用。同时，任何饭店以"准×星"、"超×星"或者"相当于×星"等作为宣传手段的行为均属违法行为。

6.2.6 星级的复核和处理

1）星级的复核

星级复核是星级评定工作的重要补充部分，其目的是督促已取得星级的饭店持续达标，其责任划分完全依照星级评定的责任分工。

对已经评定星级的饭店，旅游饭店星级评定机构应按照《旅游饭店星级的划分与评定》标准及附录进行复核，每年一次。

复核工作应在饭店对照星级标准自查自纠，并将自查结果报告旅游饭店星级评定机构的基础上，由旅游饭店星级评定机构以明察或暗访的形式安排抽查验收。旅游饭店星级评定机构应于本地区复核工作结束后进行认真总结，并逐级上报复核结果。

小资料6-3

星级饭店访查制度

星级饭店访查制度是星级饭店复核、检查工作的一种主要方式。全国旅游饭店星级评定委员会2006年3月7日发布了《星级饭店访查规范》（LB/T 006-2006）。访查员由全国旅游饭店星级评定委员会及相应星评机构委派，访查员不公开身份，以普通住店客人的名义，重点针对饭店前厅、客房、餐饮等核心产品进行访查并进行打分。对访查结果达标的饭店进行下列奖励：口头表扬；通报表扬；饭店申请更高星级评定时予以加分；在评选各个级别的最佳饭店时予以加分。对访查结果未达标的饭店进行下列处理：口头提醒；书面警告；通报批评；限期整顿；降低星级或取消星级。

2）复核的处理

对严重降低或复核认定达不到相应星级标准的饭店，按以下办法处理：

对复核结果达不到相应标准的星级饭店，相应级别星评委根据情节轻重给予限期整改、取消星级的处理，并公布处理结果。对于取消星级的饭店，应将其星级证书和星级标志牌收回。

整改期限原则上不能超过1年。被取消星级的饭店，自取消星级之日起1年后，方可重新申请星级评定。

各级星评委对星级饭店做出处理的责任划分依照星级评定的责任分工执行。全国星评委保留对各星级饭店复核结果的最终处理权。

学习微平台

延伸阅读6-1

6.3　旅游饭店经营管理制度

对旅游饭店的经营活动进行监督与管理，既是保障旅游饭店正常经营、健康发展及维护社会治安的需要，又是保护旅游者合法权益的客观要求，因此，制定相应的法律、法规来规范旅游饭店的经营活动是国家机关的一项重要职能和任务。从我国目前的情况看，除国家旅游行政管理机关颁布的法规外，国家立法机关及其他行政机关也都颁布了相应的法律法规，如《中华人民共和国食品安全法》（以下简称《食品安全法》）（根据2018年12月29日第十三届全国人民代表大会常务委员会第七次会议《关于修改〈中华人民共和国产品质量法〉等五部法律的决定》修正）、《中华人民共和国治安管理处罚法》（以下简称《治安管理处罚法》）（2006年3月1日起施行）、《旅馆业治安管理办法》（2011年1月8日起施行）等，这些法律、法规为规范旅游饭店的经营活动提供了依据。

6.3.1　旅游饭店的治安管理

旅游饭店是向旅游者提供食宿和其他服务的公共场所，其治安状况如何，直接关系到旅游者的人身、财产安全。对此，我国的《治安管理处罚法》和《旅馆业治安管理办法》就旅游饭店的开办、旅客的人身财产安全等事项做出了明确的规定，这些规定同样适用于旅游饭店。

1) 对开办旅游饭店的治安管理要求

（1）开办旅游饭店，其房屋建筑、消防设备、出入口和通道等必须符合《中华人民共和国消防法》等的有关规定，并且要具备必要的防盗安全设施。

（2）申请开办旅游饭店，应经主管部门审查批准，经当地公安机关签署意见，向市场监督管理部门申请登记，领取营业执照后，方准开业。经批准开业的饭店，如有歇业、转业、合并、迁移、改变名称等情况，应当在市场监督管理部门办理变更登记后3日内，向当地的县、市公安局、公安分局备案。

小思考6-1

旅游饭店经过旅游行政管理部门批准就可以开业吗？

理解要点： 不可以。还要经当地公安部门批准，并向当地市场监督管理部门申请登记，经批准领取营业执照后，才能开业。

2) 对经营旅游饭店的治安管理要求

（1）经营旅游饭店，必须遵守国家的法律、法规，建立各项安全管理制度，设置治安保卫组织或指定安全保卫人员。

（2）饭店接待旅客住宿必须登记。登记时，应当查验旅客的身份证件，按规定的项目如实登记；接待境外旅客住宿，还应当在24小时内向当地公安机关报送住宿登记表。

（3）饭店应当设置旅客财物保管箱、柜或者保管室、保险柜，并指定专人负责保管工作。对旅客寄存的财物，要建立登记、领取和交接制度。

（4）饭店对旅客遗留的物品，应当妥善保管，设法归还原主或揭示招领；经招领3个月后无人认领的，要登记造册，送当地公安机关按拾遗物品处理。

（5）在饭店开办舞厅、音乐茶座等娱乐、服务场所的，除执行《旅馆业治安管理办法》外，还应当按照国家和当地政府的有关规定管理。

同步案例6-2

客人的要求能得到支持吗？

背景与情境： 某旅游团的一位客人在某饭店住店期间声称自己的一条珍贵项链放在客房内丢失，而且一口咬定是客房服务员偷走的。该客房服务员是饭店的优秀员工，曾多次因拾金不昧受到表扬，但饭店还是将这间客房的每个角落以及该服务员可能到过的地方都做了认真的清查，仍找不到那条项链。该服务员无端受伤害，万分委屈。可这名客人却不依不饶，要求饭店予以巨额赔偿。

问题： 这名客人的要求能得到支持吗？

分析提示： 不能。根据《中国旅游饭店行业规范》第二十条的规定："对没有按规定将贵重物品存放在饭店前厅贵重物品保险箱内，而造成客房里客人的贵重物品灭失、毁损的，如果责任在饭店一方，可视为一般物品予以赔偿。"

3）对饭店工作人员及旅客的治安管理要求

（1）饭店工作人员发现违法犯罪分子、形迹可疑的人员和被公安机关通缉的罪犯，应当立即向当地公安机关报告，不得知情不报或隐瞒包庇。

（2）严禁旅客将易燃、易爆、剧毒、腐蚀性和放射性等危险物品带入饭店。

（3）饭店内，严禁从事卖淫、嫖宿、赌博、吸毒、传播淫秽物品等违法犯罪活动。

（4）饭店内，不得酗酒滋事、大声喧哗，影响他人休息，旅客不得私自留客住宿或转让床位。

对违反上述要求的饭店及有关人员，公安机关有权依照有关规定进行处罚，对发生重大事故，造成严重后果，构成犯罪的，依法追究有关责任人的刑事责任。

职业道德与企业伦理6-1

如何处理服务员的违规行为

背景与情境： 某酒店西餐部员工王某利用工作之便，在收取客人购烟现金后，未交到前台收银员处，而是私自外出买回客人所购烟品补上空缺，由此赚取差价。据推断该员工应为屡次犯错。此次行为虽未给酒店的利益造成重大损失，但反映出该员工损公利己、职业道德败坏的道德品质问题。经酒店研究决定，对王某予以开除处理。

问题：

1）本案例中服务员王某的错误属于什么性质？

2）该员工虽每次犯案涉及金额较少，但属多次犯案，应如何处理？

分析提示：

1）该员工利用职务之便谋取私利，违反了服务人员职业道德，属于严重渎职。

2）该员工虽每次犯案涉及金额较少，但属多次犯案。按照我国《刑法》中对偷窃罪的定义，即以非法占有为目的，多次窃取或窃取数额较大的公私财物的行为，该员工的行为已构成偷窃，酒店研究决定对王某予以开除的处理是无可争议的。

6.3.2　旅游饭店的食品卫生管理

旅游饭店除向旅客提供住宿服务外，其最基本的职能之一是向旅客提供饮食服务，因此，加强对旅游饭店食品卫生的管理，对于防止食品污染和有害食品对旅客的危害，保证旅客的身体健康具有重要意义。我国的《食品安全法》分别就食品安全标准、食品生产经营、食品检验、食品进出口、食品安全事故处置、监督管理、法律责任等做出了明确的规定。

小资料6-4

食品安全

食品安全，是指食品无毒、无害，符合应当有的营养要求，对人体健康不造成任何急性、亚急性或者慢性的危害。

1）食品生产经营

食品生产经营应当符合食品安全标准，并符合安全卫生要求。

2）禁止生产经营不符合食品安全标准的食品

小资料6-5

食物中毒

食物中毒，是指食用了被有毒、有害物质污染的食品或者食用了含有毒、有害物质的食品后出现的急性、亚急性疾病。

食物中毒的特点：

（1）许多人同时发病，病状相似；

（2）病情急，进展快；

（3）有食用某种食物的历史。

教学互动6-1

背景资料：某三星级饭店在几次复核中均不达标，被星级评定机构做出降低星级的处理，由原来的三星级降为二星级。饭店总经理意识到问题的严重性后，下决心进行整改。两个月后，饭店的服务设施、服务质量、服务意识都有了很大的提高。总经理带领一班人进行了自查自评，认为饭店已经完全符合三星级的标准，于是向星级评定机构递交了申请三星级的报告。

互动问题：星级评定机构会受理吗？为什么？

要求：同"教学互动1-1"的"要求"。

6.4　旅游饭店的权利和义务

旅游饭店作为旅游法律关系的主体，必然要与其他法律主体产生联系，形成一定的权利和义务关系。与旅游饭店形成权利和义务关系的主体主要有旅客、旅行社、旅游饭店主管部门等。

6.4.1　旅游饭店与旅客间的权利和义务

1）旅游饭店与旅客间权利和义务的产生与终止

旅游饭店和旅客之间的权利和义务属于平等主体间的权利和义务，这种权利义务关系通常是基于合同关系而产生和终止的。

（1）旅游饭店与旅客间权利和义务的产生

旅游饭店与旅客间的权利和义务始于住宿合同的成立。国际统一私法协会起草通过的《关于旅馆合同的协定草案》中第三章第一款规定："旅馆合同在一方明确表示接受另一方提出的要约时即告成立。"具体说来，旅游饭店和旅客之间权利和义务的产生有两种情况：①旅客直接来到旅游饭店，提出住宿要求，旅游饭店同意了旅客的要求，并予以登记，自办完住宿登记手续之时起，合同关系成立，双方的权利和义务关系产生。②旅客向旅游饭店预订客房，旅游饭店接受了旅客的预订，即旅客向旅游饭店发出要求预订客房的要约，并且旅游饭店接受了要约，做出承诺，旅游饭店与旅客之间的合同关系即告成立，权利和义务随之产生。

（2）旅游饭店与旅客间权利和义务关系的终止

旅游饭店与旅客之间的权利和义务关系终止于住宿合同的终止。作为规定旅游饭店和旅客之间权利、义务的住宿合同，其终止不外乎如下几种原因：①旅客按约定结账交费，离开旅游饭店；②旅游饭店或旅客任何一方违反合同规定的义务，对方终止合同关系；③因不可抗力致使旅游饭店或旅客不能履行合同义务。

此外，旅客经同意延长使用已经居住的旅游饭店的房间的，旅客和旅游饭店之间原有的合同关系终止，自延长使用之时起新的住宿合同关系成立。

2）旅游饭店与旅客间权利和义务的内容

旅游饭店的权利和义务同旅客的权利和义务是密切相关、不可分割的。旅客的权利往往通过旅游饭店的义务体现出来，旅客的义务则是由旅游饭店的权利加以限定的。因此，一旦双方的权利和义务关系形成，那么，一方享有权利时，另一方则必然承担相应的义务；反之亦然。

（1）旅游饭店的权利

①在一定条件下，有权拒绝接待旅客。普通法认为，饭店是一种公共行业，为公共利益服务是其义务，因而无权挑选顾客，只要顾客适于接待，并有钱支付费用，就应向旅客提供完善的服务设施和周到的服务。这里虽然强调了旅游饭店的公共服务职能，但同时又提出了接待的条件，即饭店并不是必须无条件接待任何人的。在我国，旅游饭店在下列情况下有权拒绝接待旅客：客人已满，无客房出租；旅客本人的举止不适合接待，如言行过于粗俗、不文明、手持凶器、衣冠不整等；无支付能力或曾有过逃账记录者；旅客患有精神疾病而又无人监护或患有传染病的；欲利用客房进行违法犯罪活动的；拒不履行住宿登记手续的；法律、法规规定的其他情况。

②有权要求旅客遵守饭店的有关规章。例如，旅游饭店有权要求旅客正确使用饭店提供的设施、设备，爱护饭店的公共财物，遵守饭店的作息时间，登记时出示身份证明，不得私自留客住宿或转让床位等。

③有权按照有关法律规定对旅客在饭店内的违法行为进行制止。旅游饭店虽然是为社会公众提供服务的场所，但它绝不允许使用者利用这种场所从事非法活动，把饭店变成违法犯罪活动的窝点。我国《旅馆业治安管理办法》第十二条明确规定："旅馆内，严禁卖淫、嫖宿、赌博、吸毒、传播淫秽物品等违法犯罪活动。"对于在旅游饭店内进行违法犯罪活动的，饭店有权向公安机关报告并配合有关部门加以制止。

④有权按照有关规定收取服务费用。旅游饭店提供的服务一般都是有偿的，这是由旅游饭店自身的商业性质决定的。旅游饭店大都是独立核算、自负盈亏的经济实体，在其经营活动中必须讲究经济效益，因此，当旅游饭店向旅客提供相应服务时，有权按照有关规定收取费用。

⑤有权要求旅客赔偿因自身过错给饭店造成的损失。例如，旅客损坏旅游饭店设施，或旅客预订了客房不住宿，又未及时通知饭店，造成饭店损失的，旅游饭店有权要求旅客赔偿损失。

（2）旅游饭店的义务

①按标准提供客房和服务。旅游饭店与旅客的住宿合同一经成立，旅游饭店就有

义务按约定向旅客提供客房及相应服务，否则，即视为饭店违约，要承担违约责任。

对于提前预订了客房的，饭店届时就应为旅客准备好房间。旅游饭店在接到预订通知时，应告知旅客饭店对客房的保留时间界限，逾期不来住宿则视为预订合同终止。饭店因某种客观原因不能向旅客提供预订的房间时，在征得客人同意后，可在本饭店内另换标准相近的房间，并且就高不就低，还应免收第一天该房间高出原订房间的那部分费用；如饭店客房已满，则应该为旅客在当地就近找到相同等级的替代饭店，并承担到那里的交通费用。替代饭店房价如高于预订饭店，高出部分的差价则应由预订饭店支付；如低于预订饭店，则应将已经收取的余额部分退还客人。

对于未经预订直接来饭店要求住宿的客人，只要饭店有条件接待，不得无故拒绝，更不能因种族、民族、性别、国籍、宗教信仰等的不同加以拒绝。

旅客住进饭店后，饭店就应为旅客提供相应的食宿、交通、商品销售、康乐活动等服务设施和项目，这些服务设施和项目应该符合合同约定或有关法律法规规定的质量和标准。例如，提供的食品和饮料要符合我国《食品安全法》的有关规定，以免造成旅客食物中毒。

旅游饭店的收费应明码标价，符合物价管理的有关规定和合同约定。服务人员不得私自索要小费和回扣。

②保障旅客的人身安全。旅游饭店有义务保障旅客的人身安全。在旅游饭店里有多种因素可能影响到旅客的人身安全，如设备故障、食物变质、工作人员疏忽大意、他人的侵害等，这都要求旅游饭店要把旅客的人身安全放在十分重要的位置上，避免损害旅客人身安全的各类事故的发生，消除旅客的不安全感。

我国对旅客在旅游饭店内遭受人身伤害的处理，主要适用我国《民法典》的有关规定。一般来说，如果是因饭店的过错而使旅客遭受人身伤害的，则由饭店承担侵权的民事责任；如果是旅客自身的过错造成的伤害，则饭店不承担责任；如果是因第三人的过错造成旅客人身伤害的，则先由饭店承担赔偿责任，然后再由饭店向第三人追偿。

③保障旅客的财物安全。旅游饭店对旅客带入饭店的财物有保障安全的责任。因为旅客办理了住宿手续，住进了饭店，就意味着双方的合同关系成立，双方的权利和义务关系产生。在饭店的各项义务中，自然包括保障旅客财物安全的内容，且这一内容无须明示。只要住宿合同成立，旅游饭店就要保障旅客的财物安全，避免失窃、火灾、毁损等现象发生。同时，饭店对旅客的行李负有寄存保管义务，旅客应把带入饭店的贵重财物交饭店寄存，饭店要设置保险箱、柜、室，指定专人负责保管，还要建立登记、领取、交接制度。

④其他义务。旅游饭店还应尊重客人的住宿权利，不得干涉客人的安宁和私人事务；对住宿设施要定期检修，保持完好，建立健全各项安全保卫措施等。只有这样才能有效保障旅客的人身财产安全。

6.4.2　旅游饭店与其他主体之间的权利和义务关系

1) 旅游饭店与旅行社间的权利和义务关系

旅游饭店在其经营过程中，除了与旅客发生联系外，还经常与旅游行业中的其他企事业单位发生联系，其中与旅行社的联系最为密切。旅游饭店和旅行社都是独立的企业法人，它们之间的关系是一种平等主体间的关系。因此，它们之间是一种平等、协作的关系，其权利和义务完全通过合同来确定。

2）旅游饭店与主管部门间的权利和义务关系

由于旅游饭店是综合性较强的企业，对其进行监督管理的部门就相对比较多，如旅游行政管理部门、市场监督管理部门、税务部门、卫生监督部门等。这些部门的权利是依法对旅游饭店进行审查、批准、监督管理，保证旅游饭店遵守国家有关法律、法规及行业规章。旅游饭店的义务则是服从各主管部门的监督管理，依法进行经营活动。同时，各主管部门也有义务对旅游饭店的合法经营活动给予保护，尊重旅游饭店的自主经营权，不干涉其正常业务活动，不硬性摊派各种费用等。这种领导与尊重共存、管理与保护并行的关系，构成了主管部门与旅游饭店之间的权利和义务关系。

3）旅游饭店和非旅客间的权利和义务关系

非旅客是指不以签订住宿合同为目的而来到旅游饭店的人。这些人不具有旅客身份，通常是临时来饭店办事或访友的，因而这些人与饭店之间的权利和义务关系完全不同于旅客。首先，在接待上不同于旅客。只要旅客无不适合接待的情况，饭店一般都应接待，而对非旅客，饭店则可根据实际情况决定是否接待。其次，在保护人身安全和财物安全方面所承担的义务不同于旅客。对非旅客的人身、财物的安全保护是一般性的，饭店不负特定责任，即使是在饭店内发生了侵害非旅客人身、财物安全的事件，饭店承担的责任也相对较轻。

4）旅游饭店和供应商间的权利和义务关系

旅客在旅游饭店内需要各种各样的消费品，而这些消费品不可能全部由饭店自己生产，有些需要通过购买方式从商品销售者那里获得，这就使得旅游饭店与供应商之间产生了权利与义务关系。这种关系也是一种平等主体间的关系，即合同关系。

6.4.3 旅游饭店的法律责任

旅游饭店的法律责任即旅游饭店对其违法行为所承担的法律后果。旅游饭店作为法律关系的主体，如果在经营活动中不依法履行义务或实施了侵害他人合法权益的行为，就应当承担法律责任。

1）因违反合同而产生的责任

旅游饭店在其经营活动中，经常要以平等主体的身份与其他主体签订合同，如与旅客签订住宿合同、与旅行社签订预订房间合同、与商品供应商签订商品购销合同等。一旦旅游饭店违约，就要承担相应的法律责任。旅游饭店承担违反合同的责任形式有赔偿损失、支付违约金、采取补救措施等。对于旅游饭店已经接受了他人定金而又不履行合同的，则适用"定金罚则"，即要双倍返还定金；反之，旅游饭店交付了定金而又不履行合同的，则无权要求返还定金。

2）因侵权行为而产生的责任

侵权行为是指因过错侵害他人财产或人身权利的违法行为，因此而产生的责任称为侵权责任。过错包括故意和过失两个方面。无论是故意，还是过失，依照我国《民法典》的规定均应承担侵权责任。旅游饭店因自己的过错致使旅客或其他主体财产或人身权利遭受损害的，应当承担一般侵权责任。旅游饭店承担一般侵权责任的方式有停止侵害、排除妨碍、消除危险、返还财产、恢复原状、赔偿损失、消除影响、恢复名誉、赔礼道歉等。旅游饭店的工作人员在执行职务过程中造成旅客人身或财产损害的，饭店也应当承担法律责任，因为工作人员执行职务的行为应视为饭店的行为，这种侵权行为属于特殊侵权行为。如果饭店工作人员的损害行为与执行职务无关，则由其个人承担侵权责任。

3）因违反行政管理规定而产生的责任

违反国家行政管理机关管理规定的行为很多，就旅游饭店而言，主要涉及以下几个方面：

（1）违反旅游行政管理部门管理规定的行为。如违反国家旅游价格管理规定的、降低服务标准和接待规格造成不良影响的、违反旅游饭店星级管理规定的，都属于违反旅游行政管理部门管理规定的行为。

（2）违反治安管理规定的行为。如未经公安机关签署意见私自开业的，饭店工作人员发现违法犯罪分子不向公安机关报告的，允许违法分子在饭店卖淫、嫖宿、赌博、吸毒、传播淫秽物品的，都属于违反治安管理规定的行为。

（3）违反卫生管理规定的行为。如卫生质量不符合国家卫生标准的、从业人员未获得"健康合格证"的、拒绝卫生监督的、未取得"卫生许可证"擅自营业的，都属于违反卫生管理规定的行为。

（4）违反消防管理规定的行为。如擅自将消防设备、器材挪作他用或损坏的，对存在火险隐患拒不整改的，对造成火灾有直接责任的，都属于违反消防管理规定的行为。

对上述各类违反行政管理规定的行为，国家有关行政机关有权对旅游饭店加以行政处罚。行政处罚的方式主要有：警告、通报批评、罚款、没收非法收入、责令停业整顿、吊销营业执照等。

此外，旅游饭店的违法行为如触犯《刑法》、构成犯罪的，有关人员还应承担刑事责任。

同步案例 6-3

学习微平台

延伸阅读 6-2

饭店承担的是哪类法律责任

背景与情境： 某饭店在一次卫生检查中，被查出有 4 名餐厅服务员没有"健康合格证"，该饭店受到警告和罚款的处罚。

问题： 饭店所承担的法律责任属于哪一类？

分析提示： 属于行政责任。饭店违反了卫生管理规定，应受到卫生行政管理部门所给予的行政处罚。这种责任是属于行政责任。

本章概要

☐ 内容提要

本章介绍了旅游饭店的基本概念及发展，饭店管理法规的作用；讲述了我国旅游饭店星级评定制度，对饭店星级的评定范围、标准、评定机构及权限、评定办法和步骤以及星级评定复核制度，做了具体的阐述；对旅游饭店的治安管理和卫生管理制度进行了简要介绍，归纳了旅游饭店治安管理的基本要求和食品卫生管理的基本要求；较为详细地阐述了旅游饭店与旅客间的权利和义务关系。

□ 主要概念和观念

▲ 主要概念

饭店　旅游饭店　旅游饭店法规　饭店星级评定制度

▲ 主要观念

星级评定办法和步骤　星级的复核和处理　饭店的权利和义务

□ 重点实务

星级评定的项目　星级评定的步骤　星级复核的处理　饭店与旅客之间的权利和义务

基本训练

□ 知识训练

▲ 复习题

1）旅游饭店法规有哪些作用？

2）旅游饭店星级评定有哪几个具体步骤？

3）星级饭店在复核中达不到相应星级标准的应如何处理？

4）旅游饭店与旅客之间的权利和义务各有哪些？

▲ 讨论题

将班级学生分成若干个讨论小组，各组成员根据"旅游饭店与旅客之间的权利和义务"这一主题，通过上网或查阅报刊资料等途径，分别搜集和分析饭店服务工作中的案例。讨论旅游饭店如何正确使用自己的权利？如何正确履行自己的义务？

□ 能力训练

▲ 案例分析

【训练项目】

案例分析－Ⅵ。

【相关案例】

饭店是否应该承担赔偿责任

背景与情境：某旅游饭店为增加客房数量，对一幢4层楼房进行续接扩建，在未停止接待客人的情况下，开始组织施工。因楼梯设在该楼的两端，续接时必须拆除一端的楼梯。为了防止楼梯拆除后旅客继续从原处下楼，造成跌伤，饭店特意在被拆除一端的每层楼道口装上门锁，使旅客只能从另一端上下楼。一天，施工单位为搭建脚手架，将2楼楼道门的门锁打开，事后忘记将门锁上，门一直虚掩着。夜晚，2楼一旅客急于赶火车，不知楼梯已被拆除，推门下楼，踏空坠落，摔成重伤。

问题：

1）饭店是否应该承担赔偿责任？

2) 饭店应如何承担此责任?

【训练要求】

同第1章"基本训练"中本题型的"训练要求"。

▲ 实训操练

【训练项目】

"旅游饭店与旅客间的权利和义务"知识应用。

【训练要求】

组织学生到旅游饭店进行参观或实习,结合饭店经营运作的实例,进一步明确饭店的权利和义务。

【训练步骤】

1) 班级学生以小组为单位组建若干训练团队,每团队确定一人负责。请饭店管理人员或服务人员讲解接待服务工作中的实例。

2) 各团队选取和应用本章"重点实务"教学内容,通过"背景与情境"设计、角色分工和体验角色操作等环节,进行"'旅游饭店与旅客间的权利和义务'知识应用"实训。

3) 各团队记录模拟实训过程中的心得体验,出现的问题、差错及纠正办法。

4) 模拟实训结束后,各团队整理实训记录,并在此基础上撰写《"'旅游饭店与旅客间的权利和义务'知识应用"实训报告》。

5) 在班级讨论交流、相互点评,并修订各团队的《"'旅游饭店与旅客间的权利和义务'知识应用"实训报告》。

6) 在校园网的本课程教学平台上展示经过修订和教师点评的各团队《"'旅游饭店与旅客间的权利和义务'知识应用"实训报告》,供学生借鉴。

□ 课程思政

【训练项目】

课程思政 – Ⅵ。

【相关案例】

前台见习主管错在哪里?

背景与情境: 某宾馆前台的一位见习主管因工作问题与其上级发生争执,因情绪较为激动,言语过激。事情发生时,各部门管理人员和部分前台工作人员均在场,且有两位客人正在前厅休息区休息,造成了一定的不良影响。事情发生后,宾馆原定对其进行劝退处理,但念其平时工作认真负责,故撤销其见习主管资格,降为领班。

问题:

1) 本案例中存在哪些关于宾馆和工作人员行为的道德伦理问题?

2) 试就上述问题对宾馆和工作人员的相关行为做出思政研判。

3) 通过网上调研,搜集你做思政研判所依据的行业道德规范。

【训练要求】

同第1章"基本训练"中本题型的"训练要求"。

第7章　旅游交通运输法规

- **学习目标**

7.1　旅游交通运输法规概述

7.2　旅游交通运输经营者与旅客的权利
　　 和义务

7.3　法律责任

- **本章概要**
- **基本训练**

● 学习目标

通过本章学习；应当达到以下目标：

职业知识：学习和把握"旅游交通运输法规"的相关概念，旅游交通运输经营者与旅客的权利、义务及法律责任，以及"同步链接""延伸阅读""小资料"等理论与实务知识；能用其指导本章"同步思考""教学互动"和"基本训练"中"知识训练"各题型的认知活动，建构专业规则意识，正确解答相关问题。

职业能力：运用本章知识研究相关案例，训练在"旅游交通运输法规"特定情境下对当事者行为的多元表征专业能力和"与人交流"通用能力；参加"自主学习-Ⅳ"训练，通过搜集、整理与综合关于"旅游交通运输经营者与旅客的权利和义务"的前沿知识，撰写、讨论与交流《"旅游交通运输经营者与旅客的权利和义务"最新文献综述》，培养"旅游交通运输法规"中"自主学习""与人协作""与人交流"的通用能力。

课程思政：结合本章教学内容，依照相关规范或要求，对"课程思政7-1"专栏和章后"旅游大巴经营者袖手旁观"等案例中的企业或其从业人员行为进行思政研判，强化与案例议题相关的法律法规思考和政治素质，促进"立德树人"根本任务的落实。

学习微平台

思维导图7-1

引例：旅游交通事故赔偿案例

背景与情境：一名年轻女士结伴去旅游，这本是一件愉快的事情，谁也没有想到，当踏上香港行走在大街上时，被一辆双层巴士撞倒，落到了一个10级伤残的下场。为了讨回一个说法，这位女士将某旅行社推到了被告席上。日前，南昌市西湖区人民法院对此案作出判决。

任牡丹（26岁，南昌市人）于某年夏天，报名参加了由南昌某旅行社组织的港澳旅行团，但双方未签订旅游合同。任牡丹在无领队资格的领队胡兰花带领下，随旅行团从南昌出发，抵达香港特别行政区后，任牡丹与领队胡兰花及其他团员上街游览，行至周生生金行门口，任牡丹在横过马路时被一辆双层巴士撞倒，后经香港市民营救，送往医院抢救，先后在港动手术5次，住院34天。同年11月19日，任牡丹回到南昌，在江西医学院第一附属医院住院13天，花去医疗费15 859.22元。任牡丹的家人去香港探望病人花去交通费11 898.80元。经法医鉴定，任牡丹伤残等级为10级，继续治疗费用为40 000元。尔后，因双方协商赔偿事宜未果，任牡丹诉诸法院，要求南昌某旅行社赔偿各项经济损失共计112 355元。庭审中，因南昌某旅行社不同意，致无法调解。

西湖区人民法院经审理认为，被告南昌某旅行社与原告任牡丹虽然没有按照《旅行社条例》签订书面合同，但双方实际履行了旅游合同。被告违反约定使用无领队资格人员带团旅游，在旅游过程中未能确保旅客安全，致使原告任牡丹因交通事故造成10级伤残，被告对此应承担赔偿责任；原告要求被告赔偿其经济损失的要求，合情合理，应予支持。原告要求交通费、营养费、误工费、护理费过高，法院支持部分，精神抚慰金10 000元的要求不符合《合同法》规定，不予支持。但其过马路时，因疏忽而发生交通事故，本人亦有责任，应减轻被告的赔偿责任；被告称垫付了原告费用，却无证据佐证，不予采信。据此，根据有关法律规定，近日，南昌市西湖区人民法院依法判决：被告南昌某旅行社有限责任公司赔偿原告任牡丹医疗费15 859.22元，鉴定费250元，会诊费300元，继续治疗费40 000元，护理费1 410元，交通费7 813元，在香港医疗费及护理用品费2 001元，在香港的通信费735元，营养费376元，残疾者生活补助费12 672元，误工费1 600元，共计人民币83 016.22元的80%，合计人民币66 413元，其余20%的费用由原告任牡丹自行承担。（文中人物均为化名）

资料来源　佚名.随团旅游被车撞　游客获赔6万元［EB/OL］.［2012-06-16］. https:lvshi. sogou.com/article/detail/7PC99220H713.html.

分析提示：本案是一起旅游交通服务合同纠纷案。我国《消费者权益保护法》规定：消费者在购买、使用商品和接受服务时享有人身、财产安全不受损害的权利。如果消费者因购买、使用商品或者接受服务受到人身、财产损害的，享有依法获得赔偿的权利。

《最高人民法院关于审理人身损害赔偿案件适用法律若干问题的解释》规定：从事住宿、餐饮、娱乐等经营活动或者其他社会活动的自然人、法人、其他组织，未尽合理限度范围内的安全保障义务致使他人遭受人身损害，赔偿权利人请求其承担相应赔偿责任的，人民法院应予以支持。本案例中任牡丹参加了旅行社组织的港澳旅行团，双方间形成旅游服务合同关系，由于提供旅游交通服务的旅行社未能确保旅客安全，致使任牡丹受伤，旅行社应承担赔偿责任。

这个案例告诉我们，在旅游交通运输活动中，旅行社和旅游交通运输企业、游客和旅游交通运输的经营者构成了一定的法律关系。在旅游活动中，交通工具不可或缺，参与旅游活动的各方只有严格遵守旅游交通运输法规，才能保证旅游活动的圆满进行。本章将主要介绍旅游交通运输法规的基本知识以及承运人与旅客的权利和义务。

学习微平台

同步链接 7-1

<h2>7.1　旅游交通运输法规概述</h2>

旅游交通运输是为旅游者实现旅游目的而提供的空间位移服务的经营活动。旅游交通运输法规则是国家管理旅游交通运输事业，规范旅游交通运输市场，调整旅游交通运输中产生的各种社会关系的重要法律工具。

7.1.1　旅游交通运输法规的概念和我国的旅游交通运输立法

旅游交通运输法规是调整旅游交通运输关系的法律规范的总称。旅游交通运输法规是由一系列法律规范构成的，它不仅包括各国国内铁路、航空、公路、内河、沿海及远洋旅客运输等方面的法律规范，而且由于交通运输具有国际性，国际上制定的有关旅游交通公约、规则也与一国国内的旅游交通立法互为影响。

中华人民共和国成立以后，我国政府十分重视交通运输立法工作，制定颁布了涉及铁路、水运、公路、航空等领域的交通运输单行法规，并在实践中不断修订和完善。我国现行的旅游交通运输法规主要有：①在铁路运输方面，颁布了《铁路法》《铁路旅客运输规程》《铁路旅客运输损害赔偿规定》等；②在公路运输方面，颁布了《公路法》、《中华人民共和国道路交通安全法》（以下简称《道路交通安全法》）、《中华人民共和国道路交通安全法实施条例》（以下简称《道路交通安全法实施条例》）、《道路运输条例》及《道路旅客运输及客运站管理规定》等；③在航空运输方面，颁布了《民用航空法》《中国民用航空旅客、行李国内运输规则》《中国民用航空旅客、行李国际运输规则》等；④在水路运输方面，颁布了《国内水路运输管理条例》《国内水路运输管理规定》等；⑤在海上运输方面，颁布了《中华人民共和国海上交通安全法》《中华人民共和国海商法》《中华人民共和国港口间海上旅客运输赔偿责任限额规定》等。此外，我国的《民法典》中"合同法"部分的有关规定，也适用于旅游交通运输领域。

除了国内的旅游交通运输立法外，我国还参加了一些国际旅游交通运输公约，其中最主要的是《统一国际航空运输某些规则的公约》（即《华沙公约》）及其补充协定《海牙议定书》、《蒙特利尔公约》，以及《1974 年海运旅客及其行李运输雅典公约》（简称《1974 年雅典公约》）及其 1976 年议定书等。《华沙公约》适用于所有以航空器运送旅客、行李或货物而收取报酬的国际运输，同时也适用于航空运输企业以航空器办理的免费国际运输。该公约比较详细地规定了运输凭证、承运人的责任、损害的性质、承担损害责任的范围、索赔期限、责任限额和计算单位、诉讼管辖、时效等，它是调整国际航空运输中承运人和旅客关系的最重要的国际公约。由于《华沙公约》中的各项规定都属于强行性规则，凡在公约适用范围以内的运输契约以及缔约国的法律都不得违反该公约中的规定。《1974年雅典公约》界定了国际海上旅客及其行李运输的相关概念和公约的适用范围，详细规定了承运人的责任、自身过失、人身伤亡的责任限额、行李灭失或损坏的责任限额、赔偿总额、限制责任权利的丧失、索赔的根据、诉讼时效、管辖权等，它是调整国际海上运输中承运人和旅客关系的重要国际公约。

7.1.2 我国旅游交通运输法规调整的范围

我国旅游交通运输法规调整的对象主要有：

1）国家旅游交通运输管理部门同旅游交通运输企业之间的关系

国家旅游交通运输管理都门负责制定行业发展的方针政策，依法对旅游交通运输企业进行监督、指导和协调，旅游交通运输企业在法定范围内自主经营，自负盈亏。

2）旅游交通运输企业同旅游者之间的关系

旅游交通运输企业和旅游者之间的关系本质上是一种合同关系，双方根据旅游合同行使各自的权利，履行相应的义务。

3）旅游交通运输企业之间以及它们同相关旅游经营者之间的关系

旅游交通运输企业之间以及它们同相关旅游经营者之间主要是一种业务关系，各方之间的权利和义务应以合同的形式确立。

4）我国旅游交通运输管理部门同外国旅游交通运输经营者之间的关系

例如，《民用航空法》规定，外国民用航空器的经营人经其本国政府指定，并取得中华人民共和国国务院民用航空主管部门颁发的经营许可证，方可经营有关的国际航班运输。这就使我国旅游交通运输管理部门同外国旅游交通运输经营者之间构成了一定的法律关系。

5）旅游交通运输部门内部的关系

我国旅游交通运输法规调整的范围已经涉及参与旅游交通运输活动的各个方面。旅游交通运输法规的制定和实施，对于国家加强对旅游交通运输事业的管理，明确各主体的权利和义务，解决交通运输纠纷，维护正常的旅游交通运输秩序，发挥了积极的作用。

7.1.3 我国旅游交通运输法规的基本原则

我国旅游交通运输法规除了规定当事人的权利和义务以外，还确立了统一管理与分级负责、安全运输、计划运输、合理运输等四个方面的原则，体现了我国旅游交通运输法规的特点。

1）统一管理与分级负责的原则

我国旅游交通运输事业实行统一管理与分级负责的原则。我国有关法律法规规定，我国的旅游交通运输事业由交通运输部、民用航空局、文化和旅游部实行部门管理、分级负责的管理体制。统一管理、分级负责原则的确立，有利于国家对旅游交通运输业的宏观管理，有利于维护旅游交通运输市场的正常秩序。

2）安全运输的原则

交通安全是旅游者在旅游活动中最关心的事项之一，也是旅游交通经营者的一项最基本的义务，因此，安全运输原则成为我国各种旅游交通运输法规的一项基本原则。有关法规对安全运输的措施、承运人的责任、旅客的义务以及运输的各个环节等都做了大量具体的规定，对危害旅游交通运输安全的犯罪行为，规定了惩治措施。为了保证交通运输安全，有关法规还规定了飞机机长、车辆驾驶员等维护航行、行驶安全的责任。

3）计划运输的原则

计划运输是我国旅游交通运输法规的一项重要原则。它要求旅游交通运输企业根据整个公共交通运输市场的供求关系及旅游接待部门的预测和安排，对旅游交通运输进行统筹安排，均衡地组织运输。

4）合理运输的原则

为了有效地利用各种交通运输工具的运输能力，提高运输效率，我国旅游交通运输法规对某些对流运输、过远运输、重复运输等做出了某些限定性规定。旅游交通运输部门应当根据这些规定，合理编排旅游线路，使用适当的运输工具，节省运力，提高经济效益。

7.2　旅游交通运输经营者与旅客的权利和义务

7.2.1　旅游运输合同

旅游运输合同是指承运人按照约定的运输方式，在运达期限内从起运地将旅客及其行李送达约定地点并由旅客支付价金的合同，它是运输合同的一种。在旅游交通运输中，旅游交通运输的经营者与旅客之间的法律关系是一种合同关系。在我国《民法典》和有关的旅游交通运输法规中，明确规定了旅游交通运输合同制度的内容。

1）法律关系的凭证和依据

在旅游交通运输中，旅客和承运人之间一般不以签字的方式订立合同，承运人发售的客票、行李票即双方法律关系的凭证。

2）法律关系的产生、变更和消灭

旅客从交通运输部门购得客票、行李票之时，双方的法律关系即告产生，我国有关法律法规对此有明确规定。例如，我国《民法典》第八百一十四条规定："客运合同自承运人向旅客出具客票时成立，但当事人另有约定或者另有交易习惯的除外。"也就是说，除当事人另有约定或另有交易习惯外，在旅客获得承运人交付的客票时，双方即建立了旅游运输合同关系。

旅客和旅游交通运输部门之间法律关系的变更在旅游活动中经常出现，主要有自愿变更和非自愿变更两种情况。自愿变更是指由于旅客本人自愿并为有关旅游交通运输法规许可的变更，如因民航旅客要求改变票价级别、更换乘机人，铁路旅客要求改变客票类别、中转签字等。非自愿变更是指因承运人的责任或不可抗力而造成的变更，如民航航班取消、延误、航程改变等，致使旅客无法按期旅行并到达目的地，在这种情况下，承运人有义务优先安排旅客乘坐相应的交通工具到达目的地，这也在事实上造成了法律关系的变更。

旅游交通运输法律关系消灭的情况大致有三种：一是旅游者按照约定按时到达目的地并收到行李，这种情况最为常见；二是由于旅游者自愿或承运人的责任而造成的退票；三是旅游者由于各种因素未能搭乘事先约定的交通工具，而又未能办理延期旅行或退票手续的，在这种情况下，客票作废，在这方面，我国旅游交通运输法规对民航、铁路等不同情况有不同的规定。

同步案例7-1

列车临时取消致上百乘客滞留　铁路部门赔偿

背景与情境：2009年9月21日上午，在重庆龙头寺火车站候车厅，打算赶回涪陵上学的小梁焦急万分。因为她购票乘坐的由重庆发往涪陵的K9503次列车突然被告知取消了，有相同遭遇的还有同行的上百名旅客。列车班次取消的消息很快传开，排在小梁身后等待进入候车厅的大量乘客有些激动。大家都觉得不可能现在才临时取消，非要进去看看。随后，小梁随众人进入候车厅，在大屏幕上果然没有看到K9503的发车信息。

面对乘客的质疑，火车站方面立刻派出工作人员进行劝导疏散，希望旅客前往退票，改乘其他班次列车或者其他交通工具。经过轮番劝说后，大部分乘客退票改乘下午1点07分的K201列车。心急如焚的李女士也排队重新购票。最后，候车厅内仍然滞留了58名乘客，希望讨个说法。

当得知铁路方面要送滞留乘客回家时，已经退票并重新购票的李女士，也急匆匆赶了过来，说明特殊情况后，李女士也顺利上车。

中午12点，4辆长安车载着25名乘客顺利出发，前往涪陵。下午2点，多名乘客已经安全到达，并对铁路部门就此事的妥善处理表示满意。

据铁路部门介绍，K9503次列车临时取消，确系前方事故延误。

资料来源　肖庆华，龚力. 列车临时取消致上百乘客滞留　铁路部门赔偿 [EB/OL]. [2009-09-22]. http://www.news.sina.com.cn/s/2009-09-22/020018696800.shtml.

问题：旅客列车临时取消，铁路运输部门对此事是否应当负责？

分析提示：重庆和华利盛律师事务所董浩律师称，乘客购买的车票就是一份车辆运输合同，其目的就是要将乘客安全、及时、准确送达目的地。虽然列车临时取消是因为不可抗力，但仍然给乘客出行造成了影响，因此应对此事负责。董浩律师同时认为，"铁老大"长期处于垄断地位，其服务时常为市民所诟病。但从这件事情可以看出，铁路部门逐渐开始采用市场化的方式来处理纠纷，而没有动用其垄断身份，其表现更加人性化。

7.2.2　旅游者与承运人的权利和义务

旅游者和承运人之间的权利和义务相互依存，一方的权利即另一方的义务。本节选择双方的义务加以论述。

1）旅游者的主要义务

（1）旅客应当按照有效客票记载的时间、班次和座位号乘坐。旅客无票乘坐、超程乘坐、越级乘坐或者持不符合减价条件的优惠客票乘坐的，应当补交票款，承运人可以按照规定加收票款；旅客不支付票款的，承运人可以拒绝运输。

实名制客运合同的旅客丢失客票的，可以请求承运人挂失补办，承运人不得再次收取票款和其他不合理费用。

（2）旅客因自己的原因不能按照客票记载的时间乘坐的，应当在约定的期限内办理退票或者变更手续；逾期办理的，承运人可以不退票款，并不再承担运输义务。

（3）旅客随身携带行李应当符合约定的限量和品类要求；超过限量或者违反品类要求携带行李的，应当办理托运手续。

（4）旅客不得随身携带或者在行李中夹带易燃、易爆、有毒、有腐蚀性、有放射性以及可能危及运输工具上人身和财产安全的危险物品或者违禁物品。

旅客违反上述规定的，承运人可以将危险物品或者违禁物品卸下、销毁或者送交有关部门。旅客坚持携带或者夹带危险物品或者违禁物品的，承运人应当拒绝运输。

2）承运人的主要义务

（1）承运人应当严格履行安全运输义务，及时告知旅客安全运输应当注意的事项。旅客对承运人为安全运输所做的合理安排应当积极协助和配合。

（2）承运人应当按照有效客票记载的时间、班次和座位号运输旅客。承运人迟延运输或者有其他不能正常运输情形的，应当及时告知和提醒旅客，采取必要的安置措施，并根据旅客的要求安排改乘其他班次或者退票；由此造成旅客损失的，承运人应当承担赔偿责任，但是不可归责于承运人的除外。

学习微平台

延伸阅读7-1

（3）承运人擅自降低服务标准的，应当根据旅客的请求退票或者减收票款；提高服务标准的，不得加收票款。

（4）承运人在运输过程中，应当尽力救助患有急病、分娩、遇险的旅客。

（5）承运人应当对运输过程中旅客的伤亡承担赔偿责任；但是，伤亡是旅客自身健康原因造成的或者承运人证明伤亡是旅客故意、重大过失造成的除外。

上述规定适用于按照规定免票、持优待票或者经承运人许可搭乘的无票旅客。

（6）在运输过程中旅客随身携带物品毁损、灭失，承运人有过错的，应当承担赔偿责任。

旅客托运的行李毁损、灭失的，适用货物运输的有关规定。

同步案例7-2

从无座火车票案例看铁路客运服务

背景与情境： 每年春节临近，都是舆论热烈讨论春运、火车票话题的时候。目前的动向是，无座火车票是否应该半价的议题，已经由经济层面上的讨论进入到法律层面。1月8日晚，广州市民雷某及其朋友乘坐K9004次列车从深圳出发到韶关。他们买到的是无座车票，和硬座票价格一样。雷某认为，无座与有座价格一样，这明显不合理，也不公平。所以，1月21日，他们分别向广州铁路运输法院起诉广深铁路股份有限公司。广州铁路运输法院当场给予立案，并表示该案将于3月6日开庭审理。

资料来源　刘远举. 从无座火车票案例看铁路客运服务［EB/OL］.［2014-01-29］. http://www.huaxia.com/xw/mttt/2014/01/3730038.html.

问题： 雷某及其朋友能胜诉吗？

分析提示： 虽然立案了，但雷某及其朋友胜诉的希望非常渺茫，因为铁路票价并不是铁路公司自己说了算。目前，火车票价确定的主要依据是根据《铁路法》制定的《铁路客运运价规则》，这个规则具有法律效力。

铁路一般在两种情况下销售无座号车票：一是在铁路客运能力严重不足而旅客乘车需求又非常突出的情况下发售，目的是最大限度地满足旅客出行需求。二是在旅客大量上下的短途慢车和使用速通卡乘车的情况下发售，主要是便于旅客乘车方便。

目前，无座号车票的票价与相应列车有座号的票价相等，主要考虑以下原因：一是我国铁路一直实行低运价政策，其中硬座价格又是各种席别票价中最低的。这种运价水平没有对无座车票给予优惠的空间。二是持无座号车票乘车的旅客在乘车过程中其乘车条件随时可能发生变化，当座席空闲时也可以乘坐。如有座号和无座号车票价格不同，又会从另一个方面出现票价不等但乘车条件相同的情况。三是铁路发售超员无座号车票时，其无座号的信息是公开的，旅客可以选择是购买无座号车票，还是购买延后日期的有座号车票，或者选择其他交通工具。四是铁路为每一名旅客投入的运力成本是一样的。

随着大规模铁路建设科学有序地推进，铁路客运能力将不断提升，广大旅客的乘车条件也将不断改善。

7.2.3　关于道路旅游客运经营者的规定

道路旅游客运是指以运送旅游观光的游客为目的，旅游客运车辆在旅游景区内运营或者其线路至少有一端在旅游景区（点）的一种道路客运方式。一般认为，旅游客运车辆不包括在同一旅游景区（点）内运营的观光、接送等车辆。道路旅游客运经营者具有双重身份：一是旅游经营者，负责为旅游者提供作为旅游活动的一部分的交通服务；二是运输者，负责用客运车辆运送旅游者来往于景区之间。《旅游法》第五十三条规定，从事道路旅游客运的经营者应当遵守道路客运安全管理的各项制度，并在车辆显著位置明示道路旅游客运专用标识，在车厢内显著位置公示经营者和驾驶人信息、道路运输管理机构监督电话等事项。

1）遵守道路客运安全管理的各项制度

遵守的各项制度包括但不限于《道路交通安全法》《公路法》《道路运输条例》《道路交通安全法实施条例》《道路旅客运输及客运站管理规定》等。

2）在车辆显著位置明示道路旅游客运专用标识

在车体喷涂或在车头前挂标志牌，如"省级旅游包车""省内旅游包车"，一般还需附注车牌号、经营期限，便于识别、监管。

3）在车厢内显著位置公示经营者和驾驶人信息

如在车内明显的位置贴出道路旅游客运经营者和本车驾驶人的名称、姓名、联系电话等，便于联系和监督。

4）在车厢内的显著位置公示道路运输管理机构监督电话

在车厢内明显的位置贴出县级以上人民政府交通主管部门设置的道路运输管理机构监督电话，方便投诉。

职业道德与企业伦理7-1

导游王伟："不要管我，先救游客！"

背景与情境： "不要管我，先救游客出去！"当面临生死抉择时，新疆生产建设兵团导游服务中心导游王伟最先喊出的是这样一句话。2013年7月25日，31岁的导游王伟带着41人的旅游团乘坐旅游客车，在结束沙湾东大塘景区旅游返程时，突遇强降雨。当时路面湿滑，车体摇晃，前挡风玻璃开始起雾，车内视线变得模糊不清。此时，王伟从车体上层走到副驾驶位置，一边协助司机擦去水雾，一边提醒游客系好安全带。暴雨倾泻，有泥石流从山坡滚落，车体被冲入河沟，车上游客尖叫一片。王伟站起来提醒游客扶好，而此时，失控的客车一头撞向大石柱，王伟的双腿被死死卡在副驾驶位置与前车门之间。"前挡风玻璃被洪水击碎了，泥沙冲到我头上，但我的腿被死死卡住，车体在洪水中不断晃动，司机和两名游客去拉我，我知道一时半会儿出不来。"王伟回忆起当时的情景说，"救游客要紧，如果车翻了，后果不堪设想，只要游客安全，我才能放心。"于是王伟强忍剧痛大喊："不要管我，先救游客出去！"司机砸开天窗，让游客爬出转移。最后车内只剩下王伟一人时，司机和几名矿工来到车内救他，但没有成功。"客人都出去了吗？如果没有出去的话先救游客，有没有人受伤？"王伟焦灼地问。当得知游客都已脱险，王伟便迫不及待地摸索着找到了身边的包，把团款交给司机让他先保存好，随后便昏迷了过去。直到晚上11点，消防队员切割了车体才将他救出。被送到石河子医院的王伟双腿由于挤压严重，右小腿坏死，小腿截肢，左腿开放性骨折。

资料来源 王思超.导游王伟"不要管我，先救游客！"［EB/OL］.［2013-08-14］. http://www.cn-zhangjiajie.cn/html/44/n_17344.html.

问题：

1）王伟的行为体现了哪些高尚的职业道德？

2）在旅游交通运输过程中，突发性事件或者安全事故发生后，旅游经营者应如何采取必要的救助和处置措施？

分析提示：

1）王伟在危急时刻置个人安危于不顾，把游客的安全放在第一位，使全部游客都成功获救，表现出了非凡的勇气、敬业的操守和高尚的职业道德，展示了导游队伍的崇高风貌。

2）在旅游交通运输过程中，容易发生突发事件和安全事故。在突发事件或者旅游安全事故发生后，旅游经营者应当按照《旅游法》第八十一条的规定，立即采取必要的救助和处置措施，依法履行报告义务，并对旅游者做出妥善安排。

7.3　法律责任

　　旅游交通运输中的法律责任分为刑事责任、行政责任和民事责任三种，我国相关的法律和旅游交通运输法规对此均有不同的规定。本节依据有关法律法规着重对民航、铁路运输中的法律责任加以阐述。

7.3.1　刑事责任

　　我国《刑法》《民用航空法》《铁路法》规定，对破坏火车、汽车、电车、船只、航空器，破坏轨道、桥梁、隧道、公路、机场、航道、灯塔、标志或者进行其他破坏活动的；以暴力、胁迫或者其他方法劫持航空器，对飞行中的航空器上的人员使用暴力，危及飞行安全的；非法运输枪支、弹药、爆炸物的及非法买卖、运输核材料的；非法携带枪支、弹药、管制刀具或者爆炸性、易燃性、放射性、毒害性、腐蚀性物品，进入公共场所或者公共交通工具的，追究刑事责任，处有期徒刑甚至无期徒刑。

7.3.2　行政责任

　　我国的《民用航空法》《铁路法》《公路法》《民法典》等法律法规对交通运输过程中产生的行政责任都有比较详尽的规定。其中，对承运人、旅客违反相关法律法规的行为处以行政处罚的规定比较详尽，尤其是对承运人的规定。行政处罚的主要种类包括：警告、罚款、没收财物和非法所得、停发许可证、扣留职务证书、吊销许可证、吊销营业执照等。

7.3.3　民事责任

　　我国有关法律法规对旅游交通运输中的民事责任有许多规定，概括起来可以分为两大类：

1）合同违约责任

　　有关交通运输部门对此有一些较为具体的规定：

　　（1）因民航、铁路运输部门的原因，造成原客运合同不能履行的，承运人应优先安排有关旅客乘坐其他班次到达目的地。旅客要求退票的，应予退还全部票款。铁路旅客因病在客票有效期内要求退票，且出具医疗单位证明的，退还全部票款，中途站退还已收票价与乘车区间票价的差额。

　　（2）旅客自愿变更旅游合同，要求退票的，加收一定比例的退票费。民航旅客购票后要求变更乘机日期、航班、航程，按退票处理（因病且提供医疗单位证明者除外）；要求变更乘机人的只限一次，再次变更的，按退票处理。

　　（3）民航旅客未按规定办理手续或其旅行证件不合规定而未能乘机的，如要求退票，需加收一定比例的退票费；办妥乘机手续而未能乘机或在经停站过时未能搭乘原航班的，如果是旅客的责任造成的，则机票作废，如果是航班飞行不正常造成的，民航应尽可能安排其乘坐后续班机；如旅客要求退票，在始发站应退还其全部票款，在经停站应退还未使用航段的票款。铁路旅客在中途停车站乘坐其所持车票票面指定的日期、车次，未乘区间的票款不退；在中途站下车，其直达票、卧铺票失效。

（4）涂改、缺损的客票和擅自转让的民航客票无效。

小思考 7-1

承运人应如何承担延迟运输的责任？

理解要点：承运人延迟运输需承担违约责任，具体方式有两种：一是根据旅客要求安排改乘其他班次；二是根据旅客要求退票，并不得加收退票费。

教学互动 7-1

背景资料：某日，16 名乘客乘坐由福州飞往黄岩的班机，由于机械故障飞机没有按时起飞。尽管机场通知飞机误点，但一直没有告知乘客何时起飞，使得 16 名乘客整整等了两天时间。在此期间机场免费为其安排了食宿，但其中几名乘客由于飞机延误起飞，不能按时回单位上班，被扣发工资、奖金。于是，他们要求航空公司赔偿，但遭到了拒绝。

互动问题：

1）航空公司的主要过错是什么？

2）乘客的要求是否合理？

要求：同"教学互动 1-1"的"要求"。

2）侵权责任

（1）民航侵权责任的承担

①责任的划分。因发生在民用航空器上或者在旅客上、下民用航空器过程中的事件，造成旅客人身伤亡的，承运人应当承担责任；但是，旅客的人身伤亡完全是由于旅客本人的健康状况造成的，承运人不承担责任。

因发生在民用航空器上或者在旅客上、下民用航空器过程中的事件，造成旅客随身携带物品毁灭、遗失或者损坏的，承运人应当承担责任。因发生在航空运输期间的事件，造成旅客的托运行李毁灭、遗失或者损坏的，承运人应当承担责任。

②赔偿责任限额。旅客或者托运人在交付托运行李或者货物时，特别声明在目的地点交付时的利益，并在必要时支付附加费的，除承运人证明旅客或者托运人声明的金额高于托运行李或者货物在目的地点交付时的实际利益外，承运人应当在声明金额范围内承担责任。根据《统一国际航空运输某些规则的公约》（该公约于 2005 年 7 月 31 日起对我国生效）的规定，中国民航国际航空运输的赔偿责任限额为：对每名旅客的赔偿责任限额为 10 万特别提款权以下的，除非损失是由索赔人或者旅客本人的过错造成或者促成的，航空公司不能免除责任；超过 10 万特别提款权的部分，除非航空公司证明损失不是由于它自身的过错造成的，或者损失完全是由于第三人的过错造成的，否则，航空公司还应承担赔偿责任。对托运行李或者货物的赔偿责任限额，每千克为 17 特别提款权。对每名旅客随身携带物品的赔偿责任限额为 1 000 特别提款权。

小资料 7-1

特别提款权

特别提款权（SDR）是国际货币基金组织（IMF）于 1969 年创立的一种记账单位。它只能用于政府间的结算，向其他会员国换取可以自由兑换的外币，支付国际收支逆差，但不能直接用于贸易或非贸易支付。特别提款权原与美元等值，1974 年改为 17 种货币的加权平均数定值，1981 年又改为用美元、马克、英镑、法郎、日元 5 种货币的平均数定值。2016 年 10 月 1 日起，人民币正式加入国际货币基金组织特别提款权货币篮子，货币篮子相应扩大至美元、欧元、人民币、日元、英镑。人民币在货币篮子的权重为 10.92%，美元、欧元、日元、英镑的权重分别为 41.73%、30.93%、8.33% 和 8.09%。

根据民航总局《国内航空运输承运人赔偿责任限额规定》（2006 年 3 月 28 日起施行），国内航空运输的赔偿限额为：对每名旅客的赔偿责任限额为人民币 40 万元；对每名旅客随身携带物品的赔偿责任限额为人民币 3 000 元，对旅客托运的行李和对运输的货物的赔偿责任限额为每千克人民币 100 元。旅客自身向保险公司投保航空旅客人身意外保险的，不免除或减少承运人应当承担的赔偿责任。

③有关诉讼的规定。航空运输的诉讼时效为两年，从民用航空器到达的目的地点，应到达的目的地点或者运输终止之日起计算。

（2）国内铁路运输中侵权责任的承担

①铁路运输中侵权责任的承担，应当适用《民法典》、《最高人民法院关于审理人身损害赔偿案件适用法律若干问题的解释》和《最高人民法院关于审理铁路运输人身损害赔偿纠纷案件适用法律若干问题的解释》。

《最高人民法院关于审理铁路运输人身损害赔偿纠纷案件适用法律若干问题的解释》第十二条规定："铁路旅客运送期间发生旅客人身损害，赔偿权利人要求铁路运输企业承担违约责任的，人民法院应当依照《民法典》第八百一十一条、第八百二十二条、第八百二十三条等规定，确定铁路运输企业是否承担责任及责任的大小；赔偿权利人要求铁路运输企业承担侵权赔偿责任的，人民法院应当依照有关侵权责任的法律规定，确定铁路运输企业是否承担赔偿责任及责任的大小。"

②赔偿请求的提出与诉讼。旅客或其继承人向铁路运输企业要求赔偿的请求，应当自事故发生之日起 1 年内提出，铁路运输企业应当自收到赔偿请求之日起 30 日内答复。如果双方对损害赔偿发生争议，可以向人民法院提起诉讼。

同步案例 7-3

受伤乘客获赔

背景与情境： 持有效客票的乘客 Y 在列车停靠站台后沿步梯下车，此时列车突然启动，致使其落入列车和站台间的夹缝中。站在站台上的列车员急忙爬上列车，阻止其他旅客下车，拉下紧急制动，列车在启动 100 余米后停下，尾车末端距离乘客 Y 坠车地点已有十几米远。乘客 Y 的左腿膝盖 10 厘米以下被轧断，右脚也严重受伤。事后，医院为乘客 Y 实施了左小腿及右脚掌的截肢手术。乘客 Y 因此到法院起诉，要求铁路运输部门对其伤害做出赔偿，在法院调解下，双方达成了赔偿协议。

问题：铁路运输部门应如何承担损害赔偿责任？

分析提示：乘客 Y 持有效客票乘车，与承运人构成合同关系，承运人有义务将其安全运达目的地。当乘客 Y 下车时因列车突然启动被轧伤致残，承运人应负赔偿责任，理由有三：一是伤害发生在乘客 Y 下车过程中，符合铁路部门有关赔偿范围的规定（旅客自检票进站直至到达行程终点出站时止）；二是承运人有过错，在乘客下车时列车突然启动，显然是造成伤害的直接原因，责任完全应当由承运人承担；三是旅客 Y 属正常下车，致其伤残并非本人过失或故意。因此，根据《民法典》等的规定，承运人应当对运输过程中旅客的伤亡承担损害赔偿责任。

3）减轻和免除法律责任的条件

由于不可抗力或旅客自身因素造成的损害，可以减轻或免除承运人的责任。

▶ 本章概要

□ 内容提要

本章介绍了我国旅游交通运输法规的有关知识。旅游交通运输法规是调整旅游交通运输中所产生的各种社会关系的法律规范的总称。我国旅游交通运输法规贯穿了统一管理与分级负责、安全运输、计划运输、合理运输等基本原则，体现了我国的特色。旅游运输合同是调整承运人和旅客间权利和义务关系的重要法律依据。承运人发售的客票、行李票是双方合同关系的主要凭证。旅游者和承运人的权利和义务互为依存，一方的权利即另一方的义务，这部分内容是本章的重点。旅游交通运输法规中的法律责任分为刑事责任、行政责任、民事责任三类，本章在最后一部分做了介绍，由于在旅游交通运输过程中承运人和旅客之间的关系一般属于民事法律关系，故应注意学习其中有关民事法律责任的知识。

□ 主要概念和观念

▲主要概念

旅游交通运输法规　旅游运输合同

▲主要观念

旅游交通运输经营者与旅客的权利和义务　旅游交通运输中的法律责任

□ 重点实务

旅游交通运输经营者与旅客的权利和义务　旅游交通运输法律关系的凭证和依据　旅游交通运输法律关系的产生、变更和消灭

▶ 基本训练

□ 知识训练

▲复习题

1）试述我国旅游交通运输法规调整的主要对象。

2）我国旅游交通运输法规贯彻的基本原则是什么？

3）试述旅客和承运人的主要义务。

学习微平台

延伸阅读 7-2

▲讨论题

将班级学生分成若干个讨论小组，各组成员根据"承运人的权利和义务"这一主题，讨论承运人如何正确使用自己的权利？如何正确履行自己的义务？

□ 能力训练

▲案例分析

【训练项目】

案例分析－Ⅶ。

【相关案例】

车站出差错，损失由谁负责？

背景与情境： 杨女士和丈夫在 H 火车站买了两张车票，座号为 4 车厢 110 号和 111 号。登车后发现车厢的座号只到 108 号，以后就没有了。怀有 5 个月身孕的杨女士在过道站了一会儿，感到不舒服，便找到车厢的乘务员，要求对号入座。乘务员说："没座跟我们没关系，你去找车站。"另外一位乘务员见杨女士站在门口，便不耐烦地让她走开。一位乘客见杨女士怀有身孕，便将自己的座位让给了她。事后，杨女士找到 H 铁路分局客运部门才得知，由于列车临时更换备用车厢，座位由 116 个变成 108 个，该车属于 S 铁路局系统，H 火车站没有接到更换车厢的通知，仍按 116 个座位售票。H 铁路分局客运部门的工作人员说，H 铁路分局不承担责任，应当由 S 铁路分局承担责任。那么，车站卖错了票，损失由谁承担呢？

问题：

1）H 火车站卖错了票是否应当承担责任？

2）S 铁路分局因变更车厢给杨女士带来的不便应当承担怎样的责任？

3）杨女士应当怎样维护自己的合法权益？

【训练要求】

同第 1 章"基本训练"中本题型的"训练要求"。

▲ 自主学习

【训练项目】

自主学习－Ⅳ。

【训练步骤】

1）班级同学以小组为单位组建"自主学习"训练团队，每队确定一名负责人。

2）各团队根据训练项目需要进行角色分工。

3）经团队通过校图书馆、院资料室和互联网，查阅"文献综述格式、范文及书写规范要求"和近三年关于"旅游交通运输经营者与旅客的权利和义务"研究的前沿学术文献资料。

4）经团队总结和整理"旅游交通运输经营者与旅客的权利和义务"研究的前沿学术文献资料，依照"文献综述格式、范文及书写规范要求"，撰写《"旅游交通运输经营者与旅客的权利和义务"最新文献综述》。

5）在班级交流各团队的《"旅游交通运输经营者与旅客的权利和义务"文献综述》。

6）在校园网的本课程平台上展出经过修订并附有教师点评的各团队最新

《"旅游交通运输经营者与旅客的权利和义务"最新文献综述》，供学生相互学习借鉴。

□ 课程思政

【训练项目】

课程思政－Ⅶ。

【相关案例】

旅游大巴经营者袖手旁观

背景与情境：旅客张某在乘旅游大巴途中，被两名行窃的歹徒刺伤，大巴的经营者袖手旁观，并打开车门让歹徒逃跑。张某事后因治伤花费医疗费 2 000 余元。当张某要求承运人承担医疗费用时，大巴的经营者却提出张某的伤不是他们造成的，因而拒绝付给张某医疗费。

问题：

1）本案例中大巴经营者行为存在哪些思政问题？

2）试就上述问题对大巴经营者行为做出思政研判。

3）通过调研，搜集你做思政研判所依据的相关规范。

【训练要求】

同第1章"基本训练"中本题型的"训练要求"。

第8章　旅游出入境管理法规制度

● 学习目标

通过本章学习，应达到以下目标：

职业知识： 学习和把握"旅游出入境管理法规制度"的相关概念，我国出入境检查制度，外国旅游者入境和我国旅游者出境管理，以及"同步链接""延伸阅读""小资料"等理论与实务知识；能用其指导本章"同步思考""教学互动"和"基本训练"中"知识训练"各题型的认知活动，建构专业规则意识，正确解答相关问题。

职业能力： 运用本章知识研究相关案例，训练在"旅游出入境管理法规制度"特定情境下对当事者行为的多元表征专业能力和"与人交流"通用能力；通过"'办理旅游出入境手续'知识应用"的实训操练，培养相关专业技能。

课程思政： 结合本章教学内容，依照相关规范或要求，对"课程思政8-1"专栏和章后"出境旅游领队如何保护中国游客正当的权益"等案例中的企业或其从业人员行为进行思政研判，强化与案例议题相关的法律法规思考和政治素质，促进"立德树人"根本任务的落实。

引例：10名土耳其人组织中国涉恐人员偷渡出境被捕

背景与情境：《环球时报》记者从有关部门获悉，2014年11月，上海市公安局会同有关部门侦破一起土耳其人组织我国涉恐人员使用变造土耳其护照偷渡出境案，抓获阿巴拜克热（涉恐网上追逃人员）等9名准备持用变造土耳其护照偷渡出境的新疆维吾尔族犯罪嫌疑人，以及另2名协助组织偷渡的中国籍犯罪嫌疑人、赛拉哈丁等10名提供变造土耳其护照并组织人员偷渡出境的土耳其籍犯罪嫌疑人。

公安机关查明，在土耳其的达吾提（原籍新疆喀什，现在境外）与土耳其人拉马赞（现在境外）等人，以收取每人6万元人民币费用为条件，组织上述人员使用变造的土耳其护照偷渡出境。达吾提、拉马赞等人以1本土耳其护照付给2 000美元报酬为条件，利用伪造来华签证邀请函，组织、安排赛拉哈丁等9名土耳其人向我驻土耳其使馆骗取签证后入境，与我国境内的阿巴拜克热、伊敏托合提、亚森等9名准备偷渡的人员接头，并收取"定金"。随后，拉马赞安排土耳其人卡鲁克将该9名土耳其人护照携带出境伪造、变造后，企图组织阿巴拜克热等9名人员从上海浦东机场非法出境。

公安机关从查获的偷渡人员持用的通信工具中发现有涉恐音视频资料，部分偷渡人员交代偷渡出境后将前往叙利亚、阿富汗和巴基斯坦等地，其中1人曾多次在新疆传播煽动民族仇恨、民族歧视音视频。

目前，赛拉哈丁等10名土耳其籍犯罪嫌疑人被上海检察机关以涉嫌组织他人偷越国（边）境罪依法批准逮捕。阿巴拜克热等已被公安机关以涉嫌组织、领导、参加恐怖组织罪依法刑事拘留，目前该案还在进一步审查中。

据了解，这是一起土耳其人与我国新疆维吾尔族涉恐人员内外勾结，有策划、有预谋组织涉恐人员偷渡出境的重大案件，其组织之严密、手法之隐秘、涉案土耳其人员数量之多，引起有关部门高度关注。此前，有媒体报道称，近年来，我国一些新疆维吾尔族人员通过多种方式非法偷渡出境，部分人员经由土耳其前往叙利亚、伊拉克等地，参加所谓的"圣战"，有的返回中国境内策划、实施暴恐活动。

有关部门表示，将进一步加大对这类犯罪的侦破打击力度，绝不让任何内外勾结、危害我国家安全的犯罪行为得逞。

资料来源　刘畅. 10名土耳其人组织中国涉恐人员偷渡出境被捕［EB/OL］.［2015-01-14］. http://news.sohu.com/20150114/n407772097.shtml.

随着社会经济的不断发展，为加强国际的交流与合作，促进共同发展，每个国家都制定了关于外国公民、本国公民出入境管理的法律、法规，以确保国家主权和安全，同时保护本国公民和外国公民的合法权益。我国于2012年6月30日通过并公布了《中华人民共和国出境入境管理法》（自2013年7月1日起施行，以下简称《出境入境管理法》）。为了规范旅行社组织中国公民出国旅游活动，保障出国旅游者和出国旅游经营者的合法权益，2002年7月1日起开始施行《中国公民出国旅游管理办法》；为了适应全球化的社会经济发展需要，我国于2007年1月1日起正式施行《中华人民共和国护照法》。此外，《中华人民共和国海关法》《旅游法》《中华人民共和国出境入境边防检查条例》等法律、法规也是规范我国旅游者出入境行为的重要法律制度。

学习微平台

同步链接8-1

8.1　出入境检查制度

根据我国法律规定，对一切离开、进入或者通过中华人民共和国国（边）境的中国籍、外国籍和无国籍人员实行海关检查、边防检查、安全检查、卫生检疫、动植物检疫的"一关四检"的检查制度。

8.1.1　海关检查

海关是由各主权国家设立，为了维护国家安全和利益，对进出境货物、运输工具、行李物品、货币、金银等执行监督管理和稽查走私、征收关税的国家行政机关。海关检查是指海关在国境口岸依法对进出国境的货物、运输工具、行李物品、邮递物品和其他物品执行监督管理、代收关税和查禁走私等任务时所进行的检查。我国海关在执行任务时贯彻既严格又方便的原则，既保护国家的政治经济利益，维护国家主权，又便利正常往来。

外国旅游者来中国，主要接受海关对其入境运输工具和行李物品的检查。进出中国国境的旅游者应将携带的行李物品交由海关检查。旅游者应填写"旅客行李申报表"一式两份，经海关查验行李物品后签章，双方各执一份，在旅游者回程时交由海关验核。来我国居留不超过六个月的旅游者，携带海关认为必须复运出境的物品，由海关登记后放行，旅游者出境时必须将原物带出；旅游者携带的金银、珠宝等饰物，如准备携带出境，应向海关登记并由海关发给证明书，以便出境时海关凭证核放。进出国境的旅游者携带的行李物品符合纳税规定的，应照章纳税。

由于目前各国出入境旅游的人数大增，绝大多数国家在海关检查时简化了手续。有的国家免检，如西欧一些国家在海关处写明"不用报关"或"无人办公"的字样；有的国家实行口头申报，过关时只口头问一问，很少开箱检查；只有少数国家在过关时既要填申报单，又要开箱检查。我国海关也简化了手续，未携带违禁物品和征税物品的人员，可以从绿色通道直接过关。

小资料8-1

"红色通道"和"绿色通道"

为了方便旅客出入国境，许多大型国际机场设立红、绿两个通道。"红色通道"又称"申报通道"，是必须经过海关履行监察和检验手续后，方可放行的通道。选择红色通道的旅客，须向海关出示本人证件和进出境旅客行李物品申报单。"绿色通道"又称"无申报通道"或"免验通道"，是指旅客携带无须向海关申报的物品或只出示申报单或有关单位证明后即可放行的通道。旅客必须在确认自己未携带任何应税物品或违禁物品的情况下方可选择走绿色通道，否则一经查获，违禁物品即被没收，旅客本人也会被课以重税、罚款，甚至受到法律的制裁。目前，我国海关的主要口岸已经实行红、绿通道验放制度。

8.1.2　边防检查

各国为了维护国家主权和安全，禁止非法出入境。为了便利进出境人员和保障交通运输畅通，在对外开放的港口、机场、国境车站和孔道以及特许的进出口岸都设立了边防检查站，对进出国境的人和物进行检查。1995年7月6日，国务院第34次常务会议通过了《中华人民共和国出境入境边防检查条例》（自1995年9月1日起施行，以下简称《出境入境边防检查条例》）。《出境入境管理法》第六条规定："国家在对外开放的口岸设立出入境边防检查机关。中国公民、外国人以及交通运输工具应当从对外开放的口岸出境入境，特殊情况下，可以从国务院或者国务院授权的部门批准的地点出境入境。出境入境人员和交通运输工具应当接受出境入境边防检查。"

根据我国法律的规定，对一切离开、进入或者通过中华人民共和国国（边）境的中国籍、外国籍和无国籍人出入中国的包括旅游者在内的人员实行边防检查。

边防检查是指对出入国境人员的护照、证件、签证、出入境登记卡、出入境人员携带的行李物品和财物，交通运输工具及其运载的货物等的检查和监护，以及对出入国境上下交通运输工具的人员的管理和违反规章行为的处理等。

我国在对外开放的港口、航空港、车站和边境通道口等口岸设立出境入境边防检查站，对入出国境的人员、交通运输工具和行李物品进行检查。根据《出境入境边防检查条例》，我国的边防检查工作由公安部主管。

出境、入境的人员和交通运输工具不得携带、载运法律、行政法规规定的危害国家安全和社会秩序的违禁物品，携带、载运违禁物品的，边防检查站应当扣留违禁物品，对携带人、载运违禁物品交通工具负责人将依照有关法律、行政法规的规定进行处理。

任何人不得非法携带属于国家秘密的文件、资料和其他物品出境；非法携带属于国家秘密的文件、资料和其他物品的，边防检查站应当予以收缴，对携带人依照有关法律、行政法规的规定进行处理。

出境、入境的人员携带或者托运枪支、弹药，必须遵守有关法律、行政法规的规定，向边防检查站办理携带或者托运手续；未经许可，不得携带、托运枪支、弹药出境、入境。

8.1.3　安全检查

安全检查是出入境的检查内容之一，是对出入境人员、行李物品必须履行的检查手续。安全检查的目的在于禁止旅客携带枪支、弹药、凶器、易燃易爆物品、剧毒品及其他威胁国家安全的危险物品，切实保障旅客的人身安全和财产安全。

根据《出境入境边防检查条例》第四条的规定，边防检查站为维护国家主权、安全和社会秩序，应履行下列职责：

（1）对出境、入境的人员及其行李物品、交通运输工具及其载运的货物实施边防检查；

（2）按照国家有关规定对出境、入境的交通运输工具进行监护；

（3）对口岸的限定区域进行警戒，维护出境、入境秩序；

（4）执行主管机关赋予的其他法律、行政法规规定的任务。

安全检查主要包括行李物品检查、旅客证件检查、手提行李物品检查、旅客身体检查。海关和边防站采用通过安全门使用磁性探测检查、红外线透视、搜身开箱检查等方法，对旅游者进行安全检查。

8.1.4 卫生检疫

为了防止传染病由国外传入或由国内传出，保护人体健康，各国都制定了国境卫生检疫法。我国依据《中华人民共和国国境卫生检疫法》设立了国境卫生检疫机关，规定包括旅游者在内的入境、出境的人员、交通工具、运输设备以及可能传播检疫传染病的行李、货物、邮包等物品，都应当接受检疫，经国境卫生检疫机关许可，方准入境或者出境。

在国外或国内有检疫传染病大流行的时候，国务院可以下令封锁有关国境或采取其他紧急措施。

8.1.5 动植物检疫

为了保护我国农、林、牧、渔业的生产和人体健康，维护对外贸易信誉，履行国际义务，防止危害动植物的病、虫、杂草及其他有害生物由国外传入或由国内传出，我国及世界各国都制定了动植物检疫的法律，这对动植物检疫具有重大意义。在我国边境口岸设立的口岸动植物检疫站，代表国家对入出境的动物、动物产品、植物、植物产品及运载动植物的交通工具等执行检疫任务。

旅游者应主动接受动植物检疫，并按有关规定出入境。

同步案例 8-1

出境任性买小心带不回　海关：携违禁品或被罚

背景与情境： 一旅客花了 5 万多元在澳门特区买了 10 盒冬虫夏草，原本打算过节时赠送亲友，结果从珠海横琴口岸过关时才得知是违禁物品。随着出境旅行成为越来越多内地居民度假的首选，在境外购物也成为很多人旅行中的压轴戏。但是，不少人因为不了解相关法规，盲目在境外"买买买"，过关时却被"截截截"。

一名旅客携带数个包裹准备通关，X 光机成像显示，其中一个包裹中装有大量冬虫夏草，工作人员对此包裹进行了共同查验。据了解，该名旅客在澳门花了 5 万多元买这批冬虫夏草礼盒，原本打算带回赠送亲友，结果在过关时被截才得知不能随便携带入境。根据《中华人民共和国进出境动植物检疫法》及相关法律法规的规定，冬虫夏草为动物源性中药材，该批冬虫夏草礼盒未经申报且无相关检疫审批手续，是禁止携带、邮寄入境的。对此，检疫工作人员依法对该批虫草予以截留并进行监督退运处理，并耐心对该名旅客讲解了相关法律、法规。

无独有偶，一对内地的夫妻大年初四到澳门游玩，见到琳琅满目的商品忍不住"买买买"，结果在横琴口岸过关，随身携带的 6 盒海参、1 盒元贝和 8 盒燕窝重达 4.46 千克，货值超万元，由于其携带入境时既未主动申报，又不能提供有效的检疫审批证明，全部被截。

由于内地旅客出境旅游与港澳旅客回乡省亲的客流叠加，春节假期珠海各口岸迎来了客流高峰，境外"买买买"，过关时"截截截"的事件大增。据统计，2017 年春节假期期间，珠海口岸截获禁止进境物 712 批、564.5 千克，其中截获名贵产品冬虫夏草、燕窝、鱼胶、海参等 45 批、38.2 千克。在截获物品中排名第一位的是水果，仅仅九洲口岸截获的禁止进境物 216 批次、118 千克中，水果批次就占 69%，紧随其后的是动物肉制品。

资料来源　邓璐，马玲. 出境任性买小心带不回　海关：携违禁品或被罚 [EB/OL]. [2017-02-07]. http：//news.xinhuanet.com/world/2017-02/07/c_129469520.htm.

问题： 旅游者出入境携带物品，其中哪些物品属于违禁品？

分析提示： 根据《中华人民共和国禁止携带、邮寄进境的动植物及其产品名录》的规定，禁止携带、邮寄进境的物品有三大类 16 个条目：①动物及动物产品类，包括活动物（犬、猫除外）；（生或熟）肉类（含脏器类）及其制品，水生动物产品；动物源性奶及奶制品；蛋及其制品；燕窝（罐头装燕窝除外）；油脂类，皮张、毛类，蹄、骨、角类及其制品；动物源性饲料、动物源性中药材、动物源性肥料。②植物及植物产品类，包括新鲜水果、蔬菜，烟叶（不含烟丝），种子（苗）、苗木及其他具有繁殖能力的植物材料，有机栽培介质。③其他类，包括菌种、毒种等动植物病原体，害虫及其他有害生物，细胞、器官组织、血液及其制品等生物材料；动物尸体、动物标本、动物源性废弃物；土壤；转基因生物材料；国家禁止进境的其他动植物、动植物产品和其他检疫物。

海关提醒： 携带禁止进境物品或被罚款。珠海市市场监督管理局相关科室负责人介绍，对截获的禁止进境物实行退回或销毁处理，但是能够享受原路退回处理，以港澳旅客居多，因为原路退物须有人接收。而对于内地旅客，很多就是白买了。

不仅销毁处理，出入境旅客未报检或者未依法办理检疫审批手续或者未按检疫审批的规定执行的，携带禁止进境的动植物产品入境的，口岸动植物检疫机关可处以 5 000 元以下的罚款。

8.2　外国旅游者入出境管理

8.2.1　外国人入出境管理制度概述

为维护中华人民共和国的主权、安全和社会秩序，有利于发展国际交往，中国政府制定了《出境入境管理法》。凡外国人入境、出境、通过中华人民共和国国境和在中国居留、旅行，均适用于本法。

入境，是指由其他国家或者地区进入中国内地，由香港特别行政区、澳门特别行政区进入中国内地，由台湾地区进入中国大陆。

出境，是指由中国内地前往其他国家或者地区，由中国内地前往香港特别行政区、澳门特别行政区，由中国大陆前往台湾地区。

外国人入出我国国境、居留、旅行必须遵循下列原则：

1）主管机关许可的原则

根据《出境入境管理法》规定，外国人入境、过境和在中国居留，必须经中国政府主管机关许可。

2）指定口岸通行、接受边防检查的原则

根据《出境入境管理法》规定，外国人入境、出境、过境，必须从对外国人开放的或指定的口岸通行，接受边防检查机关的检查和监护。

3）保护外国人合法权利和利益的原则

根据《出境入境管理法》规定，中国政府保护在中国境内的外国人的合法权利和利益。外国人的自由不受侵犯，非经人民检察院批准或者决定或者人民法院决定，并由公安机关或者国家安全机关执行的，不受逮捕。

4）遵守中国法律的原则

根据《出境入境管理法》规定，外国人在中国境内，必须遵守中国法律、不得危害中国国家安全、损害社会公众利益、破坏社会公共秩序。

8.2.2　入出境的管理机关、主要证件和手续

1）外国人入出境管理机关及其职责

中国政府在国外受理外国人入境、过境申请的机关是中国的外交代表机关、领事机关和外交部授权的其他驻外机关；中国政府在国内受理外国人入境、过境、居留、旅行申请的机关是公安部、公安部授权的地方公安机关和外交部、外交部授权的地方外事部门。受理外国人入境、过境、居留、旅行的机关有权拒发签证和证件；对已发出的签证和证件，有权吊销或者宣布作废。公安部或外交部在必要时可以改变各自授权的机关做出的决定。对非法入境、非法居留的外国人，县级以上公安机关可以拘留审查、监视居住或者遣返出境。

2）外国旅游者入境有效证件

（1）护照

护照是主权国家发给本国公民出入国境和在国外居留、旅游等合法的身份证件，以其证明该公民的国籍、身份及出国目的。凡入出中国边境的外国旅游者应持有效护照或一些国家颁发的代替护照的证件，如法国颁发的通行证和英国颁发的旅游证，以便中国有关当局查验。

> **小资料8-2**
>
> **护照的种类**
>
> 目前世界上大多数国家颁发的护照，一般可分为外交护照、公务护照和普通护照三种。我国护照可分为外交护照、公务护照、普通护照和特区护照。

（2）签证

签证是一主权国家外交、领事或公安机关或由上述机关授权的其他机关，根据外国人要求入境的申请，依照有关规定在其所持证件（护照或其他旅行证件）上签注、盖印，表示准其出入本国国境或者过境的手续。

签证手续实际上是一国实施有条件准许入境的措施。根据外国人来中国的身份和所持护照的种类，分别发给外交签证、礼遇签证、公务签证和普通签证。根据需要次数和时间限制，分别发给长期和短期签证，一般是一次出入境有效。有的国家为加强友好交往，在互惠原则下互免签证手续，也有许多双边条约规定互免签证手续。旅游者办理护照后，应申请所去国和中途经过或停留国家的有效证件。

小资料8-3

海南省对59国旅游者实行免签证手续

为了促进海南旅游业的发展，规范对外国人免签证来海南旅游的服务和管理，维护国家安全，促进海南国际旅游岛的建设，根据国家有关法律法规，结合海南实际，公安部于2018年4月18日召开新闻发布会，国家移民管理局在发布会上通报，经国务院批准，自2018年5月1日起，在海南省实施59国人员入境旅游免签政策，进一步支持海南全面深化改革开放。

小资料8-4

53国公民过境部分城市将144小时免签

经国务院批准，自2019年12月1日起，江浙沪、京津冀、厦门、青岛、武汉、成都、昆明等城市目前向53国公民（同72小时过境免签政策适用国家名单）有条件开放144小时过境免签，即公民持本人有效国际旅行证件和144小时内确定日期及座位前往第三国家/地区的联程机票，可免办签证。

外国人申请办理签证，应当填写申请表，提交本人的护照或者其他国际旅行证件以及符合规定的照片和申请事由的相关材料。申请L字签证，应当按照要求提交旅行计划行程安排等材料；以团体形式入境旅游的，还应当提交旅行社出具的邀请函件。

中国政府驻外使、领馆和外交部及其授权的其他机关是办理签证事宜的部门。文化和旅游部、省文化和旅游厅及特定的旅行社依法行使来我国境内旅游的签证通知权。经授权的地方公安机关作为口岸签证机关，按法律规定的事宜，对在外事或旅游活动中确需来华而来不及在中国驻外机关申办签证的外国人办理签证的，申办人一下飞机即可办理签证，这种方式俗称"落地签证"。

我国采取三种签证制度，通常情况下采取一次签证一次有效的方法，此外党政军有多次签证和免除签证。

旅游者领取签证和证件后，需要申请变更或延期的，如有效期延长、增加偕行人员和增加不对外国人开放地点等，应向证件发放机关申办，并办理以下手续：交验护照、签证和旅行证等证件；填写变更或延期申请表；提供与变更和延期有关的证明并缴纳规定的费用。

（3）旅行证

持有效证件的旅游者可以前往我国规定的对外开放的地区旅游。根据有关规定，此类地区称为甲类地区；已对外开放、控制开放的新增加开放地区为乙类地区；只准许经常去考察、进行技术交流和现场施工等公务活动的一般性对外开放地区为丙类地区；不对外国人开放的地区为丁类地区。前往乙、丙和丁类地区应办理旅行证。

旅行证是指外国人前往不对外国人开放的地区旅行时，必须向当地公安机关申请的旅行证件，由旅游者临时居留地或开放地的市、县公安局办理。申请人应交验护照或居留证件，提供旅行事由的有关证明，填写旅行申请表。

旅行社可接受外国旅游者、华侨、港澳台同胞、外国华人的委托，代办中国入境、过境、居留和旅行等签证，代向海关办理申报、检验手续。

8.2.3 外国人的停留居留、住宿、出境管理

1）外国人停留居留管理

外国人所持签证注明的停留期限不超过180日的，持证人凭签证并按照签证注明的停留期限在中国境内停留。需要延长签证停留期限的，应当在签证注明的停留期限届满7日前向停留地县级以上地方人民政府公安机关出入境管理机构申请，按照要求提交申请事由的相关材料。经审查，延期理由合理、充分的，准予延长停留期限；不予延长停留期限的，应当按期离境。延长签证停留期限，累计不得超过签证原注明的停留期限。

外国人所持签证注明入境后需要办理居留证件的，应当自入境之日起30日内，向拟居留地县级以上地方人民政府公安机关出入境管理机构申请办理外国人居留证件。申请办理外国人居留证件，应当提交本人的护照或者其他国际旅行证件，以及申请事由的相关材料，并留存指纹等人体生物识别信息。公安机关出入境管理机构应当自收到申请材料之日起15日内进行审查并做出审查决定，根据居留事由签发相应类别和期限的外国人居留证件。外国人工作类居留证件的有效期最短为90日，最长为5年；非工作类居留证件的有效期最短为180日，最长为5年。

外国人在中国境内停留居留，不得从事与停留居留事由不相符的活动，并应当在规定的停留居留期限届满前离境。

年满16周岁的外国人在中国境内停留居留，应当随身携带本人的护照或者其他国际旅行证件，或者外国人停留居留证件，接受公安机关的查验。

在中国境内居留的外国人，应当在规定的时间内到居留地县级以上地方人民政府公安机关交验外国人居留证件。

2）外国人住宿管理

外国人在中国境内旅馆住宿的，旅馆应当按照旅馆业治安管理的有关规定为其办理住宿登记，并向所在地公安机关报送外国人住宿登记信息。

外国人在旅馆以外的其他住所居住或者住宿的，应当在入住后24小时内由本人或者留宿人，向居住地的公安机关办理登记。

3）外国人出境管理

按照《出境入境管理法》的规定，对外国人出境的管理有下列要求：

（1）外国人出境须凭本人的有效护照和其他有效证件。

（2）外国人应当在签证准予停留的期限内或居留证件的有限期内出境。

（3）持有外国人居留证件的人，在其居留证件有效期内出境并返回中国的，应当在出境前按规定办理返回中国的入境申请签证手续并提供有关证明。持有居留证件的外国人出境后不再返回中国的，在出境时应向边防检查站缴销居留证件。

8.2.4 外国人入出境的限制和法律责任

1）外国人的入境限制

一个国家是否准许外国人入境，完全由各国国内法律规定。在国际法上，一个国家并没有必须准许外国人入境的义务。但在现代国际社会，各国都是在互惠的基础上

允许外国人为合法目的入境的。外国人入境一般须持有护照并经过签证手续；无国籍人入境则应持有其居留国签发的旅行证明。为维护本国的安全和利益，国家有权禁止本国政府认为有害于本国的人入境。按照这一原则我国规定，外国人有下列情形之一的，不准入境：

（1）未持有效出境入境证件或者拒绝、逃避接受边防检查的；

（2）具有《出境入境管理法》第二十一条第一款第一项至第四项规定情形的，即我国政府不予签发签证的；

（3）入境后可能从事与签证种类不符的活动的；

（4）法律、行政法规规定不准入境的其他情形。

对不准入境的，出入境边防检查机关可以不说明理由。

2）外国人的出境限制

对于在中国境内的外国人，只要符合出境规定的，国家就不能禁止该外国人出境。对于合法出境的外国人，应允许带走其合法财产。但外国人有下列情形之一的，不准出境：

（1）被判处刑罚尚未执行完毕或者属于刑事案件被告人、犯罪嫌疑人的，但是按照中国与外国签订的有关协议，移管被判刑人的除外；

（2）有未了结的民事案件，人民法院决定不准出境的；

（3）拖欠劳动者的劳动报酬，经国务院有关部门或者省、自治区、直辖市人民政府决定不准出境的；

（4）法律、行政法规规定不准出境的其他情形。

3）法律责任

《出境入境管理法》规定，有下列行为之一的，处 1 000 元以上 5 000 元以下罚款；情节严重的，处 5 日以上 10 日以下拘留，可以并处 2 000 元以上 10 000 元以下罚款：持用伪造、变造、骗取的出境入境证件出境入境的；冒用他人出境入境证件出境入境的；逃避出境入境边防检查的；以其他方式非法出境入境的。

外国人从事与停留居留事由不相符的活动，或者有其他违反中国法律、法规规定，不适宜在中国境内继续停留居留情形的，可以处限期出境。外国人违反《出境入境管理法》规定，情节严重，尚不构成犯罪的，公安部可以处驱逐出境。公安部的处罚决定为最终决定。被驱逐出境的外国人，自被驱逐出境之日起 10 年内不准入境。

受公安机关罚款或者被处以拘留处罚的外国人，对处罚不服的在接到通知之日起 15 日内，可以向上一级公安机关提出申诉，由上一级公安机关做出最后裁决，也可以直接向人民法院申诉。

同步案例 8-2

老外撞倒大妈被拘，因非法就业将被遣送出境

背景与情境：2013 年 12 月 2 日上午 10 时 30 分许，北京朝阳区香河园路与左家庄东街路口，一名操东北口音的女子被一名骑车的外国小伙撞倒，随即瘫软倒地不起。外国小伙下车急忙搀扶女子，却被女子一把揪住，女子自称被外国小伙撞倒，腿部受

伤无法行走，需要外国小伙负责。有人称这是一起"外国小伙扶摔倒女子遭讹诈"的事件。北京警方11日公布，"外国小伙扶摔倒女子遭讹诈"事件中的外籍男子除了存在多项交通违法行为外，还存在非法就业等问题。据北京警方通报，根据录像及核实的情况证明，当事外籍男子存在未取得机动车驾驶证驾驶二轮轻便摩托车、车辆无号牌、二轮轻便摩托车载人、逆向行驶等多项交通违法行为。警方已合并给予其行政拘留7日并处罚款1 500元的处罚。此外，警方在对这名外籍男子的调查中查明，该人及其父未经批准在京非法就业，根据《出境入境管理法》的相关规定，依法给予其行政拘留5日并处罚款5 000元人民币的处罚，给予其父行政拘留14日并处罚款1万元人民币的处罚，处罚后依法遣送出境。同时，警方对非法聘用二人的用工单位依法处以罚款2万元人民币的处罚。

资料来源　杨锋，胡涵. 北京撞倒大妈老外被拘　因非法就业将被遣送出境［EB/OL］.［2013-12-12］. https://news.qq.com/a/20131212/000707.htm.

问题：这名外籍男子及其聘用单位为什么会受到处罚？

分析提示：这名外籍男子违反了《中华人民共和国道路安全法》和《出境入境管理法》的相关规定；其聘用单位违反了《出境入境管理法》第八十条的相关规定："外国人非法就业的，处五千元以上二万元以下罚款；情节严重的，处五日以上十五日以下拘留，并处五千元以上二万元以下罚款……非法聘用外国人的，处每非法聘用一人一万元，总额不超过十万元的罚款；有违法所得的，没收违法所得。"

8.3　中国旅游者出入境管理

中国公民出境旅游，是改革开放以来逐步发展起来的新的消费领域和社会文化现象。随着我国经济文化的快速发展、人民生活水平的显著提高，从1981年国务院批准开展港澳游开始，我国公民的旅游出现了包括国内游、港澳游、台湾游、边境游、出国游等多种旅游选择的阶段。经过逐年的发展，我国已形成国际旅游、国内旅游、出国（境）旅游相互促进、共同发展的新格局。2012年我国出境旅游人数已经超过8 000万人次。为适应改革开放的新形势，《出境入境管理法》、《中华人民共和国海关法》、《中华人民共和国国境卫生检疫法》、《出境入境边防检查条例》、《中国公民出国旅游管理办法》及《中华人民共和国护照法》等法律、法规相继颁布并实施，建立了我国公民出入境管理的法律制度。

8.3.1　出入境的管理机关

出入境是指一国公民经本国政府主管机关批准和前往国家或地区以及途经国家或地区的许可，持规定有效的证件和签证，通过对外开放或指定的口岸从本国出境进入其他国家或地区，或者从其他国家或地区返回本国境内。

公安部、外交部按照各自职责负责有关出境入境事务的管理。

8.3.2　中国公民出入境的主要证件和手续

1）护照

中国公民出境旅游应申请办理普通护照。凡出国人员均须持有效护照以备有关当局查验。

按照《中华人民共和国护照法》规定，护照申请应向户口所在地的县级以上地方人民政府公安机关出入境管理机构提出，回答有关询问，履行下列手续：提交本人的身份证、户口簿、近期免冠照片以及申请事由的相关材料。国家工作人员因非公务原因出境申请普通护照的，还应当按照国家的有关规定提交相关证明文件。护照由出境人保存、使用；不得毁损、涂改，严防遗失。护照的有效期：持有人16周岁以上的为10年；未满16周岁的为5年；有效期即将届满的，可以申请换发；遗失或被盗的，应报告主管部门，在登报声明或挂失声明后申请补发；因情况变化，需变更护照或加注的，应提出申请，携带加注事项证明或说明材料到指定的机关办理。

2）签证

中国公民凭护照或其他有效证件出入中国国境，无须办理签证，但若作为允许旅游者前往一个国家或中途经过或停留的证件，中国旅游者在经批准出境获得护照和出境登记后，应申办欲前往国家的签证或入境许可证。按照国际惯例，一般按护照种类发给相应签证，但也可发给高于或低于护照种类的签证。出国旅游应向驻华使、领馆办理签证申请；没有使、领馆，也没有其他使馆代办业务的，则需到办理该国签证机关的国家办理。出国旅游要提前办理签证；办好签证要特别注意有效期和停留期；需要延长的，应向有关单位办理申请延长的手续。

护照以及出入境证件持有人出现下列情形之一的，原发证机关或上级机关予以吊销或宣布作废：持证人因非法进入前往国或者非法拘留被送回国内的；持护照、证件招摇撞骗的；从事危害国家安全、荣誉和利益活动的。若违反法律规定，持证人还将受到收缴证件、警告、拘留的处罚；情节严重的，将追究刑事责任。

3）出入境通行证

出入中国边境的通行证件，由省级公安厅（局）及其授权的公安机关签发。公民从事边境贸易、边境旅游服务或者参加边境旅游等情形，可以向公安部委托的县级以上地方人民政府出入境管理机构申请出入境通行证。

4）旅行证

旅行证是中国旅游者出入境的主要证件，由中国驻外的外交代表机关、领事机关或外交部授权的其他驻外机关颁发，旅行证只颁发给具有中国国籍者。旅行证分为一年一次有效和两年多次有效两种，由持证人保存、使用。

> **小思考8-1**

中国游客在出境旅游时，在境外丢失护照怎么办？

理解要点： 丢失者本人应向中华人民共和国驻当地使馆、领馆或外交部委托的其他驻外机构提出申请办理中华人民共和国旅行证。

8.3.3　出入境的限制

中国公民出境入境，应当依法申请办理护照或者其他旅行证件。中国公民应当从对外开放的口岸出境入境，特殊情况下，可以从国务院或者国务院授权的部门批准的地点出境入境。出境入境人员应当接受出境入境边防检查。

中国公民出境入境，应当向出入境边防检查机关交验本人的护照或者其他旅行证件等出境入境证件，履行规定的手续，经查验准许，方可出境入境。

中国公民有下列情形之一的，不准出境：未持有效出境入境证件或者拒绝、逃避接受边防检查的；被判处刑罚尚未执行完毕或者属于刑事案件被告人、犯罪嫌疑人的；有未了结的民事案件，人民法院决定不准出境的；因妨害国（边）境管理受到刑事处罚或者因非法出境、非法居留、非法就业被其他国家或者地区遣返，未满不准出境规定年限的；可能危害国家安全和利益，国务院有关主管部门决定不准出境的；法律、行政法规规定不准出境的其他情形。

定居国外的中国公民要求回国定居的，应当在入境前向中华人民共和国驻外使馆、领馆或者外交部委托的其他驻外机构提出申请，也可以由本人或者经由国内亲属向拟定居地的县级以上地方人民政府侨务部门提出申请。

同步案例8-3

公安机关未批准离境的，不能出境旅游

背景与情境： 某单位20名职工与某旅行社签订了参加"新、马、泰10日游"的旅游合同，出团日期定为2017年2月12日。可是在临出国的前三天，吕先生打来电话通知其中的王某，说他的出国申请未被当地公安机关批准，原因是王某与妻子的离婚手续还没有正式办好。王某本想借春节出国的机会散散心，结果却未能如愿。

问题： 当地公安机关为什么不批准王某的出境申请？

分析提示：《出境入境管理法》第十二条规定，中国公民有下列情形之一的，不准出境：①未持有效出境入境证件或者拒绝、逃避接受边防检查的；②被判处刑罚尚未执行完毕或者属于刑事案件被告人、犯罪嫌疑人的；③有未了结的民事案件，人民法院决定不准出境的；④因妨害国（边）境管理受到刑事处罚或者因非法出境、非法居留、非法就业被其他国家或者地区遣返，未满不准出境规定年限的；⑤可能危害国家安全和利益，国务院有关主管部门决定不准出境的；⑥法律、行政法规规定不准出境的其他情形。

本案例中，王某因正与妻子办理离婚手续，属于有未了结民事案件的情形，所以当地公安机关不能批准其离境。

教学互动8-1

背景资料： 南非开普敦公园地区法院2013年12月开庭审理了一名58岁的中国女子贩运大宗象牙的案件。法院认定，该女子试图贩运127千克的象牙、两只狮爪以及10只穿山甲的鳞片到中国香港，判决其入狱3年或缴纳5万兰特（约合278万元人民币）的罚款。据该女子交代，她是在莫桑比克的跳蚤市场购买的这些物品。

互动问题： 本案例中的中国女子为什么会受到南非法院的处罚？

要求： 同"教学互动1-1"的"要求"。

8.3.4 中国公民出国旅游管理制度

我国是一个发展中国家，总体来看，人民生活水平还不高，国家外汇储备也不充裕，因此，国家制定了"大力发展入境旅游，积极发展国内旅游，适度发展出境旅

游"的方针。2002年5月27日国务院令第354号公布了《中国公民出国旅游管理办法》（国务院2017年3月1日修订）。

1）出国旅游管理的几项制度

（1）总量控制和配额管理制度

国务院旅游行政部门根据上年度全国入境旅游的业绩、出国旅游目的地的增加情况和出国旅游的发展趋势，在每年的2月底以前确定本年度组织出国旅游的人数安排总量，并下达省、自治区、直辖市旅游行政部门。

省、自治区、直辖市旅游行政部门根据本行政区域内各组团社上年度经营入境旅游的业绩、经营能力、服务质量，按照公平、公正、公开的原则，在每年的3月底以前核定各组团社本年度组织出国旅游的人数安排。

国务院旅游行政部门应当对省、自治区、直辖市旅游行政部门核定组团社年度出国旅游人数安排及组团社组织公民出国旅游的情况进行监督。

国务院旅游行政部门统一印制《中国公民出国旅游团队名单表》（以下简称《名单表》），在下达本年度出国旅游人数安排时编号发放给省、自治区、直辖市旅游行政部门，由省、自治区、直辖市旅游行政部门核发给组团社。

从2002年1月1日起，文化和旅游部取消了赴中国香港旅游的配额限制。

（2）组团社审批制度

申请经营出国旅游业务的旅行社，应当向省、自治区、直辖市旅游行政部门提出申请。省、自治区、直辖市旅游行政部门应当自受理申请之日起30个工作日内，依据《中国公民出国旅游管理办法》第三条规定的条件对申请审查完毕，经审查同意的，报国务院旅游行政部门批准；经审查不同意的，应当书面通知申请人并说明理由。

国务院旅游行政部门批准旅行社经营出国旅游业务，应当符合旅游业发展规划及合理布局的要求。

未经国务院旅游行政部门批准取得出国旅游业务经营资格的，任何单位和个人不得擅自经营或者以商务、考察、培训等方式变相经营出国旅游业务。

（3）出国旅游目的地审批制度

出国旅游的目的地国家，由国务院旅游行政部门会同国务院有关部门提出，报国务院批准后，由国务院旅游行政部门公布。

任何单位和个人不得组织中国公民到国务院旅游行政部门公布的出国旅游的目的地国家以外的国家旅游；组织中国公民到国务院旅游行政部门公布的出国旅游的目的地国家以外的国家进行涉及体育活动、文化活动等临时性专项旅游的，须经国务院旅游行政部门批准。

开放中国公民出国旅游目的地的条件是：对方为我国客源国；有利于双方合作与交流；政治上对我国友好，开展国民外交符合我国对外政策的目标；旅游资源具有吸引力，具备适合我国旅游者的接待服务设施；对我国旅游者在政治、法律等方面没有歧视性、限制性和报复性的政策；旅游者有安全保障，具有良好的可进入性。

（4）以团队方式开展出国旅游制度

团队是指由特许经营出国旅游的旅行社组织3人以上的旅游团。为保障参游人员的人身安全及合法权益，便于旅游质量的监督管理，防止旅游者非法滞留，组团社及其旅游团队领队应当要求境外接待社按照约定的团队活动计划安排旅游活动，并要求其不得组织旅游者参与涉及色情、赌博、毒品内容的活动或者危险性活动，不得擅自改变行程、减少旅游项目，不得强迫或者变相强迫旅游者参加额外付费项目。我国规定公民出国旅游主要以团队形式进行，且每团派遣领队，领队负责团队活动安排，代表组团社负责与境外接待社接洽，以保证团队旅游服务质量并处理突发事故。

团队应以整团从国家开放口岸出入境，因不可抗力原因在境外分团时，领队应及时报告组团社。

旅游团队出入境时，应当接受边防检查站对护照、签证、《名单表》的查验。经国务院有关部门批准，旅游团队可以到旅游目的地国家按照该国有关规定办理签证或者免签证。

旅游团队出境前已确定分团入境的，组团社应当事先向出入境边防检查总站或者省级公安边防部门备案。

旅游团队出境后因不可抗力或者其他特殊原因确需分团入境的，领队应当及时通知组团社，组团社应当立即向有关出入境边防检查总站或者省级公安边防部门备案。

职业道德与企业伦理 8-1

地陪不会讲德语

背景与情境： 某年8月中旬，导游员小林作为全陪，负责一个18人的德国旅游团赴西藏旅游。一到目的地，游客们纷纷赞美那里的神奇风光与独特的民俗。然而，美中不足的是地方接待社所派德语地陪工作不认真，不但没做什么讲解，且态度生硬，甚至在第二天竟擅自不来。在这种情况下，小林只得打电话给地方接待社，要求更换另外合格的导游员，但地接社领导在表示歉意的同时声称实在没有别的德语导游员可派，只能派一位英语地陪来。小林即和领队商量，领队表示游客英语水平不高，派一位英语地陪会造成交流困难，游客肯定不满意。在不得已的情况下，小林与领队最后决定，同意地接社派一位负责任的地陪来，用中文进行讲解，然后再由小林译成德语讲给游客听。这样，小林一路上既做全陪，又当翻译，最后总算圆满完成了西藏之旅。

问题： 试比较西藏地方接待社的德语地陪和全陪导游员小林的做法。

分析提示： 在此案例中问题的主要责任在于西藏的地方接待社。按照《旅行社条例》规定，作为地方接待社，应履行给旅游团配备合格导游员的义务。而此案例中这位德语地陪根本不具备一名合格导游的起码条件，他工作责任心不强，上团时不但不讲解，且擅自"放羊"，这样的导游员职业道德太差。与地陪相反，全陪小林在确认地陪不合格后，从"服务至上、游客至上"的原则出发，果断打电话给地方接待社要求换地陪；在地方接待社表示实在无德语地陪的情况下，小林为了能让旅游团的游览活动顺利进行，宁可自己多付出辛劳，承担起了现场导游的口译工作，这充分体现了小林高度的职业道德和责任心。地陪和小林孰是孰非，孰好孰坏，不言而喻。

资料来源　佚名. 地陪不会讲德语 ［EB/OL］. ［2012-12-09］. https://wenku.baidu.com/view/14d02d0a03d8ce2f00662364.html.

2）组团社、公安机关的职责及其法律责任

（1）组团社职责

组团社应当按照核定的出国旅游人数安排组织出国旅游团队，填写《名单表》。旅游者及领队首次出境或者再次出境，均应当填写在《名单表》中，经审核后的《名单表》不得增添人员。按照《旅行社条例》的规定，与参游人员签订旅游合同，办理旅行社责任保险，派遣专职领队；明确要求接待社按双方商定的团队活动计划安排旅游活动，不得拒接、漏接，不得擅自增加或减少旅游项目，不得安排参游人员涉及色情、赌博、毒品以及危险性活动；对参游人员在境外滞留不归的，旅行社委派的领队人员应当及时向旅行社和中华人民共和国驻该国使领馆、相关驻外机构报告，并协助提供非法滞留者的信息；协助有关部门做好团队行李验收管理工作等。

（2）公安机关职责

查验参游人员提交的《审核证明》和费用发票；确认组团社和参游人员的合法资格后，依照有关法律、法规办理出国旅游手续；在法定期限内批准出境，由公安机关出入境管理部门颁发护照。

（3）法律责任

依照《中国公民出国旅游管理办法》《旅行社条例》的相关规定，未经批准擅自经营或者以商务、考察、培训等方式变相经营出国旅游业务的旅行社，由旅游行政管理部门会同公安机关、市场监督管理部门依法查处；违反组团社职责的由旅游行政管理部门给予通报批评、暂停经营出国旅游业务直至取消经营出国旅游业务资格；接待社造成旅游者损害时，旅游者可以要求组团社赔偿。对以出国旅游名义，弄虚作假、骗取出境证件、偷越国（边）境的，或者为组织、运送他人偷越国（边）境使用的，依照《刑法》、《出境入境管理法》等法律法规中的有关规定处罚。

学习微平台

延伸阅读 8-1

8.4　法律责任

我国制定有关出入境管理的法律法规，是为了规范出境入境的管理，维护中华人民共和国的主权、安全和社会秩序，促进对外交往和对外开放。

违反《出境入境管理法》的规定，必然要承担相应的法律责任。除了在 8.2 和 8.3 中已经介绍的有关法律责任外，《出境入境管理法》第七章的第七十条至第八十八条详细规定了有关处罚条款。结合旅游业的实际，主要内容有：

（1）持用伪造、变造、骗取的出境入境证件出境入境的；冒用他人出境入境证件出境入境的；逃避出境入境边防检查的；以其他方式非法出境入境的，处 1 000 元以上 5 000 元以下罚款；情节严重的，处 5 日以上 10 日以下拘留，可以并处 2 000 元以上 10 000 元以下罚款。

（2）中国公民出境后非法前往其他国家或者地区被遣返的，出入境边防检查机关应当收缴其出境入境证件，出境入境证件签发机关自其被遣返之日起 6 个月至 3 年以内不予签发出境入境证件。

（3）旅馆未按照规定办理外国人住宿登记的，依照《中华人民共和国治安管理处罚法》的有关规定予以处罚；未按照规定向公安机关报送外国人住宿登记信息的，给予警告；情节严重的，处 1 000 元以上 5 000 元以下罚款。

（4）外国人未经批准，擅自进入限制外国人进入的区域，责令立即离开；情节严重的，处 5 日以上 10 日以下拘留。对外国人非法获取的文字记录、音像资料、电子数据和其他物品，予以收缴或者销毁，所用工具予以收缴。外国人、外国机构违反《出境入境管理法》规定，拒不执行公安机关、国家安全机关限期迁离决定的，给予警告并强制迁离；情节严重的，对有关责任人员处 5 日以上 15 日以下拘留。

（5）外国人非法居留的，给予警告；情节严重的，处每非法居留一日 500 元，总额不超过 10 000 元的罚款或者 5 日以上 15 日以下拘留。

容留、藏匿非法入境、非法居留的外国人，协助非法入境、非法居留的外国人逃避检查，或者为非法居留的外国人违法提供出境入境证件的，处 2 000 元以上 10 000 元以下罚款；情节严重的，处 5 日以上 15 日以下拘留，并处 5 000 元以上 20 000 元以下罚款，有违法所得的，没收违法所得。

（6）外国人非法就业的，处 5 000 元以上 20 000 元以下罚款；情节严重的，处 5 日以上 15 日以下拘留，并处 5 000 元以上 20 000 元以下罚款。介绍外国人非法就业的，对个人处每非法介绍一人 5 000 元，总额不超过 50 000 元的罚款；对单位处每非法介绍一人 5 000 元，总额不超过 100 000 元的罚款；有违法所得的，没收违法所得。非法聘用外国人的，处每非法聘用一人 10 000 元，总额不超过 100 000 元的罚款；有违法所得的，没收违法所得。

学习微平台

延伸阅读 8-2

本章概要

□ 内容提要

随着我国旅游业的快速发展，越来越多的境外游客到我国旅行游览，也有越来越多的中国公民出境旅游。《旅行社条例》颁布后，所有旅行社都可以经营入境旅游业务，因此，掌握和运用出入境管理法律法规是十分必要的。学习和掌握出入境管理的法律法规，避免不必要的违规行为，成为旅游业从业人员的基本要求。本章主要介绍了《出境入境管理法》《出境入境边防检查条例》《中国公民出国旅游管理办法》等法律法规。要求掌握我国公民出入境的有关规定；外国人来我国旅游、居留时入出境的有关规定；出入境的检查制度等。

□ 主要概念和观念

▲ 主要概念

护照　签证　海关

▲ 主要观念

《中华人民共和国出境入境管理法》

□ 重点实务

外国人在中国境内临时住宿管理　中国公民出国旅游管理制度　组织中国公民自费出国旅游的旅行社的职责

基本训练

□ 知识训练

▲ 复习题

1）出入国境的旅游者在海关应接受哪些检查？

2）外国人入出我国国境、居留、旅行必须遵循哪些原则？

3）外国旅游者入出中国国境依法享有哪些权利？应承担什么义务？

4）外国人有哪些情形不准入境？有哪些情形不准出境？

5）公安机关不批准出境的有哪些情形？

6）我国对中国公民自费出国旅游制定了什么方针？出国旅游管理有哪几项制度？

▲ 讨论题

将班级学生分成若干讨论小组，各组成员根据"出入境管理"这一主题，通过网上或查阅报刊资料等途径，分别搜集和分析出入境管理中的案例，讨论如何正确运用出入境管理方面的法律法规。

□ 能力训练

▲ 案例分析

【训练项目】

案例分析－Ⅷ。

【相关案例】

我国公安机关对外国游客进行处罚

背景与情境：某一俄罗斯游客自费来华旅游，在领取有效护照并取得我国 L 字普通签证后，即委托黑龙江某旅行社负责接待。在旅游过程中，该外宾提出要到某一非开放地区旅游，并希望能够在该地区的中国居民家中留宿一夜。对此要求，该旅行社表示同意。但到达旅游目的地后，该游客被当地公安机关处以 300 元罚款，原因是该旅客只携带着有效的居留证件，而没有办理旅行证。

问题：

1）外国人到我国非开放地区旅游，应当办理哪些手续？

2）我国公安机关对该俄罗斯游客进行处罚的依据是什么？

【训练要求】

同第 1 章"基本训练"中本题型的"训练要求"。

▲ 实训操练

【训练项目】

"办理旅游出入境手续"知识应用。

【训练要求】

选取本章"重点实务"教学内容作为操练项目，进行"办理旅游出入境手续"的模拟实训。

【训练步骤】

1）以班级小组为单位组建训练团队，每团队确定一人。

2）各团队选取和运用本章"重点实务"教学知识，通过"背景与情境"设计、角色分工和体验角色操作等进行"'办理旅游出入境手续'知识应用"的模拟实训。

3）各团队记录模拟实训过程中的体验心得，出现的问题、差错及纠正办法。

4）模拟实训结束后，各团队整理实训记录，在此基础上撰写《"'办理旅游出入境手续'知识应用"实训报告》。

5）在班级讨论交流、相互点评与修订各团队的《"'办理旅游出入境手续'知识应用"实训报告》。

6）在校园网的本课程教学平台上展示经过修订和教师点评的各团队《"'办理旅游出入境手续'知识应用"实训报告》，供学生借鉴。

□ 课程思政

【训练项目】

课程思政 – Ⅷ。

【相关案例】

出境旅游领队如何保护中国游客正当的权益

背景与情境： A国的芭提雅有"东方夏威夷"之称。一天，××国际旅游公司的领队小汪带着一个国内旅游团抵达该地。依照行程安排，旅游团第一个游览项目是乘大船去海上的珊瑚岛。在乘旅游车由市区去码头的路上，A国导游员对游客们说："依照规定，乘大船至珊瑚岛，中间须换乘快艇，因为大船无法靠上珊瑚岛，乘快艇费用要自理。"并当即向每位游客收取现金400元。上了珊瑚岛之后，有游客了解到，乘快艇从码头至珊瑚岛来回仅需400元。游客们都有一种被骗的感觉，遂将情况告诉了小汪，并要求小汪与A国导游员交涉。

领队小汪立即与A国导游员进行交涉，但他坚决不肯承认这种做法有错，他说乘快艇不管路途远近，只要上了就是400元。

问题：

1）出境旅游领队对游客和旅行社的职业要求是什么？

2）××国际旅游公司的领队小汪对A国导游员多收中国游客费用应如何处理？

3）试就本案例中A国导游员和领队小汪的行为做出思政研判，并搜集你做思政研判所依据的相关规范。

【训练要求】

同第1章"基本训练"中本题型的"训练要求"。

第9章 消费者权益保护法

● 学习目标

通过本章学习，应达到以下目标：

职业知识： 学习和把握"消费者权益保护法"的相关概念和基本内容，消费者的权利和经营者的义务及法律责任，国家与社会对消费者权益的保护，我国旅游投诉的有关规定，以及"同步链接""延伸阅读""小资料"等理论与实务知识；能用其指导本章"同步思考""教学互动"和"基本训练"中"知识训练"各题型的认知活动，建构专业规则意识，正确解答相关问题。

职业能力： 运用本章知识研究相关案例，训练在"消费者权益保护法"特定情境下对当事者行为的多元表征专业能力和"与人交流"通用能力；参加"自主学习-V"训练，通过搜集、整理与综合关于"国家和社会对消费者权益的保护"的前沿知识，撰写、讨论与交流《"国家和社会对消费者权益的保护"最新文献综述》，培养"旅游交通运输法规"中"自主学习""与人协作""与人交流"的通用能力。

课程思政： 结合本章教学内容，依照相关规范或要求，对"课程思政9-1"专栏和章后"部分导游讲解有胡编乱造现象"等案例中的企业或其从业人员行为进行思政研判，强化与案例议题相关的法律法规思考和政治素质，促进"立德树人"根本任务的落实。

学习微平台

思维导图9-1

引例：游客跟团游意外身亡

背景与情境： 2019年3月18日，龚某在永安旅行社报名参加了山东五日游旅游团，该团为老年团，龚某参团时年龄为67周岁。龚某通过永安旅行社工作人员王茜的组织报名参加的旅游团。2019年3月19日，龚某在蓬莱八仙雕塑海滨公园游玩过程中被浴场公厕保洁人员发现倒在公厕内，其随后拨打110、120，医护人员到事故现场实施抢救，但发现龚某已无生命迹象。龚某的家人李富成、李振宇将旅行社、工作人员王茜、保险公司告上法庭。

法院经审理后认为，龚某的死亡时间是在蓬莱八仙雕塑海滨公园游玩1小时的自由活动时间，死亡地点是海滨公园的卫生间，卫生间的管理人员发现龚某倒地后，立刻拨打了急救电话，施救人员赶到后，龚某已无生命体征。从死亡的时间、地点、原因看，被告旅行社并不存在明显的管理不当的失职行为。但死者龚某在参加涉案旅行团旅行时已经67周岁，为确保出行的安全，旅行社对于老年人的出游，应当采取更为审慎的态度与制度。必要的身体状况询问，出示必要的身体健康信息，是旅行社对老年人出行应尽的管理义务。现被告旅行社并未向本院提供任何有效的书证用以证明其履行了安全出行的注意及告知义务，显然被告旅行社在履行职务时存在一定的过失。另被告旅行社投保的责任险条款中也明确载明，旅行社的责任包括："被保险人因过失、在行前未尽到询问旅游者与旅游活动相关的个人健康信息义务或未告知旅游者不适合参加旅游活动的情形或对行程中可能危及旅游者人身、财产安全的事项未向旅游者做出必要的真实说明和明确的警示等"。根据相关的规定及保险条款的约定，法院确认被告旅行社在涉案事件中存在一定的过错，但鉴于龚某的死亡与自身身体状况有关，涉案的赔偿问题双方各自承担百分之五十责任为宜。

资料来源　鞍山市立山区人民法院. 李富成、李振宇等与沈阳永安之旅国际旅行社有限责任公司等生命权、健康权、身体权纠纷一案［EB/OL］.（2020-06-20）［2020-09-18］. https://wenshu. court. gov. cn / website / wenshu / 181107ANFZ0BXSK4 / index. html? docId=e4304567b51248fbb84babe000281b17.引文经过改编.

上述案例告诉我们，旅游者在跟团旅游过程中是消费者，旅行社在经营过程中，一定要遵守《中华人民共和国消费者权益保护法》（以下简称《消费者权益保护法》）的规定，保护旅游者的合法权益。违反了《消费者权益保护法》的规定，就必须承担相应的法律后果。本章讲述的就是我国消费者权益保护的有关法律规定。

我国《消费者权益保护法》经1993年10月31日第八届全国人民代表大会常务委员会第四次会议通过，根据2013年10月25日第十二届全国人民代表大会常务委员会第五次会议《关于修改〈中华人民共和国消费者权益保护法〉的决定》第二次修正（修正后2014年3月15日起施行）。《消费者权益保护法》分总则、消费者的权利、经营者的义务、国家对消费者合法权益的保护、消费者组织、争议的解决、法律责任、附则八章六十三条。

学习微平台

同步链接9-1

9.1　消费者的权利和经营者的义务

9.1.1　消费者的权利

消费者权利是指消费者为了满足生活需要，依法为或不为一定行为以及要求经营者和其他有关主体为或不为一定行为的法律许可。具体讲，它是由国家法律规定或确认的、消费者为生活消费而购买、使用商品或接受服务过程中所享有的各项权利。

我国《消费者权益保护法》，以列举的方式规定了消费者的九项权利，现具体介绍。

1）保障安全权

保障安全权是指消费者在购买、使用商品和接受服务时所享有的保障其人身、财产不受损害的权利。《消费者权益保护法》第七条规定："消费者在购买、使用商品和接受服务时享有人身、财产安全不受损害的权利。消费者有权要求经营者提供的商品和服务，符合保障人身、财产安全的要求。"这里的"安全"是指消费者在消费商品或接受服务时，该商品或服务必须绝对保障消费者的生命健康和财产不致因商品和服务的质量问题而受到侵害。保障安全权是消费者最基本的权利，如果人身和财产安全都得不到保障，其他权利也就很难享受或无从谈起。因此，保障安全权是《消费者权益保护法》所强调的首要的权利。

2）知悉真情权

知悉真情权是指消费者享有的知悉其购买、使用的商品或者接受的服务的真实情况的权利。《消费者权益保护法》第八条规定："消费者享有知悉其购买、使用的商品或者接受的服务的真实情况的权利。"消费者有权根据商品或服务的不同情况，要求经营者提供商品的价格、产地、生产者、用途、性能、规格、等级、主要成分、生产日期、有效期限、检验合格证明、使用方法说明书、售后服务及其内容、规格、费用等情况。知悉真情权是消费者与经营者交易时首先要行使的权利，这项权利落实的情况如何，直接影响了成交的消费者的其他权利的行使。

3）自主选择权

自主选择权是指消费者享有的自主选择商品和服务的权利。《消费者权益保护法》第九条规定了消费者自主选择权的四项具体内容：①自主选择提供商品或服务的经营者；②自主选择商品品种或者服务方式；③自主决定购买或者不购买任何一种商品，接受或者不接受任何一项服务；④在自主选择商品或服务时，有权进行比较、鉴别和挑选。

4）公平交易权

公平交易权是指消费者在购买商品或接受服务时所享有的获得质量保证、价格合理、计量正确等公平交易条件的权利。《消费者权益保护法》第十条规定："消费者享有公平交易的权利。消费者在购买商品或接受服务时，有权获得质量保证、价格合理、计量正确等公平交易条件，有权拒绝经营者的强制交易行为。"其中，价格合理，要求商品或服务的价格与其价值相符；质量保障，要求商品或服务的质量必须符合国家有关质量标准的要求；计量准确，要求经营者必须用合格、科学的计量器具来计量其所提供给消费者的商品或服务。

5）依法求偿权

依法求偿权是指消费者在因购买使用商品或者接受服务而受到人身、财产损害时依法享有的要求并获得赔偿的权利。根据《消费者权益保护法》第十一条的规定，经营者提供的商品或服务不符合国家有关质量标准、不能实现应有的实用价值或计量、计价不合法，给消费者造成损害时，消费者依法有权获得赔偿。依法求偿权是弥补消费者所受损害的重要救济权利，享有这项权利的消费者包括商品的购买者、使用者、服务接受者和受损害的第三人。

6）依法结社权

依法结社权是指消费者享有的依法成立维护自身合法权益的社会团体的权利。根据《消费者权益保护法》第十二条的规定，消费者有权组织各种保护自己合法权益的社会团体，如消费者协会、消费者合作社等。消费者通过结社权的行使，使其从分散、弱小走向强大，从而以集体的力量与有组织的、实力强大的经营者抗衡，最大限度地保障了消费者的各种合法权利。

7）获得消费知识权

获得消费知识权是指消费者享有获取有关消费和消费者权益保护方面的知识的权利。根据《消费者权益保护法》第十三条及其他有关法律、法规的规定，消费知识权应包括以下几方面的内容：①从国民教育中获取消费者权益保护的基本教育；②在消费过程中获得与商品、服务密切相关的知识与信息，包括接受培训，以满足其消费需求；③在维护自己权利的过程中，获得有关消费者权益保护方面的专业法律知识，增强维权的意识和能力；④在处理消费问题时，获得有关的消费咨询与服务。

8）获得尊重权

获得尊重权是指消费者在购买、使用商品和接受服务时所享有的其人格尊严、民族风俗习惯得到尊重的权利，享有个人信息依法得到保护的权利。尊重消费者的人格尊严和民族习俗，是社会文明、进步的重要表现，也是尊重和保障人权的重要内容。消费者在生活消费过程中遭受辱骂、搜身、殴打或其他非礼、非法待遇时，可依据"获得尊重权"请求法律救济。

9）批评监督权

批评监督权是指消费者享有对商品或服务以及保护消费者权益工作进行监督的权利。依据《消费者权益保护法》第十五条的规定，消费者有权检举、控告侵害消费者权益的行为和国家机关及其工作人员在保护消费者权益工作中的违法失职行为，有权对保护消费者权益工作提出批评、建议。

> **小资料 9-1**

国际消费者权益日

一般认为，世界上最早对消费者权利加以概括总结，并明确提出消费者权利内容的是美国第三十五任总统肯尼迪。1962 年 3 月 15 日，肯尼迪在向美国国会提出的《关于保护消费者利益的总统特别国情咨文》中，首次提出消费者的四项权利，即消费者有权获得商品的安全保障、有权获得正确的商品资料、有权自由决定对商品的选择、有权提出消费意见。因而，1983年国际消费者联盟组织确定每年3月15日为"国际消费者权益日"，消费者的权利从此得到了世界的公认。

9.1.2　经营者的义务

从法律上讲，权利和义务是相对应的，权利的实现，在很多情况下需要相应义务的履行。在《消费者权益保护法》中，法律规定消费者享有的绝大部分权利，是需要通过经营者履行相应的义务来保证实现的。因此，要有效地保护消费者的权利，就必须使经营者能够全面地履行其相应的义务。通过规范经营者的行为来保护消费者的权益，是《消费者权益保护法》的核心内容之一。

《消费者权益保护法》第十六条就经营者对消费者的义务做了原则性规定："经营者向消费者提供商品或者服务，应当依照本法和其他有关法律、法规的规定履行义务。经营者和消费者有约定的，应当按照约定履行义务，但双方的约定不得违背法律、法规的规定。"《消费者权益保护法》在第十八条至第二十九条对经营者的具体义务做了列举式规定。据此规定，在消费者权益保护方面经营者应负的主要义务有：

1）保障人身和财产安全的义务

《消费者权益保护法》第十八条规定："经营者应当保证其提供的商品或者服务符合保障人身、财产安全的要求。对可能危及人身、财产安全的商品和服务，应当向消费者做出真实的说明和明确的警示，并说明和标明正确使用商品或者接受服务的方法以及防止危害发生的方法。宾馆、商场、餐馆、银行、机场、车站、港口、影剧院等经营场所的经营者，应当对消费者尽到安全保障的义务。"

2）提供真实信息的义务

根据《消费者权益保护法》的规定，经营者提供真实信息的主要义务有：①经营者应当向消费者提供有关商品或者服务的真实信息，不得做出引人误解的虚假宣传；②经营者对消费者就其提供的商品或者服务的质量或使用方法等问题提出的询问，应当做真实、明确的答复；③经营者提供商品或者服务应当明码标价；④经营者应当标明真实名称和标记，租赁他人柜台或者场地的经营者应当标明其真实名称和标记；⑤采用网络、电视、电话、邮购等方式提供商品或者服务的经营者，以及提供证券、保险、银行等金融服务的经营者，应当向消费者提供经营地址、联系方式、商品或者服务的数量和质量、价款或者费用、履行期限和方式、安全注意事项和风险警示、售后服务、民事责任等信息。

3）出具相应的凭证和单据的义务

购买凭证或者服务单据，是商品销售者或服务提供者向商品购买者或服务对象出具的证明合同履行的书面凭据，它在界定消费者与经营者之间权利和义务关系方面具有主要的证据价值。《消费者权益保护法》第二十二条规定："经营者提供商品或者服务，应当按照国家有关规定或者商业惯例向消费者出具发票等购货凭证或者服务单据；消费者索要发票等购货凭证或者服务单据的，经营者必须出具。"

4）提供符合要求的商品或服务的义务

提供符合要求的商品或服务是对经营者最基本的要求。此项义务主要包括：①经营者应当保证在正常使用商品或者接受服务的情况下其提供的商品或者服务应当具有的质量、性能、用途和有效期限。②经营者以广告、产品说明、实物样品或者其他方式表明商品或者服务的质量状况的，应当保证其提供的商品或者服务的实际质量与表明的质量状况相符。③经营者提供的机动车、计算机、电视机、电冰箱、空调器、洗衣机等耐用商品或者装饰装修等服务，消费者自接受商品或者服务之日起6个月内发现瑕疵，发生争议的，由经营者承担有关瑕疵的举证责任。④经营者提供的商品或者服务不符合质量要求的，消费者可以依照国家规定、当事人约定退货，或者要求经营者履行更换、修理等义务。⑤经营者采用网络、电视、电话、邮购等方式销售商品，消费者有权自收到商品之日起7日内退货，且无须说明理由，但下列商品除外：消费者定做的；鲜活易腐的；在线下载或者消费者拆封的音像制品、计算机软件等数字化商品；交付的报纸、期刊。除上述所列商品外，其他根据商品性质并经消费者在购买时确认不宜退货的商品，不适用无理由退货。

5）不得从事不公平、不合理交易的义务

为了保障消费者的公平交易权，《消费者权益保护法》第二十六条明确规定：经营者在经营活动中使用格式条款的，应当以显著方式提请消费者注意商品或者服务的数量和质量、价款或者费用、履行期限和方式、安全注意事项和风险警示、售后服务、民事责任等与消费者有重大利害关系的内容，并按照消费者的要求予以说明。经营者不得以格式条款、通知、声明、店堂告示等方式，做出排除或者限制消费者权利、减轻或者免除经营者责任、加重消费者责任等对消费者不公平、不合理的规定，不得利用格式条款并借助技术手段强制交易。格式条款、通知、声明、店堂告示等含有上述所列内容的，其内容无效。

6）不得侵害消费者人身权的义务

消费者的人身自由、人格尊严受法律保护，经营者不得对消费者进行侮辱、诽谤，不得搜查消费者的身体及其携带的物品，不得侵犯消费者的人身自由。

7）严格保守消费者个人信息的义务

为了保守消费者的个人信息，《消费者权益保护法》第二十九条明确规定：①经营者收集、使用消费者个人信息，应当遵循合法、正当、必要的原则，明示收集、使用信息的目的、方式和范围，并经消费者同意。经营者收集、使用消费者个人信息，应当公开其收集、使用规则，不得违反法律、法规的规定和双方的约定收集、使用信息。②经营者及其工作人员对收集的消费者个人信息必须严格保密，不得泄露、出售或者非法向他人提供。经营者应当采取技术措施和其他必要措施，确保信息安全，防止消费者个人信息泄露、丢失。③在发生或者可能发生信息泄露、丢失的情况时，应当立即采取补救措施。④经营者未经消费者同意或者请求，或者消费者明确表示拒绝的，不得向其发送商业性信息。

8）接受监督的义务

《消费者权益保护法》第十七条规定："经营者应当听取消费者对其提供的商品或服务的意见，接受消费者的监督。"这是与消费者的批评监督权相对应的经营者的义务。经营者应当广泛地听取消费者的意见，全方位地接受消费者的监督，以保障消费者权利的实现。

同步案例9-1

王某退货被扣手续费

背景与情境： 王某花110元从南方商场购买了"礼花"牌收音机1台，回家后收听电台节目，感觉一些电台的节目杂音太大、收听效果不好。于是，王某于当日下午到南方商场要求退货。南方商场的售货员告诉王某：退货可以，但我们商场有通知，凡退货的，要扣除30%的手续费。王某坚决不同意扣除其30%的手续费，随后到市场监督管理机关要求处理。

问题： 南方商场的做法是否合法？

分析提示： 《消费者权益保护法》明确规定，经营者不得以格式条款、通知、声明、店堂告示等方式，做出排除或者限制消费者权利、减轻或者免除经营者责任、加重消费者责任等对消费者不公平、不合理的规定，不得利用格式条款并借助技术手段强制交易。格式条款、通知、声明、店堂告示等含有前款所列内容的，其内容无效。南方商场的做法显然对消费者是不公平的，是无效的。南方商场应当全额退还王某110元的货款。

小思考9-1

对于经营者向消费者出具购物凭证或者服务单据有什么规定？

理解要点： 经营者提供商品或者服务，应当按照国家有关规定或者商业惯例向消费者出具发票等购货凭证或者服务单据；消费者索要发票等购货凭证或者服务单据的，经营者必须出具。

9.2 国家和社会对消费者合法权益的保护

9.2.1 国家对消费者合法权益的保护

国家对消费者合法权益的保护包括立法保护、行政保护和司法保护三个方面。《消费者权益保护法》第五条规定："国家保护消费者的合法权益不受侵害。国家采取措施，保障消费者依法行使权利，维护消费者的合法权益。"第三十条至第三十五条又具体从立法保护、行政保护和司法保护三个方面就国家对消费者权益保护做出了较为全面和系统的规定。

1）立法保护

立法保护是指国家通过立法机关制定有关消费者权益保护的法律、法规，在法律上确认消费者的权利，界定经营者的义务，建立健全各种保障消费者权益的法律制度，使消费者权益保护有法可依。国家进行消费者权益保护立法，应当听取消费者及消费者团体的意见和要求，客观、全面地反映消费者权益保障方面的规律，并及时对现有消费者权益保护法律、法规加以充实、完善，建立完备的消费者权益法律保障体系。

2）行政保护

行政保护是指国家通过行政手段对消费者所进行的保护，具体表现为：有关行政机关执行消费者权益保护的法律、法规，指导、监督经营者向市场提供符合消费者需要的商品和服务；向消费者提供市场消费信息，开展消费者权益保护的宣传、教育活动，并在职责范围内查处各种损害消费者权益的违法行为。我国负责保护消费者权益的行政机关，主要包括市场监督管理部门、物价部门等。

3）司法保护

司法保护是指国家通过司法机关，对损害消费者权益的违法犯罪行为依法予以查处，及时解决经营者与消费者之间的各种消费争议，以查处消费者权益保护方面的违法案件的方式来实现对消费者权益的保护。根据《消费者权益保护法》第三十四条、第三十五条的规定，有关国家机关，如检察机关等，应当依照法律、法规的规定，惩处经营者在提供商品和服务中侵害消费者合法权益的违法犯罪行为；人民法院应当采取措施，方便消费者提起诉讼，对符合起诉条件的消费者权益争议，必须受理，及时审理。

9.2.2 社会对消费者权益的保护

保护消费者的合法权益，是全社会的共同责任，一切组织和个人都有权对侵犯消费者权益的行为进行社会监督。社会对消费者权益保护的途径是多种多样的，可以通过消费者协会等团体组织来保护，也可以通过广播、电视等大众传播媒介来保护，还可以通过各行各业的其他组织和个人来保护。总之，动员社会各方面的力量，共同构建起保护消费者权益的社会之网，对保障消费者权益的实现具有重要意义。

1）消费者组织对消费者权益的保护

消费者组织是指依法成立、对商品和服务进行社会监督、保护消费者合法权益的社会团体，如消费者协会、消费者联盟、消费者保护站等。消费者组织作为专门保护消费者权益的公益性非营利社团，不得从事商品经营和营利性服务，不得以营利为目的向社会推荐商品和服务。

在消费者权益保护方面，消费者组织起着至关重要的作用。我国消费者组织的主要形式是各地的消费者协会。中国消费者协会于1984年成立，中国保护消费者基金会于1989年成立。目前，我国的各省、市、县级都有消费者协会，不少地区的乡村、街道也设有消费者协会，形成了遍布全国的消费者权益保护网，为保护消费者权益发挥了重要的作用。

依据《消费者权益保护法》第三十七条的规定，我国的消费者协会履行下列公益性职责：①向消费者提供消费信息和咨询服务，提高消费者维护自身合法权益的能力，引导文明、健康、节约资源和保护环境的消费方式；②参与制定有关消费者权益的法律、法规、规章和强制性标准；③参与有关行政部门对商品和服务的监督、检查；④就有关消费者合法权益的问题，向有关部门反映、查询，提出建议；⑤受理消费者的投诉，并对投诉事项进行调查、调解；⑥投诉事项涉及商品和服务质量问题的，可以委托具备资格的鉴定人鉴定，鉴定人应当告知鉴定意见；⑦就损害消费者合法权益的行为，支持受损害的消费者提起诉讼或者依照本法提起诉讼；⑧对损害消费者合法权益的行为，通过大众传播媒介予以揭露、批评。

2）大众传播媒介对消费者权益的保护

大众传播媒介具有覆盖面广、影响大、传播速度快的特点，在对消费者权益进行保护、监督各种侵犯消费者合法权益行为方面具有独特的优势，因此，应当通过大众传播媒介认真做好维护消费者合法权益的宣传工作，对各种损害消费者合法权益的行为及时进行舆论监督；应经常性地利用广播、电视、报刊等影响特别大的传播媒介，积极宣传消费知识、消费信息和《消费者权益保护法》，引导消费者正确选择商品与服务；同时，对侵害消费者合法权益的行为予以及时批评、曝光，任何单位和个人不得干涉新闻机构对消费者权益保护的舆论监督活动。随着人们对新闻、舆论监督重要性认识的不断加深，大众传播媒介在消费者权益保护方面将会发挥越来越大、不可替代的作用。

9.2.3　消费者与经营者之间权益争议的解决途径

消费者权益争议是指消费者与经营者之间，在买卖商品、接受和提供服务过程中发生的有关双方权利和义务的争执。消费者在购买使用商品或接受服务过程中，当其合法权益受到侵害时，必然要同经营者发生争议和纠纷。在消费者多为受害方的情况下，如果争议得不到解决，消费者的权利就无法实现，因此，依法合理解决消费者权益争议就成了实现消费者合法权益的重要条件和必要保障。

《消费者权益保护法》在第六章中就消费者与经营者之间"争议的解决"做出了专门规定。解决争议的途径有以下五种：

1）与经营者协商和解

消费者和经营者可以在互谅互让的基础上，根据法律、法规的具体规定或双方的约定，结合争议形成的原因、事实、后果等因素，通过摆事实、讲道理等协商方式，使双方就争议达成和解。协商和解的方法具有成本低、解决问题快、有利于继续合作等优点。

2）请求消费者协会或者依法成立的其他调解组织调解

消费者与经营者发生争议而又不能自行解决时，可以请求消费者协会从中调解。消费者和经营者在消费者协会的主持下，遵循自愿与合法的原则，根据事实和法律，分清责任，互谅互让，最后达成解决争议的协议。

3）向有关行政部门申诉

消费者与经营者发生消费者权益争议后，可以向有关行政部门提出申请和请求，要求依法处理。消费者可以根据商品或服务的性质以及侵害事由向市场监督管理、物价等有关行政监督部门申诉，有关行政部门应当根据各自的职责范围及时查处。行政部门解决争议的方法主要有行政调解和行政裁决两种。当事人对行政裁决不服的，可以向上级行政机关申请复议，或直接向人民法院起诉。

旅游者作为旅游服务的消费者，可依据《旅游投诉处理办法》的规定，请求旅游投诉处理机构，对旅游者和经营者双方发生的民事争议进行处理。

4）依仲裁协议提请仲裁机关仲裁

消费者与经营者根据事先签订的或者争议发生后达成的书面仲裁协议，可以将消费者权益争议提交给仲裁机构裁决。申请仲裁的双方以仲裁协议为条件，凡符合仲裁条件的，无论是否经过了协商、调解、申诉，消费者均可申请仲裁。仲裁机构的裁决是终局裁决，当事人应自觉履行，不得起诉。

5）向人民法院提起诉讼

消费者向有管辖权的人民法院提起诉讼，要求人民法院依法解决消费者权益争议，维护自己的合法权益。人民法院依照诉讼程序进行审理，最后就争议的问题做出判决。

9.2.4 法律责任

经营者及其他行为人违反《消费者权益保护法》及其他有关消费者权益保护的法律、法规，损害消费者合法利益的，应根据不同的情况，承担相应的民事责任、行政责任和刑事责任。

1）民事责任

《消费者权益保护法》第七章分别就侵犯人身权的民事责任、侵犯财产权的民事责任以及授权适用其他法律、法规所涉及的民事责任做出了具体规定。

（1）侵犯人身权的民事责任

根据《消费者权益保护法》第四十九条至第五十一条的规定，经营者侵犯消费者人身权应当承担的民事责任包括三个方面的内容：①经营者提供商品或者服务，造成消费者或者其他受害人人身伤害的，应当赔偿医疗费、护理费、交通费等为治疗和康复支出的合理费用，以及因误工减少的收入。造成残疾的，还应当赔偿残疾生活辅助器具费和残疾赔偿金。造成死亡的，还应当赔偿丧葬费和死亡赔偿金。②经营者侵害消费者的人格尊严、侵犯消费者人身自由或者侵害消费者个人信息依法得到保护的权利的，应当停止侵害、恢复名誉、消除影响、赔礼道歉，并赔偿损失。③经营者有侮辱诽谤、搜查身体、侵犯人身自由等侵害消费者或者其他受害人人身权益的行为，造成严重精神损害的，受害人可以要求精神损害赔偿。

（2）侵犯财产权的民事责任

根据《消费者权益保护法》第五十二条至第五十五条的规定，经营者侵犯消费者财产权应当承担的民事责任包括：①经营者提供商品或者服务，造成消费者财产损害的，应当依照法律规定或者当事人的约定承担修理、重作、更换、退货、补足商品数量、退还货款和服务费用或者赔偿损失等民事责任。②经营者以预收款方式提供商品或者服务的，应当按照约定提供。未按照约定提供的，应当按照消费者的要求履行约定或者退回预付款，并应当承担预付款的利息、消费者必须支付的合理费用。③依法经有关行政部门认定为不合格的商品，消费者要求退货的，经营者应当负责退货。④经营者提供商品或者服务有欺诈行为的，应当按照消费者的要求增加赔偿其受到的损失，增加赔偿的金额为消费者购买商品的价款或者接受服务的费用的三倍；增加赔偿的金额不足500元的，为500元。法律另有规定的，依照其规定。⑤经营者明知商品或者服务存在缺陷，仍然向消费者提供，造成消费者或者其他受害人死亡或者健康严重损害的，受害人有权要求经营者依照本法第四十九条、第五十一条等法律规定赔偿损失，并有权要求所受损失二倍以下的惩罚性赔偿。

（3）授权适用其他法律、法规所涉及的民事责任

依据《消费者权益保护法》第四十八条的规定，经营者提供商品或者服务有下列情形之一的，除本法另有规定外，应当依照其他有关法律、法规的规定，承担民事责

任：①商品或者服务存在缺陷；②不具备商品应当具备的使用性能而出售时未做说明的；③不符合在商品或者其包装上注明采用的商品标准的；④不符合商品说明、实物样品等方式表示的质量状况的；⑤生产国家明令淘汰的商品或者销售失效、变质的商品的；⑥销售的商品数量不足的；⑦服务的内容和费用违反约定的；⑧对消费者提出的修理、重作、更换、退货、补足商品数量、退还货款和服务费用或者赔偿损失的要求，故意拖延或者无理拒绝的；⑨法律、法规规定的其他损害消费者权益的情形。

2) 行政责任

《消费者权益保护法》第五十六条明确规定了对损害消费者权益的责任人追究行政责任的法定情形，主要包括：①提供的商品或者服务不符合保障人身、财产安全要求的；②在商品中掺杂、掺假，以假充真，以次充好，或者以不合格商品冒充合格商品的；③生产国家明令淘汰的商品或者销售失效、变质的商品的；④伪造商品的产地，伪造或者冒用他人的厂名、厂址，篡改生产日期，伪造或者冒用认证标志等质量标志的；⑤销售的商品应当检验、检疫而未检验、检疫或者伪造检验、检疫结果的；⑥对商品或者服务做虚假或者引人误解的宣传的；⑦拒绝或者拖延有关行政部门责令对缺陷商品或者服务采取停止销售、警示、召回、无害化处理、销毁、停止生产或者服务等措施的；⑧对消费者提出的修理、重作、更换、退货、补足商品数量、退还货款和服务费用或者赔偿损失的要求，故意拖延或者无理拒绝的；⑨侵害消费者人格尊严、侵犯消费者人身自由或者侵害消费者个人信息依法得到保护的权利的；⑩法律、法规规定的对损害消费者权益应当予以处罚的其他情形。

经营者有上述情形之一，除应承担相应的民事责任外，若其他有关法律、法规对处罚机关和处罚方式有规定的，依照法律、法规的规定执行；法律、法规未做规定的，由市场监督管理部门或者其他有关行政部门责令改正，可以根据情节单处或者并处警告、没收违法所得、处以违法所得一倍以上十倍以下的罚款，没有违法所得的，处以50万元以下的罚款；情节严重的，责令停业整顿、吊销营业执照。

经营者对行政处罚决定不服的，可以依法申请行政复议或者提起行政诉讼。

3) 刑事责任

根据《消费者权益保护法》的有关规定，对经营者及其他有关的违法主体追究刑事责任的情况主要包括以下几种：①经营者违反本法规定提供商品或者服务，侵害消费者合法权益，构成犯罪的，依法追究刑事责任。②以暴力、威胁等方法阻碍有关行政部门工作人员依法执行职务的，依法追究刑事责任；拒绝、阻碍有关行政部门工作人员依法执行职务，未使用暴力、威胁方法的，由公安机关依照我国《治安管理处罚法》的规定处罚。③国家机关工作人员玩忽职守或者包庇经营者侵害消费者合法权益的行为的，由其所在单位或者上级机关给予行政处分；情节严重，构成犯罪的，依法追究刑事责任。

小思考9-2

社会如何对消费者权益进行保护？

理解要点：社会对消费者权益保护的途径是多种多样的，可以通过消费者协会等团体组织来保护，也可以通过广播、电视等大众传播媒介来保护，还可以通过各行各业的其他组织和个人来保护。

同步案例9-2

游山逛庙设陷阱

背景与情境： 旅游管理部门近期频繁接到游客的投诉，称在跟随旅行团在著名景区九寨沟游览后，他们被领到景区周边一些寺庙中游览，期间，导游动员游客进行拜佛、烧香等所谓的"四部曲"活动，每个程序中游客都要捐出50元至100元不等，烧香价格每炷高达100元。游客纷纷反映，这是导游借宗教信仰从游客口袋里掏钱。经查实，寺庙未得到宗教主管部门许可进行这样的活动。

问题： 在此情况下，游客如何依法保护自己的合法权益？

分析提示： 确有一些非法机构和个人利用人们消灾免祸的心理，运用宗教信仰、民俗风情和旅游活动来损害游客的利益。此时，游客应该有效行使消费者的知悉真情权和自由选择权，事先问清情况，并慎重选择是否参加此类活动。

教学互动9-1

背景资料： 任某从某旅游景点的一个玉器出租柜台购买了一个价值3 000元的玉壶，后经专家鉴定为赝品，仅值200元。任某立即返回该景点，但已找不到该玉器柜台的主人，询问得知此柜台是摊主向景区租用的，现租期已满，承租人不知去向。于是任某与景区交涉，要求景区承担赔偿责任，但景区拒绝给予赔偿。

互动问题： 本案例中任某能否向景区索赔？为什么？

要求： 同"教学互动1-1"的"要求"。

职业道德与企业伦理9-1

旅行社在宣传广告中的承诺基本无法兑现

背景与情境： 石家庄某旅行社开发了衡水湖一日游线路，在宣传广告中承诺：游客可以在衡水湖乘坐游船游览整个衡水湖，可以近距离观赏候鸟，甚至可以到鸟巢观赏鸟蛋，并称在衡水湖水上乘坐快艇游览非常刺激，旅游团费为360元，包含以上全部项目和景区门票费等。张某等人被该旅行社的宣传广告所吸引，报名参加了该旅行社的旅游团，并交纳了以上项目的费用。但是当旅游团队到达衡水湖时，景区管理人员只允许游客远距离观赏候鸟，欣赏湖水风光，旅行社在宣传广告中的承诺基本无法兑现，游客大呼上当，回到石家庄后，张某等向河北省文化和旅游厅投诉，要求该旅行社赔偿其损失。

问题： 本案中的旅行社是否存在职业道德问题？

分析提示： 在本案中，该旅行社对自然保护区的管理规定不可能不知道，因此可以认定其利用虚假广告欺骗消费者，属于欺诈行为，违反了旅游行业诚实守信的职业道德要求。

学习微平台

延伸阅读9-1

9.3　旅游投诉制度

我国《旅游投诉处理办法》于 2010 年 5 月 5 日公布，自 2010 年 7 月 1 日起施行。《旅游投诉处理办法》分五章，共三十二条，这是我国处理旅游投诉的主要法规。

9.3.1　旅游投诉概述

旅游投诉是指旅游者认为旅游经营者损害其合法权益，请求旅游行政管理部门、旅游质量监督管理机构或者旅游执法机构（以下统称"旅游投诉处理机构"），对双方发生的民事争议进行处理的行为。

旅游投诉由旅游合同签订地或者被投诉人所在地县级以上地方旅游投诉处理机构管辖。需要立即制止、纠正被投诉人的损害行为的，应当由损害行为发生地旅游投诉处理机构管辖。上级旅游投诉处理机构有权处理下级旅游投诉处理机构管辖的投诉案件。发生管辖争议的，旅游投诉处理机构可以协商确定，或者报请共同的上级旅游投诉处理机构指定管辖。

旅游投诉应当符合下列条件：（1）投诉人与投诉事项有直接利害关系；（2）有明确的被投诉人及具体的投诉请求、事实和理由；（3）属于《旅游投诉处理办法》规定的投诉范围。

9.3.2　旅游投诉受理

旅游投诉受理是指投诉者向有管辖权的旅游投诉处理机构提出投诉，旅游投诉处理机构经审查认定为符合立案条件，予以立案的行政行为。

1）旅游投诉的条件

投诉人可以就下列事项向旅游投诉处理机构投诉：

（1）认为旅游经营者违反合同约定的；

（2）因旅游经营者的责任致使投诉人人身、财产受到损害的；

（3）因不可抗力、意外事故致使旅游合同不能履行或者不能完全履行，投诉人与被投诉人发生争议的；

（4）其他损害旅游者合法权益的事项。

2）旅游投诉应载明的事项

旅游投诉一般应当采取书面形式，一式两份，并载明下列事项：

（1）投诉人的姓名、性别、国籍、通信地址、邮政编码、联系电话及投诉日期；

（2）被投诉人的名称、所在地；

（3）投诉的要求、理由及相关的事实根据。

3）旅游投诉不予受理的情形

旅游投诉因以下情形，旅游投诉处理机构不予受理：

（1）人民法院、仲裁机构、其他行政管理部门或者社会调解机构已经受理或者处理的；

（2）旅游投诉处理机构已经做出处理，且没有新情况、新理由的；

（3）不属于旅游投诉处理机构职责范围或者管辖范围的；

（4）超过旅游投诉时效的；

（5）不符合旅游投诉条件的；

（6）属于《旅游投诉处理办法》规定情形之外的其他经济纠纷。

4）旅游投诉时效

旅游投诉时效为90天，从旅游合同结束之日起计算。

5）受理

旅游投诉处理机构接到投诉，应当在5个工作日内做出以下处理：

（1）投诉符合《旅游投诉处理办法》规定的，予以受理；

（2）投诉不符合《旅游投诉处理办法》的规定，应当向投诉人送达《旅游投诉不予受理通知书》，告知不予受理的理由；

（3）依照有关法律、法规和《旅游投诉处理办法》的规定，本机构无管辖权的，应当以《旅游投诉转办通知书》或者《旅游投诉转办函》，将投诉材料转交有管辖权的旅游投诉处理机构或者其他有关行政管理部门，并书面告知投诉人。

9.3.3　旅游投诉处理

旅游投诉实行调解制度。调解，是指双方当事人以外的第三者，以国家法律、法规和政策以及社会公德为依据，对纠纷双方进行疏导、劝说，促使他们相互谅解，进行协商，自愿达成协议，解决纠纷的活动。

旅游投诉处理机构应当在查明事实的基础上，遵循自愿、合法的原则进行调解，促使投诉人与被投诉人相互谅解，达成协议。旅游投诉处理机构受理投诉后，应当积极安排当事双方进行调解，提出调解方案，促成双方达成调解协议。

1）立案

旅游投诉处理机构处理旅游投诉，应当立案办理，填写《旅游投诉立案表》，并附有关投诉材料，在受理投诉之日起5个工作日内，将《旅游投诉受理通知书》和投诉书副本送达被投诉人。

对于事实清楚、应当即时制止或者纠正被投诉人损害行为的，可以不填写《旅游投诉立案表》和向被投诉人送达《旅游投诉受理通知书》，但应当对处理情况进行记录存档。

2）答辩

被投诉人应当在接到通知之日起10日内做出书面答复，提出答辩的事实、理由和证据。

3）证据的提供、审查与收集

投诉人和被投诉人应当对自己的投诉或者答辩提供证据。

旅游投诉处理机构应当对双方当事人提出的事实、理由及证据进行审查。

旅游投诉处理机构认为有必要收集新的证据，可以根据有关法律、法规的规定，自行收集或者召集有关当事人进行调查。

需要委托其他旅游投诉处理机构协助调查、取证的，应当出具《旅游投诉调查取证委托书》，受委托的旅游投诉处理机构应当予以协助。

对专门性事项需要鉴定或者检测的，可以由当事人双方约定的鉴定或者检测部门鉴定。没有约定的，当事人一方可以自行向法定鉴定或者检测机构申请鉴定或者检测。

4）处理

（1）制作调解书

旅游投诉处理机构应当在受理旅游投诉之日起60日内，做出以下处理：双方达成调解协议的，应当制作《旅游投诉调解书》，载明投诉请求、查明的事实、处理过程和调解结果，由当事人双方签字并加盖旅游投诉处理机构印章；调解不成的，终止调解，旅游投诉处理机构应当向双方当事人出具《旅游投诉终止调解书》。

调解不成的，或者调解书生效后没有执行的，投诉人可以按照国家法律、法规的规定，向仲裁机构申请仲裁或者向人民法院提起诉讼。

（2）划拨旅游服务质量保证金

在下列情形下，经旅游投诉处理机构调解，投诉人与旅行社不能达成调解协议的，旅游投诉处理机构应当做出划拨旅游服务质量保证金赔偿的决定，或向旅游行政管理部门提出划拨旅游服务质量保证金的建议：旅行社因解散、破产或者其他原因造成旅游者预交旅游费用损失的；因旅行社中止履行旅游合同义务、造成旅游者滞留，而实际发生了交通、食宿或返程等必要及合理费用的。

同步案例9-3

司机疑不熟路况分心酿车祸

背景与情境： 2017年2月4日上午，一辆载有26名大陆游客的旅游大巴在台湾高雄硬闯涵洞时因过高而自撞桥墩，导致21名游客和1名台湾导游受伤，其中坐在前座的大陆领队头部外伤较严重，幸未有生命危险。警方认定，涉事司机疑因不熟路况且分心导致酿成事故，并否认醉酒及疲劳驾驶，司机有3年驾驶旅游大巴的资历，而且司机表示，车祸发生前原要左转兴隆路，但由于第一次行驶该路段，因不熟悉路况并和导游讨论行程分心，以致直行河西路撞上限高2.8米的涵洞。他否认喝酒、晚睡。但是，倪姓导游表示当时坐在驾驶座旁边，事发时正低头看行程，并没有与司机交谈。他表示，既然司机是高雄人，怎么还会撞上桥墩。

资料来源 佚名. 司机疑不熟路况分心酿祸 陆团旅巴高雄撞桥墩22伤［EB/OL］.［2017-02-05］. http://news.takungpao.com/taiwan/liangan/2017-02/3418343.html.

问题：

1）此案例中的事故属于旅行社事故还是旅游意外事故？

2）如果该旅行社投保了旅行社责任保险，那么应由谁承担赔偿责任？

分析提示：

1）本案例中的旅游客车在行驶过程中，导游人员和司机交谈，致使司机分心，并且司机也不熟悉路况，导致发生车祸，因此，导游人员和司机应对该事故承担主要责任。而导游是旅行社的代表，所以这次事故属于旅行社的责任事故，不属于旅游意外事故。

2）旅行社应当对受伤的游客进行赔偿，但该旅行社已投保了旅行社责任保险，那么这次事故的赔偿责任就应当由保险公司来承担。

学习微平台

延伸阅读9-2

⟫ 本章概要

☐ 内容提要

本章主要介绍了消费者的权利和经营者的义务、国家与社会对消费者权益的保护以及旅游投诉制度等。

☐ 主要概念和观念

▲ 主要概念

消费者　保障安全权　知悉真情权　消费者权益争议　依法求偿权

▲ 主要观念

消费者的权利和经营者的义务　国家和社会对消费者权益的保护　旅游投诉制度

☐ 重点实务

消费者的权利　经营者的义务　旅游投诉处理办法

⟫ 基本训练

☐ 知识训练

▲ 复习题

1）我国《消费者权益保护法》规定了消费者的哪些权利？

2）经营者的义务主要有哪些？

3）旅游投诉的条件有哪些？

4）旅游投诉应载明的事项是什么？

▲ 讨论题

将班级学生分成若干讨论小组，各组成员围绕"消费者的权利和经营者的义务"这一主题，通过网上或查阅报刊资料等途径，分别搜集和分析导游工作中的案例。讨论导游人员如何正确行使自己的权利？如何正确履行自己的义务？

☐ 能力训练

▲ 案例分析

【训练项目】

案例分析－Ⅸ。

【相关案例】

游客多次被"转包"

背景与情境：李女士的公司组织20名员工赴云南旅游，公司在吉林省某国际旅行社交纳团费7.5万元。就在到达云南的第二天下午，李女士等人乘坐的大型旅游客车在大理至丽江途中发生交通事故，客车侧翻于道路中间的隔离花坛，包括李女士在内的20人受伤。事后，经交警部门认定，驾驶人负全部责任，李女士等乘客无责任。经司法鉴定，李女士的伤情构成十级伤残。出院后，李女士向吉林省某国际旅行社索取赔偿，却被告知该旅行社已将旅游合同转给长春某旅行社。两家旅行社互相推诿。

资料来源　周立权. 游客多次被"转包"，出了车祸谁担责？［EB/OL］.［2016-01-26］. https：//business.sohu.com/20160126/n435828606.shtml.

问题：李女士等人的损失赔偿问题应如何解决？

【训练要求】

同第1章"基本训练"中本题型的"训练要求"。

▲ 自主学习

【训练项目】

自主学习-Ⅴ。

【训练步骤】

1）班级同学以小组为单位组建"自主学习"训练团队，每队确定一名负责人。

2）各团队根据训练项目需要进行角色分工。

3）各团队通过校图书馆、院资料室和互联网，查阅"文献综述格式、范文及书写规范要求"和近三年关于"国家和社会对消费者权益的保护"研究的前沿学术文献资料。

4）各团队总结和整理"国家和社会对消费者权益的保护"研究的前沿学术文献资料，依照"文献综述格式、范文及书写规范要求"，撰写《"国家和社会对消费者权益的保护"最新文献综述》。

5）在班级交流各团队的《"国家和社会对消费者权益的保护"最新文献综述》。

6）在校园网的本课程平台上展出经过修订并附有教师点评的各团队《"国家和社会对消费者权益的保护"最新文献综述》，供学生相互学习借鉴。

□ 课程思政

【训练项目】

课程思政-Ⅸ。

【相关案例】

部分导游讲解有胡编乱造现象

背景与情境：很多旅游景点对讲解内容没有明确要求，导游讲解词一般都比较概括、简单。在实际讲解过程中仅靠导游讲解词往往不够，旅行社也不会对导游讲解词做具体规定，所以需要导游自己补充讲解内容。有的导游会深入研究景点历史，为游客提供历史的细节，也有的导游讲些道听途说的八卦野史，甚至干脆杜撰，根据自己的想法胡编乱造。

北青报记者观察发现，旅行团导游在北京故宫太和殿前的解说词大多比较简短，一般不超过3分钟，但解说内容却有着不小的差异，记者听到了发生在太和殿里的关于袁世凯登基、太和殿前石狮子的公母、皇帝上朝习惯等各种演绎传说。在颐和园仁寿殿，记者对比了大约10名导游的解说词，发现对同一处景物的介绍也各不相同，部分导游甚至存在事实性错误，例如对"天地一家春"印记的来历，一些导游还会"惟妙惟肖"地讲述一段故事，为这段历史增添几分宫斗剧色彩。

资料来源 殷国安. 导游讲解里的八卦野史该消停了［N］. 中国青年报，2016-09-20.

问题：

1）在本案例中，导游讲解内容随意编造有何思政问题？

2）试就上述问题做出关于导游行为的思政研判。

3）通过网上调研，搜集你做思政研判所依据的相关规范。

【训练要求】

同第1章"基本训练"中本题型的"训练要求"。

第10章　旅游保险法律制度

- ● **学习目标**
- 10.1　保险与旅游保险的基本知识
- 10.2　旅游保险
- 10.3　旅行社责任保险
- ● **本章概要**
- ● **基本训练**

● 学习目标

通过本章学习，应达到以下目标：

职业知识：学习和把握"旅游保险法律制度"的相关概念、职能、分类与一般原则，旅游保险的特点与范围，我国保险与旅游保险的主要立法，旅游保险合同，旅游强制保险与自愿保险，旅游保险的索赔与理赔，旅行社责任保险，以及"同步链接""延伸阅读""小资料"等理论与实务知识；能用其指导本章"同步思考""教学互动"和"基本训练"中"知识训练"各题型的认知活动，建构专业规则意识，正确解答相关问题。

职业能力：运用本章知识研究相关案例，训练在"旅游保险法律制度"特定情境下对当事者行为的多元表征专业能力和"与人交流"通用能力；通过"'旅游保险法律制度'知识应用"的实训操练，培养相关专业技能。

课程思政：结合本章教学内容，依照相关规范或要求，对"课程思政10-1"专栏和章后"免责条款也难免责"等案例中的企业或其从业人员行为进行思政研判，强化与案例议题相关的法律法规思考和政治素质，促进"立德树人"根本任务的落实。

学习微平台

思维导图10-1

引例：游某与中国人民人寿保险股份有限公司吉林省分公司人身保险纠纷案

背景与情境： 2018 年 11 月 29 日，游某等三人与港中旅（厦门）国际旅行社有限公司签订《团队境内旅游合同》，参加东北长白山雪乡双飞六日游，时间为 2018 年 11 月 30 日至 2018 年 12 月 5 日，港中旅（厦门）国际旅行社有限公司委托吉林省王朝旅行社有限公司为游某等人购买团体意外伤害保险，保险期间自 2018 年 6 月 26 日至 2019 年 6 月 25 日，保险人数为 70 人，保费为 25 842 元。2018 年 12 月 3 日，旅游团进入雪乡景区办理入住，入住完毕后，游某在吃完晚餐后外出散步时不慎滑倒，导致胳膊受伤，游某在雪乡的医务室进行包扎处理。2018 年 12 月 6 日，游某前往中国人民解放军联勤保障部队第 909 医院就诊，诊断为：左桡骨远端粉碎性骨折，尺骨茎突撕脱性骨折，住院手术治疗 7 天，共花费医疗费 34 274.12 元。游某出院后多次与保险公司联系医疗保险金事宜，保险公司均以各种理由推诿，拒绝赔付，故依法向法院提起诉讼。法院经审理后认为，原告游某通过旅行社向被告投保团体意外伤害保险，且已缴纳保险费，保险合同依法成立并生效，被告应在保险责任范围内承担理赔责任，除去被保险人已经从其他途径取得的补偿，被告公司仅对剩余部分按合同的约定承担给付保险金的责任，应赔偿原告保险金为 6 919.14 元。

资料来源　福建省漳州市芗城区人民法院. 游某与中国人民人寿保险股份有限公司吉林省分公司人身保险合同纠纷一案［EB/OL］.（2020-01-20）［2020-09-18］. https：//wenshu.court.gov.cn/website/wenshu/181107ANFZ0BXSK4/index.html?docId=ebeb8b66ef924a06b8f7ab3600a86de9.引文经过改编.

上述案例告诉我们，如果旅行社通过保险公司为游客购买意外保险，既可以维护游客的正当权益，又可以避免旅行社的重大经济损失。本章将介绍保险与旅游保险的基本知识、旅行社责任保险等有关保险的知识与法律制度。

10.1　保险与旅游保险的基本知识

10.1.1　保险的概念

保险是指投保人根据合同约定，向保险人支付保险费，保险人对于合同约定的可能发生的事故因其发生所造成的财产损失承担赔偿保险金的责任，或者当被保险人死亡、伤残、疾病或者达到合同约定的年龄、期限时承担给付保险金责任的商业保险行为。

自有人类社会以来，人们就在寻求防灾避祸的方法，但真正意义上的保险制度形成于近代。以保险形式实现经济补偿的做法是随着商品生产和货币交换的发展而逐步发展起来的。15 世纪末，随着美洲大陆和通往印度航道的新发现、世界市场的形成和扩大，要求商品的生产和交换以更大的规模进行，商品流通跨越国界，越过大洲、大洋，达到世界性规模。商品的运输规模越大，危险也越集中，近代科学的保险制度就应运而生了。

10.1.2　保险的职能与分类

保险的职能分为基本职能和派生职能，我们这里说的保险职能专指保险的基本职能，是保险原始与固有的职能。保险的基本职能有经济补偿职能和保险金给付职能。经济补偿职能是在发生保险事故、造成损失后根据保险合同按所保标的的实际损失数额给予赔偿，这是财产保险的基本职能；保险金给付职能是在保险事故发生时保险双方当事人根据保险合同约定的保险金额进行给付，这是人身保险的职能。具体来讲，保险在社会经济生活中具有重要的作用，主要表现在以下几个方面：第一，有利于防灾和减灾。从保险基金中抽出一部分作为防灾的费用，直接用于预防危险事故及灾害的发生。利用保险基金，对因危险事故发生而遭受的经济损失或者人身伤亡进行经济补偿，可以减轻受灾人的经济损失。第二，有利于生产的发展和个人生活的安定。通过保险，对受灾的单位或者个人进行及时的经济补偿，能够使受灾单位迅速恢复生产，也有利于投保公民个人物质生活的稳定。第三，有利于增加国家的外汇收入。在国际贸易中，无论进口还是出口，都要办理保险。而开展国外保险业务，通过收取保险费，可以增加非贸易的外汇收入。

以不同标准可对保险进行多种分类，在本教材中我们涉及的保险分类主要包括：根据保险标的可将保险分为财产保险与人身保险；根据保险实施的形式不同可将保险分为自愿保险与强制保险；根据保障范围的不同可将保险分为财产保险、人身保险、责任保险与保证保险。

10.1.3 保险的一般原则

1）可保利益原则

保险利益是指被保险人对其保险标的所享有的经济利益。保险双方在签订合同时，如果被保险人无利益可保，则保险合同失效。由于财产转让、出售、分户使可保利益转移，除海上保险外，都必须征得保险人的同意，并办理批准手续，否则保单失效。

2）诚信原则

诚信原则要求被保险人必须如实告知保险人有关保险标的的一切情况；被保险人保证履行自己的义务；出险后，被保险人应及时通知保险人。

3）损失补偿原则

保险的基本职能是组织经济补偿。其经济补偿是按被保险人的实际损失补偿，不能使被保险人在补偿中获得额外利益；赔偿金额根据实际损失确定，但不得超过规定的保险金额；保险人在组织经济赔偿时，应注意被保险人对其财产是否具有可保利益。

4）代位追偿原则

代位追偿原则是指被保险人的损失如果是由第三者造成的，保险人按照合同规定赔偿被保险人的损失后，被保险人向第三者的索赔权转让给保险人，由保险人向第三者索赔。

5）公摊原则

公摊原则是指在被保险人基于同一利益、同一危险、同一对象同时向两个或两个以上的保险人投保的情况下，被保险人的索赔能在保险人之间按比例分摊，赔偿金额以不超过受损标的的实际价值为限。

6) 近因原则

近因原则是指以造成保险事故的主要或有效的原因为基本原因，如果该原因为被保的危险，保险人履行赔偿义务，反之则不赔偿。

同步案例 10-1

王某要求保险赔偿

背景与情境： 王某在随旅游团旅游时投保财产险 10 000 元。在旅游过程中王某丢失一皮包，内装手机等物品，价值 6 000 元。随后，王某以旅游过程中财产丢失为由，要求保险公司赔偿其 10 000 元。

问题： 王某应当获得多少保险赔偿？

分析提示： 王某虽然投保了 10 000 元，但其实际损失只有 6 000 元，按照保险的损失补偿原则，王某只能获得 6 000 元的赔偿。

小思考 10-1

诚信原则的内容是什么？

理解要点： ①被保险人必须如实告知保险人保险标的的一切情况；②被保险人保证履行自己的义务；③出险后，被保险人应及时通知保险人。

10.1.4 旅游保险的特点与范围

从一般意义上讲，旅游保险是指与旅游活动密切相关的保险。在旅游保险中，保险人一般与其他保险一样是保险公司，而被保险人则是旅游者或与旅游活动有密切关系的人，投保人可以是旅游企业或组织旅游活动的群众团体、机关、学校及其他企事业单位，也可以是旅游者或其他与旅游者有密切关系的人。

与其他保险相比，旅游保险具有以下几方面的特征：第一，从主体上讲，旅游者、旅游组织者及其他与旅游活动有密切关系的人，是旅游保险合同主体的重要组成部分。第二，从内容上讲，旅游保险合同的主要内容与旅游活动及其相关事宜紧密相连。第三，从期限上讲，旅游保险往往具有短期性，主要有三种计算方法：一是以里程计算，即乘坐各种交通工具的旅行，以购票上车、登机、上船开始计算，抵达目的地下车、离机、离船为止。二是以天数计算，即近距离旅行少则几小时，远距离旅行可达数十日。三是以游览点的游览或游览次数计算，即从检票进入游览点开始，直到离开该游览点为止，如乘坐索道、缆车、过山车等以次数计算。

旅游保险的范围较广，具体可分为国际旅游保险和国内旅游保险。国际旅游保险是指外国旅游者来华旅游保险和我国公民出国旅游所办的保险，国内旅游保险是对国内旅游者在我国境内旅游时所发生的人身意外伤害进行的保险。旅游保险具体又分为全程旅游保险和单项旅游保险。全程旅游保险是指从旅游者出发登上指定的交通工具开始至本次旅行结束，离开交通工具为止的整个旅行过程中，不论被保险人是因乘船、坐车、爬山，还是其他原因（在保险条款责任范围内）受到人身意外伤害的，保险人均给付保险金。单项旅游保险，是对一个旅游项目的保险。例如，乘机旅客自行投保的意外伤害险、住宿平安险等。

10.1.5　我国保险与旅游保险的主要立法

1995年6月30日第八届全国人民代表大会常务委员会第十四次会议通过了《中华人民共和国保险法》(以下简称《保险法》),根据2015年4月24日第十二届全国人民代表大会常务委员会第十四次会议《全国人民代表大会常务委员会关于修改〈中华人民共和国计量法〉等五部法律的决定》,对《保险法》进行了第三次修正。修改后该法共八章一百八十五条,对保险做出了较为全面、系统的法律规定,为各种保险活动提供了重要的法律依据。在旅游保险方面,2001年5月15日国家旅游局颁布了《旅行社投保旅行社责任保险规定》,规定"旅行社从事旅游业务经营活动,必须投保旅行社责任保险",以旅行社责任保险这一法定保险代替了1997年9月1日开始施行的《旅行社办理旅游意外保险暂行规定》。国务院于2009年1月21日颁布的《旅行社条例》第三十八条规定:"旅行社应当投保旅行社责任险。旅行社责任险的具体方案由国务院旅游行政主管部门会同国务院保险监督管理机构另行制定。"2010年11月25日,国家旅游局和中国保监会颁布《旅行社责任保险管理办法》,进一步完善了旅游保险方面的立法。《旅行社责任保险管理办法》于2011年2月1日起施行,同时废止了国家旅游局2001年5月15日发布的《旅行社投保旅行社责任保险规定》。2013年10月1日起施行的《旅游法》也对旅游保险做出了规定,《旅游法》第五十六条规定:"国家根据旅游活动的风险程度,对旅行社、住宿、旅游交通以及本法第四十七条规定的高风险旅游项目等经营者实施责任保险制度。"高风险旅游项目包括高空、高速、水上、潜水、探险等。《旅游法》第六十一条规定:"旅行社应当提示参加团队旅游的旅游者按照规定投保人身意外伤害保险。"

10.2　旅游保险

10.2.1　旅游保险合同

1) 保险合同的概念和特征

保险合同是指投保人和保险人就投保人支付保险费,保险人在承保危险出现时承担损失补偿责任或给付保险金所达成的协议。保险合同的主体有保险人、投保人、被保险人及受益人。保险人是指收取保险费,并在危险发生时,按照保险合同的约定承担损失赔偿责任或保险金给付责任的人,通常指保险公司。投保人是指与保险人订立保险合同,并按照保险合同约定交纳保险费的人。被保险人是指在保险危险发生并遭受损害后,按照保险合同约定享有从保险人处取得保险金权利的人。受益人是指由投保人或被保险人指定的,享有向保险人领取保险金请求权的人。

保险合同具有五大特点:一是保险性,从保险合同成立到终止前的整个期间,被保险人受保险合同的保障。该合同保障被保险人的原有利益水平。二是附和性,即保险合同一般由保险人单方拟定,投保人只有选择的权利,不能更改合同。三是双务性,即保险合同的双方当事人都各自承担义务和享有权利。四是射幸性,即由于危险事故发生的时间、地点、损失程度都具有偶然性,因而保险合同的履行也带有偶然性。五是最大诚信性,即保险合同要求当事人的诚信比一般合同都要高,投保人在投保时,必须向保险人提供有关保险标的的材料,严格遵守合同规定的条件。如若当事人一方违反诚信原则，他方可终止或解除合同。

小思考10-2

投保人、被保险人和受益人三者的关系是什么？

理解要点： 投保人是指与保险人订立保险合同，并按照保险合同约定交纳保险费的人。被保险人是指在保险危险发生并遭受损害后，按照保险合同约定享有从保险人处取得保险金权利的人。受益人是指由投保人或被保险人指定的，享有向保险人领取保险金请求权的人。投保人、被保险人及受益人在一定情况下可以是一个人。

2）旅游保险合同的内容

旅游保险合同作为保险合同的一种，其主要内容与我国《保险法》关于保险合同内容的规定一致。依据我国《保险法》的规定，旅游保险合同应当包括下列事项：①保险人名称和住所；②投保人、被保险人的名称和住所，以及人身保险受益人的名称和住所；③保险标的；④保险责任和责任免除；⑤保险期间和保险责任开始的时间以及订立合同的时间；⑥保险价值；⑦保险金额；⑧保险费以及支付办法；⑨保险金赔偿或者给付办法；⑩违约责任和争议处理。

投保人和保险人在上述规定的保险合同事项之外，可以就与保险有关的其他事项做出约定。

3）旅游保险合同的运行

（1）旅游保险合同的订立

旅游保险合同必须以书面方式订立，通常的做法是由旅行社、旅游经营单位作为投保人向保险人提出投保要求，与保险人签订书面保险协议。旅游保险是一项比较特殊的保险业务，它具有涉及面广、人数多、保险期限短等特点。旅游保险合同订立的形式有以下三种情况：

①由投保人和保险人共同签订保险合同，签章后保险合同成立。

②由投保人向保险公司提交投保申请书，由保险公司签发保险单，保险合同成立。

③由运输部门出售的旅客乘坐交通工具的票据，也是保险合同的一种形式。它既是乘车凭证，又是旅客参加旅行保险的凭证（多为强制保险）。

旅游保险合同签订后在执行过程中如需增加附加条款的，应由投保人和保险人协商而定，经双方同意后可作为附加条款，附于基本条款之后。根据保险惯例，其有效性以附加条款为先，基本条款为后。

（2）旅游保险合同的履行

旅游保险合同一经生效，双方当事人即应严格依照合同约定的内容及时、全面、正确地予以履行。投保人应及时足额交纳保险费。被保险人在保险有效期内，因遇意外事故，如遭受爆炸、雷击、跌坠、溺水、交通事故、匪盗行凶、牲畜袭击或各种物体坠落以致受伤、残废甚至死亡的，保险人负责一次性给付包括受伤、残废所需用的医药费在内的保险金。任何一方违约，即应承担违反合同的法律责任。

（3）旅游保险合同的终止

旅游保险合同终止的情形有：

①自然终止。凡保险合同期限届满，保险人的保险责任即告终止。

②因合同解除而终止。在签订旅游保险合同时，双方明确自然终止前解除该合同的条件，当规定的解除条件出现时，该保险合同的效力终止。

③义务履行完毕终止。根据保险单的规定，保险人承担的赔偿责任履行完毕（支付部分或最高赔偿金）后终止。

职业道德与企业伦理 10-1

某旅行社事后补办投保手续

背景与情境： 张某到某旅行社联系外出旅游事宜，双方口头达成了 8 月 3 日至 7 日游览普陀山等地的旅游合同，张某预付了旅游费 1 000 元。旅游行程分解表中注明，旅游价格包含了人身保险费。8 月 3 日上午，该旅行社组织张某等 10 人的旅游团出发。8 月 5 日晚，该旅游团在普陀山下的一个饭店住宿后，张某到距饭店不远的普陀山海滨浴场游玩，不慎溺水身亡。其家属在处理张某的善后事宜时发现，该旅行社在旅游团出发前并未给其投保，而是事后补办的投保手续，保险公司拒绝给张某理赔。

问题： 旅行社的做法是否符合旅游行业职业道德的要求？为什么？

分析提示： 旅行社在预收张某的旅游费 1 000 元中，已经包含了张某的人身保险费，旅行社应当及时为张某购买人身保险。该旅行社在旅游团出发前并未给张某投保，而是事后补办的投保手续，既违反了旅游合同的规定，又违背了旅游行业"诚实守信"的职业道德要求。

10.2.2 旅游强制保险与自愿保险

保险有自愿保险与强制保险之分。自愿保险是指投保人和保险公司在平等互利、等价有偿的基础上，经自主、自愿、协商一致而形成的保险。强制保险是指根据国家颁布的有关法律和法规，凡是在规定范围内的组织或个人，无论是否愿意都必须参加的保险。平等自愿是商业保险的基本原则，强制保险在某种意义上表现为国家对个人意愿的干预，因而其范围受到了严格限制。

《旅行社条例》第三十八条规定："旅行社应当投保旅行社责任险。"《旅游法》第五十六条规定："国家根据旅游活动的风险程度，对旅行社、住宿、旅游交通以及本法第四十七条规定的高风险旅游项目等经营者实施责任保险制度。"《旅游法》第九十七条规定："旅行社违反本法规定，有下列行为之一的，由旅游主管部门或者有关部门责令改正，没收违法所得，并处五千元以上五万元以下罚款；违法所得五万元以上的，并处违法所得一倍以上五倍以下罚款；情节严重的，责令停业整顿或者吊销旅行社业务经营许可证；对直接负责的主管人员和其他直接责任人员，处二千元以上二万元以下罚款：（一）进行虚假宣传，误导旅游者的；（二）向不合格的供应商订购产品和服务的；（三）未按照规定投保旅行社责任保险的。"据此规定，旅行社必须购买旅行社责任险，这属于法定的旅游强制保险。但由于旅行社责任险的赔付范围以旅行社的过失导致旅客人身伤亡和财产损失或依法属于旅行社应承担的责任为限，实践中诸多非旅行社过失所导致的旅客损害或依法不属于旅行社责任的旅客损害无法从此险种中获得救济，如旅客在景区、宾馆及乘火车、飞机等发生的意外，只要导游及旅行社无过错或无责任，就不属于旅行社的赔付范围。因此，旅游者自愿购买意外险就成为必要。《旅行社条例实施细则》第四十六条规定："为减少自然灾害等意外风险给旅游者带来的损害，旅行社在招徕、接待旅游者时，可以提示旅游者购买意外保险。"但这种"提示"仅起推荐与提醒作用，不得带有任何强制性，是否购买或如何购买等完全由旅客自主、自愿决定。实践中保险公司开发的一系列针对旅游的短期意外险，如太平洋寿险的"逍遥游""世纪行""神行天下""境外救援"，平安寿险的"旅游平安卡"以及中国人寿的个人旅游意外伤害险等，都可作为旅游者自愿购买意外险的选择。

同步案例 10-2

张某参观景点时手机落入水中

背景与情境：张某在随团旅游参观景点时，自己的手机不慎落入水中，造成手机损坏，经修理后才能正常使用，花去修理费 600 元。张某以随团旅游、参观景点导致手机损坏为由，要求旅行社予以赔偿。

问题：张某的要求合理吗？为什么？

分析提示：不合理。由于旅游者个人过错导致的财产损失，以及由此需要支出的各种费用，旅行社不承担赔偿责任。张某在参观景点时，自己的手机不慎落入水中，显然属于张某个人的过错。

10.2.3　旅游保险的索赔与理赔

在索赔与理赔方面，旅游保险与其他保险有着大体相同的基本程序，现做简单介绍。

1）索赔

索赔是指参加保险的被保险人（投保人），在发生保险责任范围内的灾害事故时，按保险单有关条款的规定，向保险公司提出赔偿损失的要求。索赔是（投保人或受益人）实现保险权益的具体体现。被保险人办理索赔，一般有如下程序：

（1）及时报案

当保险标的发生保险责任范围内的灾害事故时，应立即向保险公司报案，这不仅是取得索赔权的重要一步，也是被保险人的一项义务。报案的形式有多种，可以口头也可以书面；可以上门报案也可以用电话、通信设备报案。报案的简要内容包括灾害发生的时间、地点、原因、估计损失的情况及其他相关的情况。

（2）保护现场

当保险事故发生后，被保险人（投保人）要采取严格的措施保护事故现场，以待保险公司派员进行事故现场的查勘，以利于维护保险双方的合法权益，使保险公司能正确、合理、迅速地进行核赔。

（3）合理施救

合理施救包括对受损物资的整理等，这不仅是被保险人的一项义务，也是使社会财产的损失降到最低的重要一步。对于被保险人抢救不力及整理不及时而引起的扩大损失的部分，保险公司有权不予赔款。

（4）提供索赔单据

提供有关索赔的单据证明，提供必要的足以证明被保险人索取赔款的事实是获取赔款的重要条件。一般来讲，被保险人在发生保险责任范围内的损失（伤害）时，应提供的单据证明主要有：

①保险单。保险单是保险合同的书面形式，是证明被保险人参加保险并在保险有效期内发生事故而进行索赔的最主要的依据，如保险单遗失，应向保险公司说明情况申请补办，并出示交付保险费的凭证。

②出险证明。出险证明的种类很多，被保险人可根据不同的险种，索取相应的证明，如公安局消防部门开具的火灾证明、交通管理部门出具的交通事故证明等。

③受损财产清单。受损财产清单一般可根据保险公司所要求的格式填写，在填写过程中必须本着实事求是的精神，详细列明受损财产的名称、规格、数量、价值、受损程度等内容。同时，还要提供财务部门的有关账册、收据、发票、装箱单、运输凭证等，以便于保险公司理赔人员根据财产损失清单与各类原始财会凭证进行核对，以确定每一损失标的的赔偿标准。必要时，还应提供一些特殊凭证的复印件等。

（5）开具权益转让书

有时，企业或个人的财产损失是由于应该负损害赔偿责任的第三者造成的。这时，为确保被保险人的利益，保险公司可以先行对被保险人进行赔偿，但被保险人应在接受保险公司赔款的同时，签发"权益转让书"（一般来讲，权益转让书的格式都由保险公司事先印制）。在保险公司向有关责任方的代位求偿过程中，被保险人还必须予以积极地配合。

（6）领取保险赔偿金

在各类单证已经齐全，保险双方当事人达成赔偿协议后，被保险人（投保人或受益人）就可向保险公司领取赔偿金。

2）理赔

理赔是指保险人处理被保险人或受益人的索赔请求，处理有关保险赔偿责任的程序及工作。理赔工作涉及被保险人的切身利益，又涉及保险职能作用的发挥，保险人应及时履行赔偿责任。我国保险公司的理赔原则是：主动、迅速、准确、合理。只要符合保险条款的规定和实际情况就应及时赔偿。理赔工作的主要程序：

（1）对理赔申请的受理

保险公司接到理赔申请书应及时处理，派出专人到出事现场，调查核实有关证明证据材料，确定责任范围。

（2）调查核实

查明保险合同、保险单及其有关凭证是否有效；查明保险事故发生的原因和事实情况；查明事故造成的损失。

（3）做出处理

根据上述情况提出是否赔偿以及赔偿额度的意见，报有关部门批准后执行，通知被保险人或受益人领取赔偿金，结束理赔程序。

小思考10-3

被保险人办理索赔，一般有哪些程序？

理解要点：①及时报案；②保护现场；③合理施救；④提供索赔单据；⑤开具权益转让书；⑥领取保险赔偿金。

10.3　旅行社责任保险

2010 年 11 月 25 日，国家旅游局和中国保监会颁布《旅行社责任保险管理办法》（以下简称《办法》），进一步完善了旅游保险方面的立法。下面简要介绍该《办法》的有关内容。

1）旅行社责任保险的概念

《办法》第二条规定：本办法所称的旅行社责任保险，是指以旅行社因其组织的旅游活动对旅游者和受其委派并为旅游者提供服务的导游或者领队人员依法应当承担的赔偿责任为保险标的的保险。

2）《办法》的适用范围

根据《办法》的规定，在中华人民共和国境内依法设立的旅行社，应当依照《旅行社条例》和《办法》的规定，投保旅行社责任保险；投保旅行社责任保险的旅行社和承保旅行社责任保险的保险公司，应当遵守该《办法》。

3）投保范围

旅行社应当对旅行社依法承担的下列责任投保旅行社责任保险。

旅行社责任保险的保险责任，应当包括旅行社在组织旅游活动中依法对旅游者的人身伤亡、财产损失承担的赔偿责任和依法对受旅行社委派并为旅游者提供服务的导游或者领队人员的人身伤亡承担的赔偿责任。具体包括下列情形：

（1）因旅行社疏忽或过失应当承担赔偿责任的；

（2）因发生意外事故旅行社应当承担赔偿责任的；

（3）文化和旅游部会同中国银行保险监督管理委员会（以下简称中国银保监会）规定的其他情形。

4）保险期限与责任限额

旅行社责任保险的保险期限为 1 年，旅行社应当在保险合同期满前及时续保。

责任限额可以根据旅行社业务经营范围、经营规模、风险管控能力、当地经济社会发展水平和旅行社自身的需要，由旅行社与保险公司协商确定，但每个人的人身伤亡责任限额不得低于 20 万元人民币。

5）投保

旅行社投保旅行社责任保险的，应当与保险公司依法订立书面旅行社责任保险合同（以下简称保险合同）。保险合同成立后，旅行社按照约定交付保险费。保险公司应当及时向旅行社签发保险单或者其他保险凭证，并在保险单或者其他保险凭证中载明当事人双方约定的合同内容，同时按照约定的时间开始承担保险责任。

保险合同成立后，除符合《保险法》规定的情形外，保险公司不得解除保险合同。旅行社要解除保险合同的，应当同时订立新的保险合同。

6）索赔

旅行社在组织旅游活动中发生本《办法》投保范围所列情形的，保险公司依法根据保险合同约定，在旅行社责任保险责任限额内予以赔偿。

（1）旅行社组织的旅游活动中发生保险事故，旅行社或者受害的旅游者、导游、领队人员通知保险公司的，保险公司应当及时告知具体的赔偿程序等有关事项。

（2）被保险人索赔时，应向保险人提供保险单正本、旅游合同、游客名单、事故发生的文字记录、损失清单、政府相关管理机构（主管部门）的事故证明、相关机构出具的伤亡证明和其他必要的单证。保险事故发生在境外的，则需出具由我国政府驻外官方机构或授权机构出具的事故证明和损失证明。

（3）旅行社对旅游者、导游或者领队人员应负的赔偿责任是确定的，根据旅行社的请求，保险公司应当直接向受害的旅游者、导游或者领队人员赔偿保险金。旅行社怠于请求的，受害的旅游者、导游或者领队人员有权就其应获赔偿部分直接向保险公司请求赔偿保险金。

（4）保险公司收到赔偿保险金的请求和相关证明、资料后，应当及时做出核定；情形复杂的，应当在 30 日内做出核定，但合同另有约定的除外。保险公司应当将核定结果通知旅行社以及受害的旅游者、导游、领队人员；对属于保险责任的，在与旅行社达成赔偿保险金的协议后 10 日内，履行赔偿保险金的义务。

7）除外责任

旅游者在旅游过程中，由自身疾病引起的各种损失或损害，旅行社不承担赔偿责任；由于旅游者个人过错导致的人身伤亡和财产损失，以及由此导致需支出的各种费用，旅行社不承担赔偿责任；旅游者在自行终止旅行社安排的旅游行程后，或在不参加双方约定的活动而自行活动的时间内，发生的人身、财产损害，旅行社不承担赔偿责任。

8）监督检查

县级以上旅游行政管理部门依法对旅行社投保旅行社责任保险情况实施监督检查；中国银保监会及其派出机构依法对保险公司开展旅行社责任保险业务实施监督管理。

9）违法责任

旅行社解除保险合同但未同时订立新的保险合同，保险合同期满前未及时续保，或者人身伤亡责任限额低于 20 万元人民币的，由县级以上旅游行政管理部门责令改正；拒不改正的，吊销旅行社业务经营许可证。

保险公司经营旅行社责任保险，违反有关保险条款和保险费率管理规定的，由中国银保监会或者其派出机构依照《保险法》和中国银保监会的有关规定予以处罚。

保险公司拒绝或者妨碍依法检查监督的，由中国银保监会或者其派出机构依照《保险法》的有关规定予以处罚。

教学互动 10-1

背景资料： 王某等 10 人参加某旅行社组织的华山 2 日游，出行前购买了旅游意外保险。在游览过程中，王某认为旅行社安排的景点不够合理，一些好的景点没有安排上，便主动提出终止与旅行社的合作，随后自行登山游览，在游览过程中不慎跌入山谷摔伤。事后，王某向旅行社提出赔偿要求。

互动问题：

1）对王某的摔伤事故，旅行社是否应承担责任？

2）王某能否得到保险公司的赔偿？

要求： 同"教学互动 1-1"的"要求"。

同步案例 10-3

旅行途中病发身亡谁负责任

背景与情境： 2018 年 8 月 18 日，刘东辉等人在西藏那曲地区旅游总公司报名参加同年 8 月 20 日至 8 月 24 日的西藏旅游行程。刘东辉在报名旅游出发前未向西藏那曲旅游总公司提供体检报告，西藏那曲地区旅游总公司亦未安排体检。合同签订后，刘东辉如约旅行。旅游公司安排实际旅行时间未完全与旅游合同约定行程时间相同。2018 年 8 月 22 日，刘东辉一行乘坐旅游车辆从日喀则前往拉萨途径尼木县卡如一级检查站需下车检查身份证信息时，刘东辉去附近上卫生间，在卫生间晕倒，后在尼木县人民医院经抢救无效，于 2018 年 8 月 22 日 13 时 03 分不幸去世。西藏那曲地区旅游总公司于 2018 年 5 月 14 日在被告中国人民财产保险股份有限公司拉萨分公司投保了旅行社责任保险，保单期间为 2018 年 5 月 16 日到 2019 年 5 月 25 日，保险的人身伤亡限额为 30 万元，医疗限额为 4 000 元。事故发生后，刘东辉家人钟晓贞、张忠进等，经与被告旅游公司协商赔偿事宜未果诉至法院。

资料来源　西藏自治区尼木县人民法院. 钟晓贞、张忠进等与西藏那曲地区旅游总公司、中国人民财产保险股份有限公司拉萨分公司侵权责任纠纷一案［EB/OL］.（2020-07-20）［2020-09-18］. https://wenshu. court. gov. cn / website / wenshu / 181107ANFZ0BXSK4 / index. html? docId=4e186601f84b4e80a1a0abf300d5f054.引文经过改编.

问题： 旅游公司和保险公司是否应当承担赔偿责任？

分析提示： 本案可以从以下几方面考虑：①旅游公司应当承担赔偿责任。我国《民法典》第一千一百九十八条规定：宾馆、商场、银行、车站、机场、体育场馆、娱乐场所等经营场所、公共场所的经营者、管理者或者群众性活动的组织者，未尽到安全保障义务，造成他人损害的，应当承担侵权责任。因第三人的行为造成他人损害的，由第三人承担侵权责任；经营者、管理者或者组织者未尽到安全保障义务的，承担相应的补充责任。旅游公司作为旅行团旅游活动的组织者，应当尽到相应的安全保障义务。我国《旅游法》第八十条规定，旅游经营者应就旅游活动中须注意的安全事项，以明示的方式事先向旅游者做出说明或者警示。被告旅游总公司作为旅游服务活动的提供者，提供的服务应当符合保障旅游者人身安全的要求，对可能危及旅游者人身安全的事项，应当向旅游者做出真实的说明和明确的警示，并采取防止危害发生的措施。在明知刘东辉未做体检，旅游目的地为高原地区且行程安排较为紧凑的情形下，未对刘东辉的健康状况做仔细询问，也未要求刘东辉提供行前的健康体检证明或安排刘东辉做体检，存在一定过错，西藏那曲地区旅游总公司因未尽到合理的必要的安全保障义务，应承担一定的赔偿责任。②死者刘东辉参加被告旅游公司的旅游活动，在旅途中因晕倒经抢救无效死亡，并非其自身故意造成的，故应由承保旅游公司责任保险的被告保险公司在保险赔偿范围内对死者刘东辉在旅游过程中的死亡承担保险赔偿责任。③刘东辉未考虑到自己的身体健康状况是否适合高原地区旅游、在未进行健康体检的情形下，参加目的地为高原地区的团队旅游，在旅行途中诱发疾病晕倒，经医院抢救无效死亡，刘东辉对其死亡后果应承担主要责任。

✂ 本章概要

☐ 内容提要

本章介绍了保险的概念、职能分类以及保险的一般原则，介绍了旅游保险合同的概念、特征、内容与运行，介绍了旅行社强制责任险与旅游者自愿意外险以及我国《旅行社责任保险管理办法》。

☐ 主要概念和观念

▲ 主要概念

保险索赔理赔　保险合同

▲ 主要观念

旅游保险　旅行社责任保险

☐ 重点实务

旅游保险合同　旅游保险索赔　旅游保险除外责任

✂ 基本训练

☐ 知识训练

▲ 复习题

1）保险的一般原则是什么？

2）保险有哪些职能？

3）试述旅游保险的范围。

4）旅游保险合同订立的形式有哪些？

5）旅游保险具有哪些特征？

▲ 讨论题

将班级学生分成若干讨论小组，各组成员根据"旅游保险索赔"这一主题，通过网上或查阅报刊资料等途径，分别搜集和分析旅游保险案例，讨论旅游保险索赔的程序和保险公司理赔工作的主要程序。

☐ 能力训练

▲ 案例分析

【训练项目】

案例分析-X。

【相关案例】

乘船骨折状告旅行社

背景与情境： 2016 年李女士与被告旅行社签订《出境旅游合同》，参加被告组织的同年至泰国 8 晚 10 天旅游团，并交纳费用 4 800 元。李女士在泰国乘坐被告安排的游船前往珊瑚岛旅游途中，因坐垫放在游船地板上，她踩到湿滑的坐垫导致滑倒，造成左手骨折。事发当天，李女士在泰国医院就诊，经诊断为腕部骨折并住院治疗一天。李女士随旅行团回国后起诉称，因船工工作失误，被告未尽到安全保障义务，导致她上船时不慎摔伤，要求被告赔偿医疗费、误工费、残疾赔偿金等近 13 万元。后经鉴定，李女士所受伤害构成十级伤残，并需进行二次手术取出固定物。

资料来源　佚名. 乘船骨折状告旅行社　未尽到安全保障义务索赔近 13 万元［EB/OL］. ［2017-03-10］. https: //news.99.com.cn/minsheng/20170310/680322.htm.引文经过改编.

问题： 旅行社是否应承担赔偿责任？如何承担？

【训练要求】

同第 1 章"基本训练"中本题型的"训练要求"。

▲ **实训操练**

【训练项目】

"旅游保险法律制度"知识应用。

【训练要求】

选取本章"旅游保险合同"的教学内容作为操练项目，进行"'旅游保险法律制度'知识应用"的模拟实训。

【训练步骤】

1）班级学生以小组为单位组建训练团队，每团队确定一人负责。

2）各团队选取本章"旅游保险合同"的教学内容，通过"背景与情境"设计、角色分工和体验角色操作等进行"'旅游保险法律制度'知识应用"的模拟实训。

3）各团队记录模拟实训过程中的体验心得，出现的问题、差错及纠正办法。

4）模拟实训结束后，各团队整理实训记录，在此基础上撰写《"'旅游保险法律制度'知识应用"实训报告》。

5）在班级讨论交流、相互点评与修订各团队的《"'旅游保险法律制度'知识应用"实训报告》。

6）在校园网的本课程教学平台上展示经过修订和教师点评的各团队《"'旅游保险法律制度'知识应用"实训报告》，供学生借鉴。

☐ **课程思政**

【训练项目】

课程思政 - X。

【相关案例】

免责条款也难免责

背景与情境： 佛山市民李某报团参加旅游，在旅途过程中因为发生交通事故受伤，旅行社将其送往医院，因此产生了医疗费。李某觉得旅行社应该承担此次事故的责任，一纸诉状把旅行社诉至法院。然而，对于李某的诉讼，旅行社认为，双方在签订《组团合同》与《参团告知书》时，内文规定了旅行社的免责条款，即对于旅游者因自身原因或第三方侵害等不可归责于旅行社的原因造成旅游者人身损害、财产损失的，旅行社不承担赔偿责任。而在此次交通事故中，交警出具的《交通事故认定书》认定旅行社安排的车辆无责任，旅行社不应承担赔偿责任。

该案经一审法院审理，判决旅行社应赔偿李某12万余元。旅行社不服判决上诉至佛山中院。佛山中院认为，虽然游客与旅行社签订了《组团合同》与《参团告知书》，但这种约定是旅行社为免除自己的责任、排除游客权利的格式条款，应属于无效条款。因此，旅行社仍对游客负有安全保障的义务。最终，佛山中院维持一审判决，但因李某在发生事故时已经收取肇事司机的1.5万元，所以佛山中院扣除此笔赔偿款后，判决旅行社赔偿李某11万余元。

资料来源 杨桂荣．旅途发生交通事故 免责条款也难免责 ［EB/OL］．［2016-07-20］. https://news.sina.com.cn/o/2016-07-20/doc-ifxuhqmf5437394.shtml.

问题：

1）请就上述案例分析该旅行社的伦理道德问题。

2）请就上述问题做出关于旅行社行为的思政研判。

3）通过网上调研，搜集你做思政研判所依据的行业道德规范。

【训练要求】

同第1章"基本训练"中本题型的"训练要求"。

反不正当竞争法

● 学习目标

通过本章学习，应达到以下目标：

职业知识：学习和把握"反不正当竞争法"的相关概念、宗旨、原则，《反不正当竞争法》所规制的行为及构成要件，以及"同步链接""延伸阅读""小资料"等理论与实务知识；能用其指导本章"同步思考""教学互动"和"基本训练"中"知识训练"各题型的认知活动，建构专业规则意识，正确解答相关问题。

职业能力：运用本章知识研究相关案例，训练在"反不正当竞争法"特定情境下对当事者行为的多元表征专业能力和"与人交流"通用能力；参加"自主学习-Ⅵ"训练，通过搜集、整理与综合关于"反不正当竞争法"的前沿知识，撰写、讨论与交流《"反不正当竞争法"最新文献综述》，培养"反不正当竞争法"中"自主学习""与人协作""与人交流"的通用能力。

课程思政：结合本章教学内容，依照相关规范或要求，对"课程思政11-1"专栏和章后"旅行社欺骗游客"等案例中的企业或其从业人员行为进行思政研判，强化与案例议题相关的法律法规思考和政治素质，促进"立德树人"根本任务的落实。

学习微平台

思维导图11-1

引例：厦门市市场监督管理局查处旅游市场商业贿赂

背景与情境： 2019年11月21日，导游方某、徐某受厦门集游美旅行社有限公司委派，带领散拼团的25名游客前往厦门市部分景点游览。其间，导游安排游客前往"青山时雨"茶叶店购物，两名游客因不愿购买茶叶，与导游发生口角。之后，矛盾在鼓浪屿岛上爆发，其中一位导游对游客进行言语威胁，被录下视频曝光。11月23日，厦门市市场监督管理局监控到厦门集游美旅行社有限公司导游言语威胁游客事件后，高度重视，立即组织精干力量，深入调查，并采取行政强制措施，扣押涉案财物。

经查，"集游美"旅行社在经营过程中向导游提供揽客回扣，违反《反不正当竞争法》，涉嫌商业贿赂行为，同时，该旅行社还涉嫌将营业执照出租给他人使用。而"青山时雨"茶叶店也是向揽客导游和大巴司机提供回扣，违反《反不正当竞争法》，涉嫌商业贿赂行为。青山时雨商贸有限公司于2019年11月为吸引旅行社、导游组织外地游客前往消费，给予厦门集游美旅行社有限公司返佣费54 094元。另查，该公司还给予其他旅行社、导游返佣费158 189元，共计212 283元。青山时雨商贸有限公司违反了《反不正当竞争法》第七条、第十九条的规定，构成商业贿赂的违法行为，根据《中华人民共和国行政处罚法》第三十一条的规定，厦门市市场监管局于11月29日向该公司送达《行政处罚听证告知书》。截至11月29日，"集游美"旅行社涉嫌出租营业执照一案、"青山时雨"茶叶店涉嫌商业贿赂一案均已调查终结。"集游美"旅行社被顶格处10万元罚款，并吊销营业执照，"青山时雨"茶叶店被处50万元罚款，并吊销营业执照。相关《行政处罚听证告知书》均已送达。两家企业也已关门停业。

资料来源 福州新闻网. 厦门导游威胁游客 涉事旅行社茶叶店被重罚［EB/OL］.（2019-12-02）［2020-09-20］. https://baijiahao.baidu.com/s?id=16517728672915299 27&wfr=spider&for=pc.引文经过改编.

上述案例告诉我们，在社会主义市场经济条件下，为保证市场经济秩序的有序进行，市场竞争者必须遵守法律，开展公平竞争。本章我们将讲述我国《反不正当竞争法》的原则和立法目的、我国《反不正当竞争法》所规制的行为以及我国《反不正当竞争法》的实施。

11.1 反不正当竞争法概述

11.1.1 竞争的特征

竞争是指两个以上主体为追求同一个目标而展开角逐，以争取胜过对手的社会现象。它普遍存在于自然界和人类社会的各个方面。竞争具有以下主要特征：

1）竞争的主体是经济利益互相对立的市场主体

市场主体是指从事商品生产、销售等经营活动或服务活动，参与市场经济关系的营利性社会经济组织和自然人。它是市场的基本要素，是构成市场有机体的基本"细胞"。没有市场主体，整个市场体系就不复存在。竞争作为市场的基本运行机制，只能发生于市场中的不同市场主体之间。没有市场主体作为竞争者，就没有市场竞争。

学习微平台

同步链接11-1

2）竞争的目标具有扩张性

竞争目标的扩张性是指竞争主体的竞争目标会随着竞争的展开而不断扩大。这是市场竞争不同于其他竞争的一个重要特征，其他竞争的目标未必具有扩张性，如政治竞争中的总统选举只能选一个总统，体育竞争中的冠军也只有一个，这些竞争不会因参加的人多而使其目标扩大。但市场中的竞争则不同，从整个市场体系乃至整个社会来看，竞争的持续、激烈进行，会推动社会生产力的不断发展，促进整个社会财富的不断增加，竞争主体的竞争目标也会随之不断增多增大。

3）竞争的目的是最大限度地获取市场利益

在市场经济条件下，任何竞争主体参与市场竞争的目的都是最大限度地获取市场利益。这种市场利益可以直接表现为具体的经济收益，如货币、财物等利润收入，也可以间接地表现为获得有利的市场条件。

4）竞争的结果是优胜劣汰

在长期、激烈的市场竞争中，能够不断获取胜利的竞争者得以继续生存和发展，屡屡遭受失败的竞争者则因无法维持生存而被市场淘汰，这便是竞争的直接后果——优胜劣汰。正是这种获胜的刺激和被淘汰的压力，促使经营者不断开拓创新、改进技术、降低成本、提高质量、改善经营管理、提高经济效益。

11.1.2 竞争的作用

竞争的作用具有二重性，即同时具有积极作用和消极作用。竞争作用的这种二重性特征，既是竞争运动规律的客观反映，又是国家政策和法律对竞争进行调控或规制的依据，竞争法的重要价值就在于通过法律调整以充分发挥竞争的积极作用，有效抑制竞争的消极作用。

1）竞争的积极作用

（1）竞争能促进生产力的发展

竞争迫使市场主体重视技术，重视人才，重视产品质量，重视科学管理和经济效益等，其结果必然有利于提高整个社会生产力的水平，促进生产力的不断发展；同时，竞争优胜劣汰这一机制本身就蕴含着淘汰过时的生产力和激励新兴的生产力的作用。

（2）竞争能优化资源配置

在错综复杂的市场关系中，竞争通过它特有的激励机制和淘汰机制，使劳动力资源和资本资源等从一个部门转移到另一个部门，并通过资源的再配置，使资本结构、劳动力结构和部门结构不断得到调整和优化，使社会资源得到最佳的配置。

（3）竞争能推动技术创新

为了应对竞争，竞争者必须不断研制、开发新技术，采用新工艺，创造新产品。只有创新，才能战胜对手，超越别人；才能站到科技前沿，占领市场制高点；才能迎合人们喜新厌旧的倾向，赢得消费者的喜爱，获得竞争的最终成功。

（4）竞争能提高经济效益

首先，竞争作为一种激励机制，能最大限度地激发人们的聪明才智，促使人们奋发图强，积极创造，大胆冒险，不断进取，追求效率，提高效益；其次，竞争作为一种淘汰机制，使竞争者承受相当大的市场压力，不进则退，不优则汰，这种压力转化为一种持久的动力，一种不懈努力的拼搏精神，使竞争者永远朝着利润最大、效益最高的目标奋进。

（5）竞争能调节社会分配

竞争分配是按能分配，按劳分配，只有那些比别人更有能力的人，那些付出了比别人更多辛劳的人，才能在竞争中获胜，才能分配到更多的竞争收益。同时，竞争分配把人们的分配所得同消费者的需求结合起来，只有那些较好地满足了消费者需求的人才能参与分配，得到收益。消费者满意的程度越高，其所得到的分配额就越大。

2）竞争的消极作用

（1）竞争会造成资源浪费

竞争本身所固有的自发性、盲目性和滞后性往往使经济运行出现周期性波动，甚至产生经济危机，导致生产严重过剩，在一定时空范围内造成资源浪费。过度竞争迫使竞争者超常推陈出新、加快折旧，产品"未老先衰"，资源难尽其用，造成大量的浪费。有时，竞争者的竞争能力或竞争优势甚至是建立在"拼"资源的基础上，这样对社会的危害更大。

（2）竞争会破坏社会秩序

市场中大量存在的各种反竞争行为，如不正当竞争行为、限制竞争行为、非法垄断行为等，都是基于竞争而产生的严重破坏市场竞争秩序的行为。这些行为不仅损害竞争本身，而且会进一步引发各种社会矛盾，造成社会不同阶层利益的冲突，导致整个市场经济秩序乃至整个社会秩序的混乱。

（3）竞争会导致垄断

优胜劣汰的竞争机制长期作用的结果必然会造成资本的积聚和集中，从而导致垄断。而垄断本身又是竞争的天敌，其在本质上排斥和扼杀竞争，损害市场调节机制，阻碍经济的发展和社会的进步。

（4）竞争会引起两极分化

竞争奉行效益最大化原则，竞争分配机制有利于强者而不利于弱者，长期、持续、激烈的竞争，会使强者更强，弱者更弱，富的更富，穷的更穷，引起两极分化。在不受任何约束和限制的过度竞争中，这种两极分化会更为突出。竞争会在一定程度上阻碍收入分配公平的实现。

小资料 11-1

反不正当竞争法与反垄断法的关系

反不正当竞争法与反垄断法的关系，表现为二者既有密切联系，又有重要区别。

第一，反不正当竞争法与反垄断法具有密切联系，主要表现在三个方面：一是二者有着基本相同的终极目的，即促进和维护公平、自由的竞争机制；二者都以调整市场竞争关系、规范市场竞争行为为内容，都属于市场竞争法的范畴。二是二者所规制的行为之间有时具有关联性，甚至会发生相互转化。三是二者之间存在着模糊区域，有些反竞争行为既可归入反垄断法之中，又可归入反不正当竞争法之中，如包括虚假表示在内的一些不公平的交易方法即属此类，有些国家将其规定在反垄断法中，有些国家将其规定在反不正当竞争法中，有时两法还会就同一行为从不同角度做出规定。

二者之间这种模糊区域的客观存在，也从一定程度上反映了其相互之间的密切联系性。

第二，反不正当竞争法与反垄断法存在着重要区别。反不正当竞争法与反垄断法的重要区别，除了表现在具体立法目的、约束对象、调整原则等方面的不同外，还有两个方面应予以强调：一是二者促进和保护竞争的角度不同，反垄断法主要对各种排斥与限制竞争、减少与削弱竞争以及消除竞争的行为进行规制，解决竞争的不充分、不自由或缺乏等问题，具有维护竞争自由的意义，有竞争自由法之称；反不正当竞争法则主要对那些享有竞争自由的主体违反商业道德和善良风俗、滥用竞争自由损害竞争对手及其他主体合法利益的行为进行规制，解决竞争的不正当、不公平与无序等问题，具有维护竞争道德的意义，有竞争道德法之称。二是二者法的属性存在差异，垄断与限制竞争行为首先危及的是公共利益，反垄断法主要以维护公共利益为使命，具有浓厚的公法色彩，对维护社会的公共利益具有更大意义，尽管并不排除对受害人的私人救济；不正当竞争行为直接侵害的往往是特定受害人的利益，主要是一种侵权行为，反不正当竞争法在许多国家具有私法的性质，被认为是民法的特别法，往往对受害人予以民事救济，对维护个体利益具有重大的意义，尽管并不排除对公共利益的维护。从区别竞争法家族中反垄断法与反不正当竞争法之不同的角度来看，反垄断法是规制垄断与限制竞争行为以维护竞争自由的一系列法律规范的总称；反不正当竞争法是规制不正当竞争行为以维护竞争秩序与竞争道德的一系列法律规范的总称。反垄断法与反不正当竞争法的这种总体一致与具体差别，决定了二者既同属于竞争法的范畴，又各自独立，自成体系，分别以各自独特的运作方式，共同为促进和保护竞争做出贡献。

资料来源　吕明瑜. 竞争法教程［M］. 2版. 北京：中国人民大学出版社，2015.

小思考11-1

为什么说竞争会引起两极分化？

理解要点： 竞争有利于强者而不利于弱者，长期、持续、激烈的竞争，会使强者更强，弱者更弱，富的更富，穷的更穷，引起两极分化。在不受任何约束和限制的过度竞争中，这种两极分化会更为突出。

11.1.3　反不正当竞争法的概念与宗旨

关于反不正当竞争法的概念，理论界的观点不尽一致。反不正当竞争法作为竞争法的重要组成部分，其概念的界定无疑应以竞争法的概念为基础。吕明瑜所著的《竞争法教程》一书将反不正当竞争法的概念表述为：反不正当竞争法是国家为促进和保护竞争，通过规制不正当竞争行为来调整竞争关系及与竞争有关的其他社会关系的法律规范的总称。

第十三届全国人民代表大会常务委员会第十次会议于2019年4月23日修正通过的《中华人民共和国反不正当竞争法》规定的不正当竞争行为，是指经营者在生产经营活动中，违反本法规定，扰乱市场竞争秩序，损害其他经营者或者消费者的合法权益的行为。本法所称的经营者是指从事商品生产、经营或者提供服务（以下所称商品包括服务）的自然人、法人和非法人组织。

我国《反不正当竞争法》的宗旨是：促进社会主义市场经济健康发展，鼓励和保护公平竞争，制止不正当竞争行为，保护经营者和消费者的合法权益。

11.1.4 我国《反不正当竞争法》的原则

1）自愿原则

自愿原则是指在市场交易中，经营者和消费者在法律许可的范围内，完全以自己的意志决定自己的交易行为，任何单位和个人不得非法干预。自愿原则是市场交易的一项重要原则，它既是我国《反不正当竞争法》的基本原则，也是我国《民法典》的基本原则。

2）平等原则

平等原则是指任何参与市场竞争的经营者，无论规模大小、实力强弱、组织形态如何，在竞争中的法律地位一律平等。它一般包括两层含义：一是立法平等，即无论不同竞争主体之间的经济地位有无差别和有何差别，在立法上均以各竞争主体法律地位平等为基点进行法律制度的设计和权利义务的配置；二是适用法律平等，即对各竞争主体平等地适用法律，不承认任何竞争主体有法律之外的特权。

3）公平原则

公平原则又称公正原则，是指竞争主体在公平的市场条件下，以符合法律或道德的手段或方法进行自由竞争，以实现其经济利益，各竞争主体在竞争活动过程中都应受到公正合理的待遇。公平原则的内容主要包括：竞争机会公平；竞争规则公平；竞争环境公平；竞争结果公平。

4）诚实信用原则

诚实信用原则是指竞争主体遵循诚实信用的道德准则开展竞争活动。这里的诚实是指竞争者在竞争中不做虚假、欺诈的意思表示，不掩盖、隐瞒、歪曲有如实告知义务的事项；信用是指竞争者在竞争中就自己所做出的意思表示的真实可靠性向对方当事人和第三人负责，并履行由自己意思表示所设定的各种义务。

5）遵守公认的商业道德原则

参与竞争的任何竞争主体，都必须遵守竞争的共同规则，都必须依靠自身拥有的经济实力，与竞争对手进行公平、公正的竞争，不得以自己的竞争自由损害他人的合法利益和社会公共利益，不得以竞争自由为借口违反公认的商业道德。

小思考 11-2

竞争的公平原则指的是什么？

理解要点：竞争的机会公平、规则公平、环境公平、结果公平。

11.2 我国《反不正当竞争法》所规制的行为

11.2.1 商业混淆行为

商业混淆行为是指经营者使用与他人相同或相似的商业标识，致使自己的商品或服务与他人的商品或服务产生混淆、造成购买者误认误购、减损他人商业标识的市场价值的行为。它会导致公众对商品来源、商品经营者或服务提供者的关联关系以及担保关系等的混淆，损害他人的商业信誉和商品声誉，混淆他人商业标识的区别性，损害消费者的合法利益，破坏公平的市场竞争秩序，是典型的不正当竞争行为。

《反不正当竞争法》第六条规定：经营者不得实施下列混淆行为，引人误认为是他人商品或者与他人存在特定联系：①擅自使用与他人有一定影响的商品名称、包装、装潢等相同或者近似的标识；②擅自使用他人有一定影响的企业名称（包括简称、字号等）、社会组织名称（包括简称等）、姓名（包括笔名、艺名、译名等）；③擅自使用他人有一定影响的域名主体部分、网站名称、网页等；④其他足以引人误认为是他人商品或者与他人存在特定联系的混淆行为。商业混淆行为包括两类：一是冒用行为，即未经权利人许可，擅自使用他人的商业标识，也就是将他人的商业标识在自己所经营的商品或服务上做相同的使用，又称假冒。二是仿用行为，即模仿或比照他人的商业标识，在不影响该商业标识实质性特征的情况下对其稍作改变而进行使用，也就是将他人的商业标识在自己所经营的商品或服务上做相似的使用。

《反不正当竞争法》第十八条规定：经营者违反本法第六条规定实施混淆行为的，由监督检查部门责令停止违法行为，没收违法商品。违法经营额五万元以上的，可以并处违法经营额五倍以下的罚款；没有违法经营额或者违法经营额不足五万元的，可以并处二十五万元以下的罚款。情节严重的，吊销营业执照。经营者登记的企业名称违反本法第六条规定的，应当及时办理名称变更登记；名称变更前，由原企业登记机关以统一社会信用代码代替其名称。

11.2.2 商业贿赂行为

商业贿赂行为是指经营者在市场交易过程中，通过给付财物或提供其他利益等手段，收买、利诱对交易有决定权或决定性影响的人，以获取交易机会或竞争优势的行为。商业贿赂行为妨碍和扭曲公平竞争机制的正常运行，损害经营者和消费者的合法利益，并会引发和助长腐败商风，导致市场上假货横行，市场信用度下降，严重影响市场经济的正常发展，受到各国反不正当竞争法的规制。

我国《反不正当竞争法》第七条规定：经营者不得采用财物或者其他手段贿赂下列单位或者个人，以谋取交易机会或者竞争优势：①交易相对方的工作人员；②受交易相对方委托办理相关事务的单位或者个人；③利用职权或者影响力影响交易的单位或者个人。根据这一规定，构成商业贿赂应同时满足以下三个要件：行为人采取财物或者其他手段实施贿赂；贿赂目的是销售或者购买商品；行贿人是经营者。

我国《反不正当竞争法》第七条第二款、第三款规定：经营者在交易活动中，可以以明示方式向交易相对方支付折扣，或者向中间人支付佣金。经营者向交易相对方支付折扣、向中间人支付佣金的，应当如实入账。接受折扣、佣金的经营者也应当如实入账。经营者的工作人员进行贿赂的，应当认定为经营者的行为；但是，经营者有证据证明该工作人员的行为与为经营者谋取交易机会或者竞争优势无关的除外。

实践中，商业贿赂主要表现为在账外暗中给付和收受回扣。这里的"回扣"是指经营者在销售商品时，在账外暗中以现金、实物或者其他方式退给对方单位或者个人的一定比例的商品价款。

我国《反不正当竞争法》第十九条对商业贿赂规定了相应的法律责任：经营者违反本法第七条规定贿赂他人的，由监督检查部门没收违法所得，处十万元以上三百万元以下的罚款。情节严重的，吊销营业执照。我国《刑法》第一百六十四条规定：为谋取不正当利益，给予公司、企业或者其他单位的工作人员以财物，数额较大的，处三年以下有期徒刑或者拘役，并处罚金；数额巨大的，处三年以上十年以下有期徒刑，并处罚金。《刑法》第一百六十三条规定：公司、企业或者其他单位的工作人员，利用职务上的便利，索取他人财物或者非法收受他人财物，为他人谋取利益，数额较大的，处三年以下有期徒刑或者拘役，并处罚金；数额巨大或者有其他严重情节的，处三年以上十年以下有期徒刑，并处罚金；数额特别巨大或者有其他特别严重情节的，处十年以上有期徒刑或者无期徒刑，并处罚金。

小思考11-3

构成商业贿赂应同时具备哪三个要件？

理解要点：①行为人采用财物或者其他手段实施贿赂；②贿赂的目的是销售或者购买商品；③行贿人是经营者。

11.2.3 虚假或者引人误解的商业宣传行为

虚假或引人误解的商业宣传行为是指经营者在商业活动中利用广告或者其他方法对商品或者服务提供与事实内容不相符合的虚假信息或引人误解的信息，导致客户或消费者误解的行为。这种行为严重违反诚实信用原则，违反公认的商业准则，是一种严重的不正当竞争行为。从消费者的角度看，虚假或引人误解的商业宣传行为会误导消费者，使其上当受骗，陷入错误选择，遭受利益损失；从经营者的角度看，虚假或引人误解的商业宣传行为人因误导消费者或购买者而获取较多的商业机会，其他诚实经营者则因此丧失客户与相应的利益；从公共利益而言，虚假或引人误解的商业宣传行为背离了市场竞争的正当轨道，减弱了市场的透明度，损害了效能竞争，对正常的市场竞争秩序和整体社会福利造成损害。

我国《反不正当竞争法》第八条规定：经营者不得对其商品的性能、功能、质量、销售状况、用户评价、曾获荣誉等做虚假或者引人误解的商业宣传，欺骗、误导消费者。经营者不得通过组织虚假交易等方式，帮助其他经营者进行虚假或者引人误解的商业宣传。

我国《反不正当竞争法》第二十条规定：经营者违反本法第八条规定对其商品做虚假或者引人误解的商业宣传，或者通过组织虚假交易等方式帮助其他经营者进行虚假或者引人误解的商业宣传的，由监督检查部门责令停止违法行为，处二十万元以上一百万元以下的罚款；情节严重的，处一百万元以上二百万元以下的罚款，可以吊销营业执照。经营者违反本法第八条规定，属于发布虚假广告的，依照《中华人民共和国广告法》的规定处罚。

根据我国《刑法》第二百二十二条的规定：广告主、广告经营者、广告发布者违反国家规定，利用广告对商品或者服务做虚假宣传，情节严重的，处二年以下有期徒刑或者拘役，并处或者单处罚金。

11.2.4　侵犯商业秘密行为

商业秘密是指不为公众所知悉、具有商业价值并经权利人采取相应保密措施的技术信息、经营信息等商业信息。商业秘密的使用可以为权利人带来经济利益，使权利人比其他同行业竞争者处于更有利的地位或拥有更大的竞争优势，从而能在竞争中领先取胜，因而被认为是经营者的无形财产。

我国《反不正当竞争法》第九条明确规定，经营者不得实施下列侵犯商业秘密的行为：①以盗窃、贿赂、欺诈、胁迫、电子侵入或者其他不正当手段获取权利人的商业秘密；②披露、使用或者允许他人使用以前项手段获取的权利人的商业秘密；③违反保密义务或者违反权利人有关保守商业秘密的要求，披露、使用或者允许他人使用其所掌握的商业秘密；④教唆、引诱、帮助他人违反保密义务或者违反权利人有关保守商业秘密的要求，获取、披露、使用或者允许他人使用权利人的商业秘密。另外，经营者以外的其他自然人、法人和非法人组织实施前款所列违法行为的，视为侵犯商业秘密。第三人明知或者应知商业秘密权利人的员工、前员工或者其他单位、个人实施上述所列违法行为，仍获取、披露、使用或者允许他人使用该商业秘密的，视为侵犯商业秘密。

我国《反不正当竞争法》第二十一条规定，经营者以及其他自然人、法人和非法人组织违反本法第九条规定侵犯商业秘密的，由监督检查部门责令停止违法行为，没收违法所得，处十万元以上一百万元以下的罚款；情节严重的，处五十万元以上五百万元以下的罚款。我国《刑法》第二百一十九条规定，有侵犯商业秘密行为，情节严重的，处三年以下有期徒刑，并处或者单处罚金；情节特别严重的，处三年以上十年以下有期徒刑，并处罚金。

11.2.5　不正当有奖销售行为

有奖销售行为是指经营者销售商品或者提供服务时，为实现促销之目的，附带性地向购买者提供物品、金钱或者其他经济利益作为奖励的促销行为。有奖销售既有益处，又有弊端，因此，法律往往对有奖销售进行必要的规制。不正当有奖销售行为是指经营者违反法律规定向客户提供巨额奖励或在有奖销售过程中弄虚作假从事欺骗性活动的行为。

我国《反不正当竞争法》第十条规定：经营者进行有奖销售不得存在下列情形：①所设奖的种类、兑奖条件、奖金金额或者奖品等有奖销售信息不明确，影响兑奖；②采用谎称有奖或者故意让内定人员中奖的欺骗方式进行有奖销售；③抽奖式的有奖销售，最高奖的金额超过五万元。

根据《反不正当竞争法》第二十二条的规定，经营者违反本法第十条规定进行有奖销售的，由监督检查部门责令停止违法行为，处五万元以上五十万元以下的罚款。

11.2.6　商业诋毁行为

商业诋毁行为是指经营者自己或利用他人，通过编造、传播虚假信息或误导性信息等不正当手段，对竞争对手的商业信誉进行恶意的诋毁、贬低，以削弱其市场竞争能力并为自己谋取不正当利益的行为。以诋毁、贬低等方式损害他人商业信誉的行为，无疑是一种严重阻碍竞争对手、损害其竞争权益并危害公平竞争秩序的不正当竞争行为。

我国《反不正当竞争法》第十一条规定：经营者不得编造、传播虚假信息或者误导性信息，损害竞争对手的商业信誉、商品声誉。商业诋毁行为的构成要件有三个：第一是编造和传播虚假信息或者误导性信息，即对于所散布的言辞拿不出确凿的证据。这种虚假信息或者误导性信息只限于与事实不符，而不管事实是现在的，还是过去的。这种编造和传播可通过文字或者图画，也可以通过报纸、广播等大众传媒的方式进行。第二是以竞争为目的，"损害竞争对手"一词很明确地说明了行为人和受害人之间存在着竞争关系。第三是编造和传播的内容会损害他人的商业信誉或商品声誉，即降低社会对受害人的营业或者产品的评价，损害受害人在市场上的形象。

我国《反不正当竞争法》第二十三条规定：经营者违反本法第十一条规定损害竞争对手商业信誉、商品声誉的，由监督检查部门责令停止违法行为、消除影响，处十万元以上五十万元以下的罚款；情节严重的，处五十万元以上三百万元以下的罚款。我国《刑法》第二百二十一条规定：捏造并散布虚伪事实，损害他人的商业信誉、商品声誉，给他人造成重大损失或者有其他严重情节的，处二年以下有期徒刑或者拘役，并处或者单处罚金。这说明，商业诋毁行为在我国被视为严重危害社会经济秩序的行为而被严厉禁止。

11.2.7 互联网不正当竞争行为

互联网不正当竞争行为是指发生于互联网市场中背离诚实信用原则的竞争行为。作为不正当竞争行为的组成部分之一，它既具有一般不正当行为的共性，又因互联网市场的特殊性而具有自身的个性。

我国《反不正当竞争法》第十二条规定：经营者利用网络从事生产经营活动，应当遵守本法的各项规定。经营者不得利用技术手段，通过影响用户选择或者其他方式，实施下列妨碍、破坏其他经营者合法提供的网络产品或者服务正常运行的行为：①未经其他经营者同意，在其合法提供的网络产品或者服务中，插入链接、强制进行目标跳转；②误导、欺骗、强迫用户修改、关闭、卸载其他经营者合法提供的网络产品或者服务；③恶意对其他经营者合法提供的网络产品或者服务实施不兼容；④其他妨碍、破坏其他经营者合法提供的网络产品或者服务正常运行的行为。

学习微平台

延伸阅读 11-1

我国《反不正当竞争法》第二十四条规定：经营者违反本法第十二条规定妨碍、破坏其他经营者合法提供的网络产品或者服务正常运行的，由监督检查部门责令停止违法行为，处十万元以上五十万元以下的罚款；情节严重的，处五十万元以上三百万元以下的罚款。如果经营者实施互联网不正当竞争行为，构成犯罪的，还应承担刑事责任。

教学互动 11-1

背景资料： 旅客单某乘坐某海峡汽车轮渡公司的客船从大连去往青岛。在购买船票时，售票员递给了他一张附带海上旅客人身意外保险和渡海车辆综合保险的船票。单某提出，他的车辆已经有此项保险，不必再买。售票员却说这些保险是和船票配套的，不单独卖，要买票就得买保险，否则就不卖。

互动问题：

1）单某该不该买这份保险？为什么？

2）轮渡公司的做法是否违法？依据是什么？

要求：同"教学互动 1-1"的"要求"。

职业道德与企业伦理 11-1

小周接团

背景与情境：导游小周接待了一个来自陕西的团队。由于小周聪明漂亮，服务热情，深得游客的信任。在到达一家瓷器店后，一位游客在小周的劝说下，购买了一套价值 500 元的瓷器，而且商家还说看在导游的面子上给打了五折。等到游客都坐上车准备离开时，小周还没有上车，于是买瓷器的游客便下车去寻找。走到瓷器店的办公室门口时，听到办公室内小周正在得意地说："那个傻帽儿，说 500 元就 500 元，如果客人都像他这样，这团可就收获大了。"那位游客听了，当时就愣在了那里。

问题：请问导游小周有何职业道德问题？

分析提示：导游人员在介绍商品时，要客观、公正，不能为了回扣而丧失职业道德，诱导游客购买质次价高的商品。本案例中，导游小周为了个人私利，不顾游客的利益，引导游客购买质次价高的商品，丧失了导游应有的"遵纪守法，宾客至上"和"诚实信用"的职业道德。

同步案例 11-1

南羊房地产开发有限公司开盘售房

背景与情境：南羊房地产开发有限公司在开盘时，每一购房者都可以抽到一个 3 位数的号码，抽到 800～809 号的 10 名购房者可享受 9.8 折优惠，而该公司所销售的楼盘中最高房价是 370 万多元，其最高优惠是 70 000 多元。

问题：南羊房地产开发有限公司的做法合法吗？

学习微平台

分析提示：南羊房地产开发有限公司是在搞抽奖式有奖销售，其最高奖的金额是 70 000 多元，超过了我国《反不正当竞争法》规定的 50 000 元的最高限额，因此，该公司的这一行为属于不正当竞争行为。

延伸阅读 11-2

本章概要

□ 内容提要

本章介绍了竞争的特征和作用、反不正当竞争法的概念、宗旨和我国《反不正当竞争法》的原则，分析了我国《反不正当竞争法》规制的几种典型的不正当竞争行为的表现形式和构成要件。

□ 主要概念和观念

▲ 主要概念

竞争　不正当竞争　反不正当竞争法　商业混淆　商业贿赂　商业诋毁　商业秘密

▲ 主要观念

商业混淆行为　商业贿赂行为　虚假或者引人误解的商业宣传行为　不正当有奖

销售行为　商业诋毁行为　侵犯商业秘密行为　互联网不正当竞争行为

□ 重点实务

我国《反不正当竞争法》的原则　我国《反不正当竞争法》所规制的行为

基本训练

□ 知识训练

▲ 复习题

1）竞争有哪些特征？

2）竞争的积极作用是什么？

3）竞争有哪些消极的作用？

4）我国《反不正当竞争法》的原则是什么？

5）我国《反不正当竞争法》所规制的行为有哪些？

▲ 讨论题

将班级学生分成若干讨论小组，各组成员根据"我国《反不正当竞争法》所规制的行为"这一主题，通过上网或查阅报刊资料等途径，分别搜集和分析旅行社竞争中的案例，讨论旅行社应如何依法开展竞争。

□ 能力训练

▲ 案例分析

【训练项目】

案例分析－Ⅺ。

【相关案例】

旅行社擅自使用他人企业注册商标纠纷案

背景与情境：原告上海春秋国际旅行社自1994年起，先后注册了第771327号、第931501号、第××××××号系列商标（以上商标简称为系争商标），之后，"春秋"迅速成为家喻户晓的著名商标。近期，原告发现，被告济宁春秋国际旅行社未经合法授权，在其设立网站的显著位置对其提供的旅游产品进行广告宣传时，使用了原告的系争商标；被告在其设立的微信公众号和微信小程序上使用了与原告三个系争商标相同或相似的文字或图案；被告的官网和其开设的青春旅游网显示，除总部直营店、总部旗舰店外，另开设了19家营业部。原告认为被告的上述行为造成了消费者的混淆和误认，侵犯了原告系争商标的注册商标专用权。同时，在原告的企业名称中，"春秋"是企业的字号，被告在济宁设立的门店中至少有五家门店的店招未规范使用其企业名称，而是直接使用了原告的企业字号"春秋"，被告此举已构成不正当竞争行为。被告的行为造成原告的经济损失，故原告将被告诉至法院。

资料来源　上海市黄浦区人民法院. 上海春秋国际旅行社（集团）有限公司与济宁春秋国际旅行社商标权权属、侵权纠纷一案［EB/OL］. （2020-06-03）［2020-09-18］. https://wenshu.court.gov.cn/website/wenshu/181107ANFZ0BXSK4/index.html?docId=01fccd1e429249f0adcbabce00c1fdf7.引文经过改编.

问题：被告的行为是否构成不正当竞争？为什么？

【训练要求】

同第1章"基本训练"中本题型的"训练要求"。

▲ 自主学习

【训练项目】

自主学习-Ⅵ。

【训练步骤】

1）班级同学以小组为单位组建"自主学习"训练团队，每团队确定一名负责人。

2）各团队根据训练项目需要进行角色分工。

3）各团队通过校图书馆、院资料室和互联网，查阅"文献综述格式、范文及书写规范要求"和近三年关于"反不正当竞争法"研究的前沿学术文献资料。

4）各团队总结和整理"反不正当竞争法"研究的前沿学术文献资料，依照"文献综述格式、范文及书写规范要求"，撰写《"反不正当竞争法"最新文献综述》。

5）在班级交流各团队撰写的《"反不正当竞争法"最新文献综述》。

6）在校园网的本课程平台上展出经过修订并附有教师点评的各团队《"反不正当竞争法"最新文献综述》，供学生相互学习借鉴。

□ 课程思政

【训练项目】

课程思政 – Ⅺ。

【相关案例】

旅行社欺骗游客

背景与情境：2016 年 5 月 24 日，广西旅发委收到越南广宁省旅游厅发来的关于两个案件的协查函：一个是广西有两家旅行社将团队交给不具备接待中国游客条件的越南旅行社；另一个是广西防城港某旅行社假借冒用北海环球旅行社名义组团去越南。广西旅发委收到函件后十分重视，立即对涉案的旅行社进行调查取证，对两家存在问题的旅行社做出了督促整改措施；对假借冒用别家旅行社名义组团的旅行社进行责任追究，同时及时将调查处理情况反馈给了越方。据悉，广西与越方就旅行社问题进行电子文件形式的沟通和通报，已进行了不下 10 次。据介绍，一些旅行社以低价接团后，通过欺骗游客、大幅度降低服务标准来谋利，如把餐标降低到每人每餐 15~20 元；把标准三星级酒店改为非三星级酒店；向游客推荐自费景点；带团进入非认定的旅游购物点拿回扣；利用游客不懂越南文，把中国生产的产品说成是越南生产的等等。越南广宁省旅游厅的负责人认为，上述这些行为既违反了越南的法律，影响了越南的旅游形象，同时也严重地损害了中国游客的合法利益。但由于涉及两个国家，这些行为的表现越来越复杂，难以取证，单靠越方旅游管理部门很难对这些行为进行曝光处理。

资料来源　苗丽，邝伟楠. 参团赴越南游价格太低的要留神　旅行社或欺骗游客［EB/OL］.［2016-12-06］. https://www.sohu.com/a/120751309_114731.

问题：

1）本案例中，广西 3 家旅行社与越南旅行社存在哪些伦理道德问题？

2）根据上面的案例，对广西 3 家旅行社、越南旅行社的行为做出思政研判。

3）通过查阅资料等形式，搜集你做思政研判所依据的行业道德规范。

【训练要求】

同第 1 章"基本训练"中本题型的"训练要求"。

第12章 合同法律制度

学习目标

通过本章学习，应达到以下目标：

职业知识：学习和把握"合同法律制度"的相关概念，合同法律制度的适用范围与原则，合同的形式、内容与有效条件，合同的订立方式、履行含义与原则，合同的违约责任，旅游服务合同，以及"同步链接""延伸阅读""小资料"等理论与实务知识；能用其指导本章"同步思考""教学互动"和"基本训练"中"知识训练"各题型的认知活动，建构专业规则意识，正确解答相关问题。

职业能力：运用本章知识研究相关案例，训练在"合同法律制度"特定情境下对当事者行为的多元表征专业能力和"与人交流"通用能力；通过"'合同法律制度'知识应用"的实训操作，培养相关专业技能。

课程思政：结合本章教学内容，依照相关规范或要求，对"课程思政12-1"专栏和章后"导游的解释是否正确？"等案例中的企业或其从业人员行为进行思政研判，强化与案例议题相关的法律法规思考和政治素质，促进"立德树人"根本任务的落实。

学习微平台

思维导图12-1

引例：北京泛美旅行社因团款纠纷拒绝履行合同

背景与情境：2016 年 10 月 9 日，国家旅游局发布的数据显示，在国庆七天长假中，全国共接待游客 5.93 亿人次，出境跟团游客数量同比增加 11.9%，但红火的市场让行业中长期存在的痼疾显现。在整治违规行为中，北京泛美国际旅行社、北京青年旅行社、四川省中国国际旅行社等 5 家旅行社因不合理低价旅游等问题，被列为典型案件遭处罚，罚金从 1.5 万元至 30 万元不等。对此，业内专家呼吁，由于低价游广泛存在，且违法成本低，所以屡禁不止，未来应引入惩罚性赔偿机制来给旅行社及导游加压。据介绍，北京泛美国际旅行社有限责任公司及其委派的领队杨某在组团出境旅游过程中因团款纠纷拒绝履行旅游合同，北京市旅游委给予该旅行社停业整顿 3 个月并处 30 万元罚款的行政处罚。

资料来源　肖玮. 北京泛美违规遭罚停业 3 个月 [EB/OL]. [2016-10-10]. http://finance.ce. cn/rolling/201610/10/t20161010_16587682.shtml.

上述案例讲的是旅行社拒绝履行合同问题，这个案例告诉我们，依法履行合同是当事人的义务，违反合同就要承担相应的法律后果。在本章中，我们将介绍合同的签订和履行问题，涉及合同的订立、合同的履行、违约及违反合同的责任等有关内容。

12.1　合同法律制度概述

12.1.1　合同

合同也叫契约，是双方（或数方）当事人依法订立的有关权利义务的协议。或者说是两人或几人之间、两方或多方当事人之间在办理某事时，为了确定各自的权利和义务而订立的各方共同遵守的协议。

合同是私有制商品经济的产物，是商品交换在法律上的表现形式。在人类社会的发展过程中，商品生产产生后，人们为了更好地进行商品交换，在长期的商品交换实践中逐渐形成了许多关于商品交换的习惯和仪式。随着私有制的确立和国家的产生，统治阶级为了维护私有制和正常的经济秩序，把有利于他们的商品交换的习惯和规则用法律形式加以规定，并以国家强制力保障实行，于是商品交换的合同法律形成便应运而生了。

学习微平台

延伸阅读 12-1

12.1.2　我国合同法律制度的适用范围

合同法律制度是运用法律规范调整合同关系所形成的各种制度的总称。合同法律制度是市场经济的基本法律制度。我国合同法律制度集中体现在 2020 年 5 月 28 日第十三届全国人民代表大会第三次会议通过，自 2021 年 1 月 1 日起施行的《中华人民共和国民法典》中。《民法典》合同编共三个分编、二十九章、五百二十六条，约占《民法典》一千二百六十个条文的一半，是《民法典》中内容最广泛、体系最庞杂的一篇，既体现合同制度作为交易基本规则在民商事活动及日常生活中的重要性，也充分说明合同法律制度在民法体系中的重要地位。

《民法典》第四百六十三条规定：本编调整因合同产生的民事关系。《民法典》第四百六十四条规定：合同是民事主体之间设立、变更、终止民事法律关系的协议。婚姻、收养、监护等有关身份关系的协议，适用有关该身份关系的法律规定；没有规定的，可以根据其性质参照适用本编规定。这就对我国合同法律制度的适用范围做了明确的界定：第一，适用于因合同产生的民事关系。第二，适用于设立、变更、终止民事法律关系的协议，但有关婚姻、收养、监护等身份关系的协议，适用有关该身份关系的法律规定；没有规定的，可以根据其性质参照适用《民法典》合同编的规定。

《民法典》在我国《合同法》规定的原15种有名合同的基础上，增加了保证合同、保理合同、物业服务合同、合伙合同4种合同，并将《合同法》中的"居间合同"更名为"中介合同"。《民法典》规定的19种有名合同分别是：（1）买卖合同；（2）供用电、水、气、热力合同；（3）赠与合同；（4）借款合同；（5）保证合同；（6）租赁合同；（7）融资租赁合同；（8）保理合同；（9）承揽合同；（10）建设工程合同；（11）运输合同；（12）技术合同；（13）保管合同；（14）仓储合同；（15）委托合同；（16）物业服务合同；（17）行纪合同；（18）中介合同；（19）合伙合同。

12.1.3　我国合同法律制度的原则

1）平等原则

《民法典》第四条规定：民事主体在民事活动中的法律地位一律平等。民事主体即合同当事人的法律地位是平等的。也就是说：第一，在订立合同时，任何一方无权强制他人服从自己的意志；第二，合同依法成立后，对当事人双方产生平等的约束力，不允许任何一方享有特权；第三，合同发生纠纷时，当事人平等地受法律的保护；第四，合同当事人一方没有处罚或惩罚对方当事人的权利。

2）自愿原则

《民法典》第五条规定：民事主体从事民事活动，应当遵循自愿原则，按照自己的意思设立、变更、终止民事法律关系。当事人依法享有自愿订立合同的权利，任何单位和个人不得非法干预。自愿原则要求一切权利义务关系必须基于当事人双方的自由意志与合意，具体包括缔约自愿、相对人自愿、合同内容自愿、合同形式自愿、合同双方协商变更与解除合同自愿等。

3）公平原则

《民法典》第六条规定：民事主体从事民事活动，应当遵循公平原则，合理确定各方的权利和义务。公平原则主要是规范当事人之间关系的原则，它要求合同当事人的权利和义务要对等。这种对等，是指双方当事人所承担的权利和义务大体相当，不是指绝对等值。

4）诚信原则

《民法典》第七条规定：民事主体从事民事活动，应当遵循诚信原则，秉持诚实，恪守承诺。当事人行使权利、履行义务应当遵循诚信原则。诚信原则要求当事人以善良的态度和善意的方式签约和履行合同义务，不滥用权利，在获得利益的同时充分尊重他人的利益和公共利益。诚信原则同时给法院解决合同纠纷赋予了很大的裁量权。

5）不违反法律、行政法规的强制性规定，不违背公序良俗的原则

《民法典》第八条规定：民事主体从事民事活动，不得违反法律，不得违背公序良俗。该项原则要求当事人在合同订立、履行、变更、解除、解决争议等各个环节都遵守法律、行政法规的规定，不得违背法律、法规强制性的规定；合同所追求的目的和实施结果，都不得违背公序良俗。

6）对当事人具有法律约束力原则

《民法典》第四百六十五条规定：依法成立的合同，受法律保护。依法成立的合同，仅对当事人具有法律约束力，但是法律另有规定的除外。当事人应当按照约定履行自己的义务，不得擅自变更或者解除合同。该原则要求当事人必须受合同约定的约束，非依法律或双方约定，不得擅自变更或者解除合同，否则将会承担相应的法律责任。

同步案例 12-1

天山旅行社的做法对吗？

背景与情境： 王某到天山旅行社要求随该社的旅行团到新疆旅游，天山旅行社本来没有去新疆的旅游团，但为了拉生意，谎称自己有去新疆的旅游团，收了王某的旅游费。结果，天山旅行社把王某转到另一家旅行社的赴新疆旅游团。

问题： 天山旅行社的做法是否正确？

分析提示： 天山旅行社收了王某的旅游费，在王某与天山旅行社之间就形成了旅游合同。在这个旅游合同的形成过程中，天山旅行社没有去新疆的旅游团，却谎称自己有去新疆的旅游团，违背了合同的诚信原则，因此，天山旅行社的做法是不正确的。

小思考 12-1

诚信原则对当事人有何要求？

理解要点： 诚信原则要求当事人以善良的态度和善意的方式签约和履行合同义务，不滥用权利，在获得利益的同时充分尊重他人的利益和公共利益。

12.2 合同的订立

12.2.1 合同订立的含义

合同是当事人之间具有法律约束力的一致的意思表示，因此，所谓合同的订立就是指当事人之间互为意思表示并趋于一致的过程。在民法上，订立合同的行为是一种双方的法律行为，可以引起当事人之间的权利和义务关系变化。只有先做出订立合同的行为才会有履行合同的行为，以及在某些情况下对违反合同的救济行为。

12.2.2 合同的形式

我国《民法典》规定合同的形式有三种：书面形式、口头形式和其他形式。为了提倡书面形式，把书面形式放在前面。

1）书面形式

根据《民法典》第四百六十九条的规定，书面形式是合同书、信件、电报、电传、传真等可以有形地表现所载内容的形式。以电子数据交换、电子邮件等方式能够有形地表现所载内容，并可以随时调取查用的数据电文，视为书面形式。

采用书面形式订立合同，可以加强当事人的责任心，督促全面、正确地履行合同；发生纠纷时，便于举证和分清责任。因而，书面合同是合同的主要形式之一。

2）口头形式

口头合同，又称作对话合同，是当事人之间通过对话方式，包括当面谈判和通过电话方式而订立的合同。

口头合同简便易行，对保证交易迅速进行起着重要作用，但因无文字依据，一旦发生纠纷，当事人往往举证困难，不易分清责任。

3）其他形式

这为概括性规定，是指可能存在的书面形式、口头形式之外的合同形式。除了书面形式和口头形式，合同还可以以其他形式成立。我们可以根据当事人的行为或者特定情形推定合同的成立，或者也可以称为默示合同。此类合同是指当事人未用语言明确表示成立，而是根据当事人的行为推定合同成立。

小思考12-2

合同有哪些形式？

理解要点： 我国《民法典》规定合同的形式有书面形式、口头形式和其他形式。

12.2.3　合同的内容

合同作为民事法律行为，其内容就是合同条款（意思表示的表现形式）。合同的内容为当事人的权利、义务，它们也由合同条款规定，由此可见合同条款的重要性。为了示范较完备的合同条款，《民法典》第四百七十条规定了如下合同条款，提示缔约人。

1）当事人的姓名或者名称和住所

当事人是合同权利、义务的承受者，没有当事人，合同的权利、义务就失去了存在的意义，给付和受领给付便无从谈起，因此，订立合同必须有当事人这一条款。

2）标的

标的是合同权利、义务指向的对象。合同不规定标的，就会失去目的，失去意义。可见，标的是一切合同的主要条款。标的条款必须清楚地写明标的名称，以使标的特定化，能够界定权利和义务。

3）数量

合同标的的数量和质量是确定合同标的的具体条件，是这一标的区别于同类另一标的的具体特征。合同标的的数量要确切：首先应选择双方共同接受的计量单位；其次要确定双方认可的计量方法。

4）质量

合同标的的质量需订得详细具体，如标的技术指标、质量要求、规格、型号等，都要明确。

5）价款或报酬

价款是取得标的物所应支付的代价，报酬是获取服务所应支付的代价。价款通常指标的物本身的价款，但因商业上的大宗买卖一般是异地交货，便产生了运费、保险费、装卸费、保管费、报关费等一系列额外费用。它们由哪一方支付，需在价款条款中写明。

6）履行期限、地点和方式

履行期限直接关系到合同义务完成的时间，涉及当事人的期限利益，也是确定违约与否的因素之一。履行期限可以规定为即时履行，也可以规定为定时履行，还可以规定为在一定期限内履行。如果是分期履行，还应写明每期的准确时间。履行地点是确定验收地点的依据，是确定运输费用由谁负担、风险由谁承受的依据，有时是确定标的物所有权是否转移、何时转移的依据，还是确定诉讼管辖的依据之一。

7）违约责任

违约责任是促使当事人履行义务，使守约方免受或少受损失的法律措施。它对当事人的利益关系重大，合同对此应予明确。

8）解决争议的方法

解决争议的方法，是指有关解决争议的程序、法律适用、检验或鉴定机构的选择等。如仲裁条款、涉外合同中的法律适用条款等，是解决争议的方法条款。

12.2.4　合同订立的方式

1）要约

我国《民法典》第四百七十二条规定：要约是希望与他人订立合同的意思表示，该意思表示应当符合下列条件：①内容具体确定；②表明经受要约人承诺，要约人即受该意思表示约束。

要约可以撤回。行为人可以撤回意思表示。撤回意思表示的通知应当在意思表示到达相对人前或者与意思表示同时到达相对人。要约可以撤销，但是有下列情形之一的除外：①要约人以确定承诺期限或者其他形式明示要约不可撤销；②受要约人有理由认为要约是不可撤销的，并已经为履行合同做了合理准备工作。

撤销要约的意思表示以对话方式做出的，该意思表示的内容应当在受要约人做出承诺之前为受要约人所知道；撤销要约的意思表示以非对话方式做出的，应当在受要约人做出承诺之前到达受要约人。

要约邀请是希望他人向自己发出要约的表示。拍卖公告、招标公告、招股说明书、债券募集办法、基金招募说明书、商业广告和宣传、寄送的价目表等为要约邀请。商业广告和宣传的内容符合要约条件的，构成要约。

要约在到达受要约人时生效。要约生效至受要约人承诺之前，由于法定事由的发生，可能导致要约失效。这些情形包括：①受要约人明确表示拒绝要约，当该通知到达要约人时，要约即告失效；②要约人按照法律的规定，在法定期限内将要约予以撤销，此时要约即告失效；③要约中确定的承诺期限届满，受要约人未做出承诺；④受要约人对要约的内容做出实质性变更的。

2）承诺

我国《民法典》第四百七十九条规定：承诺是受要约人同意要约的意思表示。承诺是受要约人同意接受要约的条件从而订立合同的意思表示，承诺的内容应当与要约的内容一致。受要约人对要约的内容做出实质性变更的，为新要约。有关合同标的、数量、质量、价款或者报酬、履行期限、履行地点和方式、违约责任和解决争议方法等的变更，是对要约内容的实质性变更。承诺对要约的内容做出非实质性变更的，除要约人及时表示反对或者要约表明承诺不得对要约的内容做出任何变更的以外，该承诺有效，合同的内容以承诺的内容为准。承诺应当在要约确定的期限内到达要约人。承诺应当以通知的方式做出；但是，根据交易习惯或者要约表明可以通过行为做出承诺的除外。

同步案例 12-2

没有签字或盖章的合同也可成立

背景与情境： 张先生是一位技术专家，一家新成立的公司欲聘其作为公司的技术顾问，为公司运营中遇到的技术问题提供咨询服务。经协商，公司决定给付张先生每年1.8万元的技术顾问费，张先生负责解答公司所遇到的技术难题。据此，张先生拟定了一份书面合同交给了该公司的经理。之后，该公司因遇到技术难题曾两次找张先生咨询，张先生都给以详细解答。但一年的咨询服务期满后，张先生却没有领到约定的1.8万元顾问费。原因是该公司经理认为，一年来公司所遇到的技术难题并不多，加之合同没有签字或盖章，合同未生效。

问题： 张先生应该怎么办？

分析提示： 我国《民法典》第四百九十条规定：当事人采用合同书形式订立合同的，自当事人均签名、盖章或者按指印时合同成立。在签名、盖章或者按指印之前，当事人一方已经履行主要义务，对方接受时，该合同成立。在本案中，张先生和该公司经理多次磋商，对双方的权利与义务达成了一致意思表示，形成了书面合同，并且该经理向外界和公司员工也声称张先生是公司技术顾问，在公司遇到技术难题时亦向张先生咨询过两次。对于这种技术咨询服务，只要双方当事人依合同开始了咨询与解答，就可以认定合同已开始实际履行，而与咨询的次数多少、内容复杂与否无关。依据《民法典》第四百九十条的规定，该公司经理不能以合同未签字或盖章为由不予承认。如果该公司拒不支付酬金，张先生有权请求人民法院判决其履行义务并承担违约责任。

12.2.5 合同的有效条件

只有符合法律所规定的生效条件的合同，才是有效的合同。按照《民法典》的有关规定，合同的有效要件应包括：

（1）当事人必须具有订立合同的民事行为能力；

（2）当事人的意思表示真实；

（3）不违反法律、行政法规的强制性规定，不违背公序良俗；

（4）合同的形式必须符合法律规定的形式。

12.2.6 无效合同

无效合同是相对于有效合同而言的，它是指合同虽然已经成立，但因欠缺合同生效要件，其在内容和形式上违反了法律、行政法规的强制性规定和社会公共利益，因此确认为无效。根据我国《民法典》的有关规定，有下列情形之一的，合同无效：

（1）违背公序良俗的；

（2）恶意串通，损害他人合法权益的；

（3）以合法形式掩盖非法目的；

（4）以虚假的意思表示订立的合同；

（5）违反法律、行政法规的强制性规定。

合同一旦被确认无效，就产生溯及既往的效力，即无效合同自始无效，也就是说，无效合同自合同成立时起就不具有法律的约束力。

12.2.7　可以申请撤销的合同

根据《民法典》的规定，符合下列条件之一的，当事人可以申请撤销合同：

（1）基于重大误解订立的合同；

（2）一方以欺诈手段，使对方在违背真实意思的情况下订立的合同；

（3）第三人实施欺诈行为，使一方在违背真实意思的情况下订立的合同，对方知道或者应当知道该欺诈行为的；

（4）一方或者第三人以胁迫手段，使对方在违背真实意思的情况下订立的合同；

（5）一方利用对方处于危困状态、缺乏判断能力等情形，致使合同成立时显失公平的。

《民法典》同时规定，有下列情形之一的，撤销权消灭：

（1）当事人自知道或者应当知道撤销事由之日起一年内、重大误解的当事人自知道或者应当知道撤销事由之日起90日内没有行使撤销权；

（2）当事人受胁迫，自胁迫行为终止之日起一年内没有行使撤销权；

（3）当事人知道撤销事由后明确表示或者以自己的行为表明放弃撤销权。

（4）当事人自民事法律行为发生之日起5年内没有行使撤销权的，撤销权消灭。

被撤销的合同自始没有法律效力。

12.3　合同的履行

12.3.1　合同履行的含义

合同的履行是指合同双方当事人按照合同中约定的标的、数量、质量、价款、履行地点、履行期限和履行方式等内容，全面完成各自承担的义务，从而使合同当事人实现订立合同的目的。如果合同双方当事人都全面完成了合同约定的义务，称为合同的全部履行；只履行了部分义务称为合同的部分履行；如果合同双方都未履行自己的义务称为合同未履行；如果只有一方当事人履行了合同义务，而另一方未履行称为单方履行。

合同的履行以合同的有效成立为前提，无效合同不存在履行问题。合同部分有效的，有效的部分应当履行，无效的部分应当按照法律规定处理。

合同的履行是合同法律制度中一个极为重要和十分关键的问题。当事人希望通过订立合同实现设立、变更、终止民事权利义务关系的目的，而这一目的必须通过合同的履行来实现。合同的订立是前提，合同的履行是关键。如果订立了合同而得不到执行，那么，订立合同的目的就无法实现，合同目的就会落空。因此，合同订立后，能否得到真正的履行，直接关系到合同双方当事人的权利能否实现，关系到社会正常的经济流转秩序能否得到保障，关系到市场经济的健康发展，必须高度重视合同的履行问题。

12.3.2　合同履行的原则

1）全面履行原则

所谓全面履行，是指合同双方当事人完全按照合同约定的标的、数量、质量、品种、价款、履行地点、履行期限、履行方式以及包装、结算等要求履行义务。一般来说，全面履行包括三个方面的内容：一是按照合同约定的标的履行。合同标的是种类物的，按照该种类物的品质交付物品；合同标的是特定物的，按时交付该特定物；合同标的为行为的，按照约定的行为履行。未按合同约定的品质交付的，属于履行中的违约。二是按照合同标的、数量、质量、品种全面履行，不能只履行一部分，另一部分不履行。三是履行合同的主体、时间、地点和方式必须适当。凡法律规定或者合同约定不能由他人代为履行的，则不能由他人代为履行。履行的时间、地点和方式也不得随意变更，未经对方同意，擅自改变履行时间、地点和方式即构成违约，应承担相应责任。

2）诚信原则

诚信原则是现代市场交易的最高指导原则，它不仅是合同订立的基本原则，也是履行合同的基本原则。合同依法成立后，当事人严格按照合同的约定全面履行合同义务，是诚实信用原则的最好体现。在履行过程中，各方当事人除自己全面履行合同外，还要积极为对方履行合同创造必要的条件，提供必要的方便，不得为对方履行合同设置障碍；在履行合同义务前，应及时通知对方，以便对方做好接受履行的准备；当发生不可抗力或其他原因，造成合同不能履行或者不能按时按量履行时，也应及时通知对方，以便对方采取相应措施，避免或减少损失；交付标的物时，应如实告诉对方装配、使用、保养方法及应注意的问题，标的物有瑕疵的也应如实告知。总之，双方在合同履行中都应当恪守信用，诚实无欺。

3）避免浪费资源、污染环境和破坏生态的原则

《民法典》新增了"当事人在履行合同过程中，应当避免浪费资源、污染环境和破坏生态"的内容，将绿色原则具体化。合同法律制度作为市场经济的核心交易规则，更应贯彻执行环保理念。如出现浪费资源、破坏环境等情形，即便合同没有对此进行约定，当事人仍应承担相应责任。法律在尊重当事人意思自治的前提下，也要求民事主体自觉担负起节约资源、保护环境的职责。

4）协助履行原则

协助履行原则，是指当事人不仅要适当履行自己所负的合同义务，而且基于诚实信用原则，在对方当事人履行合同义务时要积极协助，提供条件和方便，配合对方完成合同履行行为。

协助履行是诚信原则在合同履行方面的体现。一般认为，协助履行原则包含如下内容：①义务人履行义务，权利人主动受领；②权利人要为义务人履行义务创造条件，提供方便；③在履行合同中，双方当事人应加强联系，及时沟通，发现影响合同履行的情况，应及时通知对方，采取必要的措施，排除影响合同履行的因素，避免或者减少损失。

职业道德与企业伦理 12-1

导游王某因心情不好未对景点做任何讲解

背景与情境：导游王某在向游客做自我介绍的时候说自己姓"王"，因担心南方口音当中的"黄"和"王"发音较相似，便反复强调自己是三横"王"，而非草头"黄"。话音未落，就有客人大声说"王八的王"，该导游听后气愤至极。尽管其他客人对这位不礼貌的客人进行了谴责，但是导游王某的心情怎么也调整不过来，因此，在此后的游览过程中，未对景点做任何讲解。

问题：导游王某的做法有何不妥？

分析提示：在本案例中，那位粗鲁客人的言语确实令人气愤，但导游王某的做法是不对的。（1）导游带领游客游览景点是履行旅行社与游客之间签订的旅游合同，根据正确全面履行合同的原则，导游应当对景点进行讲解。（2）"顾全大局"是旅游行业职业道德的基本要求，不能因为个别游客的一句话而影响整个团队的工作，影响对旅游合同的履行。

小思考 12-3

协助履行原则的要求是什么？

理解要点：①义务人履行义务，权利人主动受领；②权利人要为义务人履行义务创造条件，提供方便；③在履行合同过程中，双方当事人应及时沟通，采取必要措施，避免或减少损失。

同步案例 12-3

旅游者能否单方面解除旅游合同

背景与情境：2018 年 12 月 20 日，王某与哈尔滨市松花江国际旅行社有限公司签订了团队出境旅游合同。合同约定，王某与续某有偿参加被告组织的团队出境游，旅游费用每人 22 900 元，合计 45 800 元，出发时间为 2019 年 1 月 13 日，结束时间为 2019 年 1 月 19 日。王某将旅游费 45 800 元以转账方式支付给旅行社，后旅行社返还王某 2 000 元，王某实际支付合同款 43 800 元。2019 年 1 月 11 日，因王某出境所需的护照过期，使其无法正常参加 2019 年 1 月 13 日旅行团出行，王某与旅行社协商行程转让事宜，但协商未果。王某向旅行社提出解除合同，要求旅行社返还旅游费。经查，旅行社收到王某上述款项后委托××公司代为预订机票及酒店，并向××公司转款 43 560 元，其中包含飞机票款 16 780 元，酒店费用 26 780 元，还有 240 元的差额为旅行社的利润。因机票退票，航空公司收取 14 020 元，退回的机票税费 2 760 元被告已实际交付王某。因马尔代夫酒店要求必须提前预订及付款，如果取消预订，相关款项不予退还。

资料来源　黑龙江省哈尔滨市南岗区人民法院. 王晓晶与哈尔滨市松花江国际旅行社有限公司合同纠纷一案 [EB/OL].（2019-12-17）[2020-09-18]. https://wenshu.court.gov.cn/website/wenshu/181107ANFZ0BXSK4/index.html?docId=89f37df8ce824ee68f0eab260045ae79.引文经过改编.

问题：王某的要求能否得到支持？

分析提示：根据《最高人民法院关于审理旅游纠纷案件适用法律若干问题的规定》第十二条："旅游行程开始前或者进行中，因旅游者单方解除合同，旅游者请求旅游经营者退还尚未实际发生的费用，或者旅游经营者请求旅游者支付合理费用的，人民法院应予支持。"结合本案，××公司出具的情况说明显示，该公司收到哈尔滨市松花江国际旅行社有限公司的费用除航空公司退回的税费 2 760 元外其他费用无法退还。旅行社收取的 43 800 元仅有 240 元款项未实际发生，但是根据旅行社陈述，以上240 元为利润，结合王某单方违约的事实，以上 240 元亦不应返还。因此，王某主张旅行社返还旅游费 43 040 元的主张无事实及法律依据，不应予以支持。

12.4　违反合同的责任

12.4.1　违反合同的责任的概念

所谓违反合同的责任，是指合同当事人没有按照合同的约定履行义务，按照法律的规定或者合同的约定应当向对方当事人承担的民事责任。由于它是违反合同的约定而产生的责任，因此，又称违约责任。也就是说，承担违约责任的主体只能是合同当事人，承担责任的前提是合同当事人违反了合同的约定，或者说合同当事人没有按照合同的约定履行合同义务。

12.4.2　违约行为的表现

1）不履行合同义务

不履行合同义务的行为，是指合同到了履行期限而没有履行的行为。

不履行行为，依主客观条件的不同可分为两种情况：一是拒绝履行，即当事人能够实际履行而故意不履行的行为；二是履行不能，是指合同到了履行期限而不能实际履行，即当事人即使做出努力也根本不能依据合同的规定履行合同。履行不能又有主观不能和客观不能、全部不能和部分不能之分。

2）履行合同义务不符合要求

履行合同义务不符合合同要求，是指当事人已经实施了履行合同义务的行为，但是其履行不符合合同的约定，即不符合合同的要求。

具体表现为：标的物不符合要求，如数量不足、质量不符合约定指标；履行的地点、方式不当；履行期限不符合要求，如延期履行等。

12.4.3　承担违约责任的方式

根据《民法典》第五百七十七条的规定，当事人一方不履行合同义务或者履行合同义务不符合约定的，应当承担继续履行、采取补救措施或者赔偿损失等违约责任。根据《民法典》的规定，违反合同承担违约责任的主要方式是：第一，实际履行；第二，采取补救措施；第三，赔偿损失；第四，交付违约金等。

从顺序排列上看，《民法典》把实际履行和采取补救措施放在了前面。从国内情况来讲，提倡实际履行、采取补救措施有利于合同目的的实现。因为合同法律制度的目的主要就是促进合同的履行和合同目的的实现。

小思考12-4

外国人在中国旅游，是否适用我国《民法典》？

理解要点：适用我国《民法典》。

12.4.4 违约责任的免除

所谓违约责任的免除，是指虽然发生了合同没有履行或者履行不符合合同约定的情况，但是，根据法律的规定或者合同的约定，未履行合同或者履行不符合合同要求的一方可以不承担责任。

违约责任的免除大体有两种情况：一是基于法律的规定；二是基于当事人在合同中的约定。

1）法定免责

法定免责也称不负责任条件，或称免责条件，是指法律明文规定合同没有履行或履行不符合合同约定时，不承担违约责任的条件。也就是说，合同没有履行或履行不符合约定，只有符合法定条件时，当事人才可不承担责任。可见，法定免责属于合同不能履行或由于其他原因造成合同履行不符合合同约定，而不是当事人能够履行而不履行。

法定免责的情形有以下四个方面：一是不可抗力；二是债权人的过错；三是标的物的自然变质、损耗；四是法律的特别规定。

2）约定免责

约定免责是指当事人在订立合同时协商确定免责的条件，并把它确定在合同中作为合同条款，所以约定免责又称免责条款。

免责条款作为合同的组成部分，必须符合当事人协商一致的原则。免责条款属于当事人对自己未来权利的处分，与当事人利害相关，因此，免责条款必须以明示的方法做出，法官无权推定。在免责条款含义不清的情况下，合同的解释应有利于受害一方。

在格式合同中，容易发生合同条款的非制作人对合同中免责条款的忽视，条款制作人负有提示的义务，如果条款制作人未尽提示义务，免责条款不能视为合同的组成部分。如果免责条款违反法律或社会公共利益，或系受益方采用欺诈、胁迫、乘人之危等手段订立，可以确认该条款无效，或由受害人申请撤销。如果合同中既有格式条款，又有当事人议订的条款，两者不一致时，应适用当事人议订的条款。

由于第三人原因造成合同不能履行的，不能履行合同一方的责任不能免除，仍然应当向对方承担违约责任，其与第三人之间的纠纷，按照法律规定或者按照约定解决。

12.5 旅游服务合同

12.5.1 旅游服务合同的概念

根据我国《旅游法》第五十七条的规定，旅行社组织和安排旅游活动，应当与旅游者订立合同。因此，旅游服务合同是指旅游经营者与旅游者约定在旅游活动过程中旅行社和旅游者之间权利义务关系的协议。《旅游法》第五章对"旅游服务合同"做了专门规定，目的在于保障旅游者和旅游经营者的合法权益，规范旅游市场秩序，保护和合理利用旅游资源，促进旅游业持续健康发展。

12.5.2 旅游服务合同的内容

根据《旅游法》第五十八条的规定，包价旅游合同应当采用书面形式，包括下列内容：

（1）旅行社、旅游者的基本信息；

（2）旅游行程安排；

（3）旅游团成团的最低人数；

（4）交通、住宿、餐饮等旅游服务安排和标准；

（5）游览、娱乐等项目的具体内容和时间；

（6）自由活动时间安排；

（7）旅游费用及其交纳的期限和方式；

（8）违约责任和解决纠纷的方式；

（9）法律、法规规定和双方约定的其他事项。

订立包价旅游合同时，旅行社应当向旅游者详细说明上述第（2）项至第（8）项所载内容。

旅行社应当在旅游行程开始前向旅游者提供旅游行程单。旅游行程单是包价旅游合同的组成部分。

旅行社委托其他旅行社代理销售包价旅游产品并与旅游者订立包价旅游合同的，应当在包价旅游合同中载明委托社和代理社的基本信息。

旅行社依照《旅游法》规定将包价旅游合同中的接待业务委托给地接社履行的，应当在包价旅游合同中载明地接社的基本信息。

安排导游为旅游者提供服务的，应当在包价旅游合同中载明导游服务费用。

12.5.3 旅行社的告知义务

根据我国《旅游法》第六十二条的规定，订立包价旅游合同时，旅行社应当向旅游者告知下列事项：（1）旅游者不适合参加旅游活动的情形；（2）旅游活动中的安全注意事项；（3）旅行社依法可以减免责任的信息；（4）旅游者应当注意的旅游目的地相关法律、法规和风俗习惯、宗教禁忌，依照中国法律不宜参加的活动等；（5）法律、法规规定的其他应当告知的事项。

在包价旅游合同履行过程中，遇有上述规定事项的，旅行社也应当告知旅游者。

12.5.4 旅游服务合同的解除

1）双方协调一致解除合同

经旅行社和旅游者双方协调一致，可以解除旅游合同。

2）旅游者单方面解除合同

《旅游法》第六十五条规定，旅游行程结束前，旅游者解除合同的，组团社应当在扣除必要的费用后，将余款退还旅游者。

3）旅行社单方面解除合同

《旅游法》第六十六条规定，旅游者有下列情形之一的，旅行社可以解除合同：（1）患有传染病等疾病，可能危害其他旅游者健康和安全的；（2）携带危害公共安全的物品且不同意交有关部门处理的；（3）从事违法或者违反社会公德的活动的；（4）从事严重影响其他旅游者权益的活动，且不听劝阻、不能制止的；（5）法律规定的其他情形。

因上述规定情形解除合同的，组团社应当在扣除必要的费用后，将余款退还旅游者；给旅行社造成损失的，旅游者应当依法承担赔偿责任。

12.5.5　旅游者与旅行社的责任

1）旅游者的责任

《旅游法》第七十二条规定，旅游者在旅游活动中或者在解决纠纷时，损害旅行社、履行辅助人、旅游从业人员或者其他旅游者的合法权益的，依法承担赔偿责任。

2）旅行社的责任

《旅游法》第七十条规定，旅行社不履行包价旅游合同义务或者履行合同义务不符合约定的，应当依法承担继续履行、采取补救措施或者赔偿损失等违约责任；造成旅游者人身损害、财产损失的，应当依法承担赔偿责任。旅行社具备履行条件，经旅游者要求仍拒绝履行合同，造成旅游者人身损害、滞留等严重后果的，旅游者还可以要求旅行社支付旅游费用一倍以上三倍以下的赔偿金。

由于旅游者自身原因导致包价旅游合同不能履行或者不能按照约定履行，或者造成旅游者人身损害、财产损失的，旅行社不承担责任。

在旅游者自行安排活动期间，旅行社未尽到安全提示、救助义务的，应当对旅游者的人身损害、财产损失承担相应责任。

小资料 12-1

变更合同的条件

（1）发生了使合同基础发生变化的客观情况；（2）合同变更应经当事人各方协商同意，任何一方不得擅自变更合同，擅自变更的合同无法律效力；（3）变更合同应采取书面形式，口头协议变更应有相应的证据；（4）按我国法律、法规的规定，须由国家批准成立的合同，其内容的重大变更还应经原批准机关批准。

教学互动 12-1

背景资料：据报道，旅行社无资质、出团前未签订合同、强制购物、变相收费……近日，某市文化和旅游局、市文化执法总队联合发布了一日游、周边游相关提示。根据近期游客的投诉和举报情况，对 10 余家涉嫌非法经营旅行社业务的旅行经营主体进行了公示。据公示消息，多家旅行社都存在冒用名称、虚假名称的情况。某市文化和旅游局、市文化执法总队提示，跟团参加"一日游""周边游"旅游活动，市民务必核查报名旅行社的资质情况，签订旅游合同，索要发票，切勿轻信街头、地铁车厢散发的非法旅游小广告，切实保障自身合法权益。据了解，城市一日游是游客投诉的焦点之一。业内人士表示，"黑一日游"产品不但令游客遭罪，也严重影响了城市形象，如何直面这个行业痛点，考验着政府部门及旅游企业的魄力。

资料来源　佚名. 跟团"一日游"要当心沪17家"黑"旅行社被公示［EB/OL］. ［2017-03-21］. https://www.sohu.com/a/129524825_114731.引文略有改动.

互动问题： 游客出团前未与旅行社签订合同，当其合法权益受到侵害时，可以要求旅行社赔偿吗？

要求： 同"教学互动1-1"的"要求"。

▶ 本章概要

□ 内容提要

本章介绍了合同法律制度的概念、原则和调整范围；介绍了合同的订立、履行、违反合同的法律责任和旅游服务合同；合同订立的形式有书面形式、口头形式和其他形式，合同订立的方式为要约和承诺；合同的履行原则是全面履行原则，诚信原则，避免浪费资源、污染环境和破坏生态的原则，协助履行原则；承担违约责任的方式主要是实际履行、采取补救措施、赔偿损失、交付违约金等。

□ 主要概念和观念

▲ 主要概念

合同　合同法律制度　要约　承诺　不可抗力　旅游服务合同

▲ 主要观念

合同的订立　合同的履行　违反合同的责任

□ 重点实务

合同的订立　全面履行合同的原则

▶ 基本训练

□ 知识训练

▲ 复习题

1）我国《民法典》规定了多少种有名合同？

2）合同的内容有哪些？

3）违约行为的表现有哪些？

4）承担违约责任的主要方式有哪些？

5）违约责任的构成要件有哪些？

▲ 讨论题

将班级学生分成若干讨论小组，各组成员根据"正确全面履行合同的原则"这一主题，通过上网或查阅报刊资料等途径，分别搜集和分析旅行社经营中的相关案例。讨论旅行社人员如何在工作中正确行使自己的权利，如何全面履行旅游合同规定的义务。

□ 能力训练

▲ 案例分析

【训练项目】

案例分析－Ⅻ。

【相关案例】

"斤"变"钱"刷走游客逾10万港元

背景与情境:2017年1月,一则我国香港本地媒体的报道悄然"走红"网络,报道称,"2015年10月,位于铜锣湾恩平道的某药房,将药材玛卡的计量单位由斤变钱,令内地旅客以为涉案玛卡每斤售680港元,结果结账时被迫支付逾10万港元"。年过六旬的周勇,就是被刷走逾10万港元的内地游客。"当时店员告诉我是680元(港币)一斤,称重后也是说的买了1斤。"周勇认定,整个购物过程中,他就没听到"钱"这个计量单位,而从680元一斤到680元一钱,计量单位的变化,让他付出了原来售价160倍的代价,"这不是在坑人吗?"事实上,遭遇以"斤"变"两"或者变"钱"的游客并非周勇一人。香港消费者委员会2016年2月公布的数据显示,2015年,该委员会点名谴责7间药店,当中不少牵涉售卖参茸海味时,以报价不清、以两代斤等手法欺骗游客,相关投诉也有所上升,其中有关参茸海味的投诉上升11%,达到438宗。向周勇销售药材的香港某药房职员被控"将虚假商品说明应用于货品",香港东区裁判法院判决其入监半年,并赔偿周勇38 800港元。因为金额较大,且是香港2013年商品说明条例修订以来,药店方面最重的刑罚,这宗案件被香港业内称作"香港第一玛卡大案"。因药房不服法院判决,目前已提起上诉。

资料来源 杜江茜. 内地游客香港维权记:花费远超能够拿回的赔偿[EB/OL]. [2017-03-20]. http://www.thecover.cn/news/282736.

问题:

1) 在本案例中,当事人双方对口头合同约定的"斤"出现不同解释,应当如何理解?

2) 在本案例的合同履行过程中,药房是否有违约行为?为什么?

【训练要求】

同第1章"基本训练"中本题型的"训练要求"。

▲ 实训操练

【训练项目】

"合同法律制度"知识应用。

【训练要求】

选取本章"合同的订立"教学内容作为操练项目,进行"'合同法律制度'知识应用"模拟实训。

【训练步骤】

1) 以班级小组为单位将学生分成若干训练团队,每团队确定一人负责。

2) 各团队选取本章"合同的订立"教学内容,通过"背景与情境"设计角色分工和体验角色操作等环节进行"'合同法律制度'知识应用"的模拟实训。

3) 各团队记录模拟实训过程中的体验心得,出现的问题、差错及纠正办法。

4) 模拟实训结束后,各团队整理实训记录,并在此基础上撰写《"'合同法律制度'知识应用"实训报告》。

5) 在班级讨论交流、相互点评与修订各团队的《"'合同法律制度'知识应用"实训报告》。

6）在校园网的本课程教学平台上展示经过修订和教师点评的各团队《"'合同法律制度'知识应用"实训报告》，供学生借鉴。

□ 课程思政

【训练项目】

课程思政－XII。

【相关案例】

导游的解释是否正确？

背景与情境： 某旅行社与游客签订"昆明五日游"旅游合同，合同约定是住三星级宾馆，但在旅途中除一个晚上住在三星级宾馆外，其余三晚都住在一个门口挂有"准三星级宾馆"匾牌的乡间招待所。游客非常气愤，指责旅行社违约，导游对旅客的质疑不予理睬，随意解释说，三星级和准三星级也没有多大差别，符合旅游合同的约定。

问题：

1）在本案例中存在哪些关于旅游企业和导游人员的道德伦理问题？

2）试就上述问题做出关于旅游企业和导游人员相关行为的思政研判。

3）通过网上调研，搜集你做思政研判所依据的行业道德规范。

【训练要求】

同第1章"基本训练"中本题型的"训练要求"。

第13章　税收法律制度

● 学习目标

通过本章学习，应达到以下目标：

职业知识： 学习和把握"税收法律制度"的相关概念、特征与作用，税法的构成要素，我国现行主要税类和具体税种，税收管理与法律责任，以及"同步链接""延伸阅读""小资料"等理论与实务知识；能用其指导本章"同步思考""教学互动"和"基本训练"中"知识训练"各题型的认知活动，建构专业规则意识，正确解答相关问题。

职业能力： 运用本章知识研究相关案例，训练在"税收法律制度"特定情境下对当事者行为的多元表征专业能力和"与人交流"通用能力；参加"自主学习-Ⅶ"训练，通过搜集、整理与综合关于"我国现行税收与税法"的前沿知识，撰写、讨论与交流《"我国现行税收与税法"最新文献综述》，培养"税收法律制度"中"自主学习""与人协作""与人交流"的通用能力。

课程思政： 结合本章教学内容，依照相关规范或要求，对"课程思政13-1"专栏和章后"某旅行社未按时办理税务登记被罚款"等案例中的企业或其从业人员行为进行思政研判，强化与案例议题相关的法律法规思考和政治素质，促进"立德树人"根本任务的落实。

学习微平台

思维导图13-1

引例：旅行社相关纳税问题

背景与情境： 截至2019年12月31日，昆明市税务局第四季度完成对全市30户涉旅行业纳税人涉旅案件的查处，共计查补税款、罚款、滞纳金79.70万元。其中，昆明骏亚国际旅行社有限公司在2018年1月1日至6月30日期间，将不符合旅游行业差额纳税标准的扣除凭证进行税前列支，造成少缴增值税116 213.28元，少缴城市维护建设税8 134.93元，少缴教育费附加3 486.39元，少缴地方教育费附加2 324.26元，少缴企业所得税67 244.94元。国家税务总局昆明市税务局第一稽查局于2019年12月31日依据《中华人民共和国税收征收管理法》第六十三条第一款，对昆明骏亚国际旅行社有限公司做出罚款95 796.59元的行政处罚。

资料来源 国家税务总局昆明市税务局征收管理科. 国家税务总局昆明市税务局2019年第四季度涉旅案件查处情况公告［EB/OL］.（2019-12-31）［2020-09-18］. https://yunnan.chinatax.gov.cn/art/2019/12/31/art_3927_21618.html.引文经过改编.

学习微平台

同步链接13-1

上述案件是旅行社有关纳税问题。依法纳税是旅游公司应尽的义务，本章将介绍我国的主要税种、流转税法、所得税法、税收管理与违反税法的法律责任等，目的是让我们了解和掌握国家的税收规定，做到自觉遵守税法。

13.1 税收与税法的基本知识

13.1.1 税收的概念、特征和作用

1）税收的概念

税收是国家为实现其职能，凭借其政治权力，按照预先规定的标准，强制无偿参与社会产品和国民收入分配的手段。它是国家取得财政收入的一种重要方式。税收在不同社会制度的国家中，其性质和作用是不同的。在我国，税收是社会主义性质的，它取之于民，用之于民，体现国家与纳税人在根本利益一致的基础上，为实现社会主义国家的职能，调整整体与局部利益、长远与眼前利益的收入分配关系。

2）税收的特征

税收具有三大特征：①强制性。税收是国家通过法律规定征收的，法律的强制力构成了税收的强制性。按时缴纳税款是纳税人的法定义务，不依法纳税者要受到法律的制裁。②无偿性。税收收入一律归国家所有，国家以无偿取得的方式获得税款，不再向纳税人偿还或支付报酬。任何纳税人均无权请求返还或补偿税款。③固定性。税收是国家按照法律预先规定的范围、标准和环节征收的。国家税法的相对稳定性，决定了税收也具有相对稳定性，诸如税种、征税对象、纳税人、税率等，都是通过法律的形式固定下来的，一般情况下不得变动。

3）税收的作用

税收的作用表现在：①税收是国家组织财政收入、筹集社会主义建设资金的主要的、固定的途径；②税收是调节社会经济活动、均衡分配，正确处理国家、集体、个人三者经济利益关系的重要手段；③税收是国家宏观经济调控的一个重要杠杆；④税收促进对外经济技术交流；⑤税收是强化国家经济监督、健全国家经济管理职能的有

力武器。

13.1.2 税法的概念和构成要素

1）税法的概念

税法是调整税收征纳关系的法律规范的总称。所谓税收征纳关系，是指国家为了实现其职能，由国家各级税务机关向负有纳税义务的单位和个人无偿地征收货币或实物的过程中所产生的各种社会关系。税法是国家取得财政收入的重要保障，是国家税务机关对纳税人征税的法律依据，也是纳税人履行纳税义务的准则。

2）税法的构成要素

我国税法的构成要素包括：

（1）纳税主体

纳税主体又称纳税人，是指税法规定的直接负有纳税义务的单位和个人。在税法中对每一种税都规定了特定的纳税人。为保证税金的征收，税法中对某些税还规定了代缴义务人，其不直接负有纳税义务，但负有代扣代缴、代收代缴税款的义务，如工资发放单位等是个人所得税的扣缴义务人。

（2）征税对象

征税对象又称征税客体，即对什么征税。这是区别不同税种的重要标志。税法中对每种税都规定了具体明确的征税对象。我国目前的征税对象包括流转额、收益额、财产、行为、资源等五大类。

（3）税目

税目是税法中规定征收对象的具体项目，它是征税对象的具体化，表明征税的范围和广度。税法规定税目，可以通过明确征税对象的范围，制定高低不同的税率，从而贯彻国家的经济政策。

（4）税率

税率是对征收对象的征收比例，是计算应纳税额的尺度。税率的高低直接体现国家的经济政策，关系到国家财政收入和纳税人的负担，是税收经济杠杆作用的主要体现。

（5）纳税环节

纳税环节是税法规定的商品从生产到消费的流转过程中应该缴纳税款的环节。商品从生产到消费，往往需要很多环节，确定在什么环节纳税，将直接关系到商品价格的高低、税收的管理难易、企业成本大小和国家财政收入能否得到保证等问题。

（6）纳税期限

纳税期限是纳税人应向国家缴纳税款的法定期限。税法针对不同税种的具体情况和特点，分别规定了纳税期限，包括按期纳税和按次纳税两种。

（7）减税和免税

减税是对应纳税额少征部分税款，免税是对应纳税额全部免除。减税和免税是税法规定的减轻和免除纳税人纳税负担的鼓励性或照顾性措施。它体现了国家原则性和灵活性相结合的税收政策，有利于处理税收中的特殊情况，有利于税法的稳定和充分发挥税法的调节作用。

（8）违法责任

违法责任是指违反税法规定的单位和个人应承担的法律责任。这是税法的严肃性和强制性的具体体现。无论是纳税人、扣缴义务人，还是税务人员，违反税法的行为都应承担相应的法律责任。我国税法所规定的违反税法的行为人应承担的法律责任主要有：补缴税款和滞纳金、罚款、行政处分、刑事处罚等。

（9）税务争议处理

税法具体地规定了纳税人、扣缴义务人、纳税担保人同税务机关发生争议的解决程序和方式。纳税人等对税务机关采取的征税措施不服的，可以通过行政复议或行政诉讼程序解决。这有利于监督征税机关依法行使职权，保护纳税人的合法权益。

13.2 我国现行的主要税类

改革开放40多年来，我国税种经过几次较大的改革，现共有18个，其中环境保护税从2018年1月1日起征收，其余17个税种大致可分为5个税类。

13.2.1 流转税

流转税是指以纳税人商品生产、流通环节的流转额或者数量为征税对象的一类税收。流转税的特点是，征收伴随商品交换和非商品服务进行，计税依据是商品的价格和服务收费，税额是商品价格或服务收费的组成部分。它包括增值税、土地增值税、消费税、烟叶税、关税。

13.2.2 所得税

所得税是指国家就法人或个人的所得课征的一类税收。所得税的特点是，征税对象是所得额或收益额，税额的多少取决于纳税人的收益额。所得税一般以全年所得额或收益额征收，分季（月）预缴，年终结清，多退少补。它包括个人所得税、企业所得税。

13.2.3 财产税

财产税是指以法人和自然人拥有和归其支配的财产为对象所征收的一类税收。财产税的特点是，征税对象是房屋等财产的价值额或租价额，税额只同财产的数量或价值相关，可以就财产的占有征税，也可以就财产的转移征税，因而对限制财产占有、保护合法的财产权益方面有特殊作用。它属于地方税，是市政建设的一项资金来源。它包括房产税、契税。

13.2.4 特定行为税

特定行为税是指对特定行为所征收的税。特定行为税的特点是，具有鲜明的政策性和因时制宜的灵活性，特别是在抑制各类消费行为方面起着特殊作用。它包括车辆购置税、车船税、印花税、城市维护建设税、船舶吨税。

13.2.5 资源税

资源税是指以各种应税自然资源为课税对象、为了调节资源级差收入并体现国有资源有偿使用而征收的一种税。资源税的特点是，具有特定的征收范围，从量定额征税，税额有高有低，同时，资源税还具有受益税的特点。它包括：资源税、耕地占用税、城镇土地使用税。

13.3　我国主要的具体税种

13.3.1　增值税

增值税是指以产品新增加的价值，即增值额为征税对象的一种税。在我国境内销售货物或者提供加工、修理修配劳务，销售服务、无形资产、不动产以及进口货物的单位和个人，为增值税的纳税人，应当依照《中华人民共和国增值税暂行条例》缴纳增值税。增值税税率分为4档：13%、9%、6%和零税率。纳税人销售货物、劳务、有形动产租赁服务或者进口货物，税率为13%；纳税人销售交通运输、邮政、基础电信、建筑、不动产租赁服务，销售不动产，转让土地使用权，销售或者进口下列货物，税率为9%：农产品（含粮食）、自来水、暖气、石油液化气、天然气、食用植物油、冷气、热水、煤气、居民用煤炭制品、食用盐、农机、饲料、农药、农膜、化肥、沼气、二甲醚、图书、报纸、杂志、音像制品、电子出版物等；纳税人销售服务、无形资产，税率为6%；纳税人出口货物，税率为零；境内单位和个人跨境销售国务院规定范围内的服务、无形资产，税率为零。增值税实行价外征收的办法，实行根据发货票注明的税金进行税款抵扣的制度。商品零售环节的发货票不单独注明税金，因为商品零售实行价内税，税金已包含在价格之内。

13.3.2　消费税

消费税是对特定的消费品和消费行为征收的一种税。消费税具有以下特征：第一，征税范围具有选择性。它只是对一部分消费品和消费行为征税。第二，征税环节具有单一性。它只在消费品生产、流通或者消费的某一环节征收，而不是在生产、流通、消费的所有环节征收。第三，税率、税额的差别性。根据不同的消费品的种类、档次、结构、功能以及供求、价格等情况，制定不同的税率、税额。第四，税负具有转嫁性。消费税最终要转嫁到消费者身上，由消费者负担。第五，消费税是价内税，即以含税价格为计税依据的一种税。

在中国境内生产、委托加工和进口应税消费品的单位和个人，是消费税的纳税主体。消费税的征税范围包括15类产品：烟、酒、高档化妆品、贵重首饰及珠宝玉石、鞭炮焰火、成品油、电池、涂料、摩托车、小汽车、高尔夫球及球具、高档手表、游艇、木制一次性筷子、实木地板。消费税范围的确定，首先考虑的是我国人民的消费结构，生活必需品一般不征消费税，也考虑了我国经济发展现状和消费水平、资源供给和消费需求状况及国家财政的需要。消费税采用比例税率。15类应税消费品的税率有高有低，如烟类中的甲类卷烟，税率为56%加0.003元/支，是应税消费品中税率最高的；气缸容量（排气量）在1.0升以下（含1.0升）的乘用车税率最低，只有1%。

小资料13-1

营业税改征增值税

营业税改征增值税（以下简称营改增）是指以前缴纳营业税的应税项目改成缴纳增值税，增值税只对产品或者服务的增值部分纳税，减少了重复纳税的环节，是党中央、国务院根据经济社会发展新形势，从深化改革的总体部署出发做出的重要决策，目的是加快财税体制改革、进一步减轻企业赋税,调动各方积极性,促进服务业尤其是科技等高端服务业的发展,促进产业和消费升级,培育新动能,深化供给侧结构性改革。

营业税和增值税是我国两大主体税种。营改增在全国的推开,大致经历了以下三个阶段:2011年,经国务院批准,财政部、国家税务总局联合下发营业税改增值税试点方案。从2012年1月1日起,在上海交通运输业和部分现代服务业开展营业税改增值税试点。自2012年8月1日起至年底,国务院扩大营改增试点至8省市。2013年8月1日,"营改增"范围已推广到全国,将广播影视服务业纳入试点范围。2014年1月1日起,将铁路运输和邮政服务业纳入营业税改征增值税试点,至此交通运输业已全部纳入营改增范围。2016年3月18日召开的国务院常务会议决定,自2016年5月1日起,中国将全面推开营改增试点,将建筑业、房地产业、金融业、生活服务业全部纳入营改增试点,至此,营业税退出历史舞台,增值税制度更加规范。这是自1994年分税制改革以来,我国财税体制的又一次深刻变革。2017年彻底废除《中华人民共和国营业税暂行条例》,修改《中华人民共和国增值税暂行条例》。

营改增标志着中国税制改革迈出了实质性的一大步,意义重大。一是实现了增值税对货物和服务的全覆盖,基本消除了重复征税,打通了增值税抵扣链条,促进了社会分工协作,有力地支持了服务业发展和制造业转型升级;二是将不动产纳入抵扣范围,比较完整地实现了规范的消费型增值税制度,有利于扩大企业投资,增强企业经营活力;三是进一步减轻企业税负,是财税领域打出"降成本"组合拳的重要一招,用短期财政收入的"减"换取持续发展势能的"增",为经济保持中高速增长、迈向中高端水平打下坚实基础;四是创造了更加公平、中性的税收环境,有效释放市场在经济活动中的作用和活力,在推动产业转型、结构优化、消费升级、创新创业和深化供给侧结构性改革等方面发挥重要的促进作用。

13.3.3 关税

关税是指设在边境、沿海口岸或国家指定的其他水、陆、空国际交通通道的海关,按照国家的规定,对进出国境的货物和物品所征收的一种税,它包括进口税和出口税。

关税的纳税主体是进口货物的收货人、出口货物的发货人、进出境物品的所有人(持有人)和进口邮件的收件人。关税的征税对象是海关依照关税条例审定的完税价格。关税的税率为比例税率。进出口货物的税率分为进口税率和出口税率。进口税率又分为普通税率和优惠税率。优惠税率适用于与我国签订关税互惠协议的国家或者地区的进口货物,普通税率适用于未签订关税互惠协议的国家或者地区的进口货物。为鼓励出口,我国只对部分商品征收出口税。

13.3.4 企业所得税

企业所得税是指对中华人民共和国境内的企业和其他取得收入的组织以其生产经营所得为课税对象所征收的一种所得税。根据2008年1月1日起施行的《中华人民共和国企业所得税法》的规定,设在我国境内的企业或者其他组织,是企业所得税的纳税人,包括国有企业、集体企业、私营企业、联营企业、股份制企业、外商投资企业、外国企业以及有生产经营、所得和其他所得的其他组织。企业所得税的征税对象

是纳税人的应纳税所得额，即纳税人每一纳税年度的收入总额减去准予扣除与纳税人取得收入有关的成本、费用和损失后的余额。纳税人的收入总额包括：销售货物收入，提供劳务收入，转让财产收入，股息、红利等权益性投资收益，利息收入，租金收入，特许权使用费收入，接受捐赠收入及其他收入。准予扣除的项目主要有工资、薪金支出，职工福利费、工会经费、职工教育经费，社会保险费，利息费用，借款费用，业务招待费等。企业所得税采用比例税率，税率为25%。符合条件的小型微利企业，减按20%的税率征收企业所得税。国家需要重点扶持的高新技术企业，减按15%的税率征收企业所得税。

学习微平台

延伸阅读13-1

小思考13-1

红旗旅行社9月的利润收入为12万元，其该月应缴纳多少企业所得税？

理解要点： 企业所得税税率是25%，12×25%=3（万元），红旗旅行社9月应缴纳企业所得税3万元。

13.3.5　个人所得税

个人所得税是国家对本国公民、居住在本国境内的个人的所得和境外个人来源于本国的所得征收的一种所得税。在中国境内有住所，或者无住所而一个纳税年度内在中国境内居住累计满183天的个人，为居民个人。居民个人从中国境内和境外取得的所得，依照《中华人民共和国个人所得税法》的规定缴纳个人所得税。在中国境内无住所又不居住，或者无住所而一个纳税年度内在中国境内居住累计不满183天的个人，为非居民个人。非居民个人从中国境内取得的所得，依照《中华人民共和国个人所得税法》的规定缴纳个人所得税。

居民个人取得工资、薪金所得，劳务报酬所得，稿酬所得，特许权使用费所得（以下称综合所得），按纳税年度合并计算个人所得税。非居民个人取得综合所得，按月或者按次分项计算个人所得税。纳税人取得经营所得，利息、股息、红利所得，财产租赁所得，财产转让所得，偶然所得，分项计算个人所得税。

对不同性质的收入实行不同税率：综合所得适用七级超额累进税率，税率为3%~45%；经营所得适用五级超额累进税率，税率为5%~35%；利息、股息、红利所得，财产租赁所得，财产转让所得和偶然所得适用比例税率，税率为20%。

下列各项个人所得免纳个人所得税：省级人民政府、国务院部委和中国人民解放军军以上单位，以及外国组织颁发（颁布）的科学、教育、技术、文化、卫生、体育、环境保护等方面的奖金（奖学金）；国债和国家发行的金融债券利息；按照国家统一规定发给的补贴、津贴；福利费、抚恤金、救济金；保险赔款；军人的转业费、复员费；按照国家统一规定发给干部、职工的安家费、退职费、基本养老金或者退休费、离休费、离休生活补助费；依照我国有关法律规定应予免税的各国驻华使馆、领事馆的外交代表、领事官员和其他人员的所得；中国政府参加的国际公约、签订的协议中规定的免税的所得；经国务院财政部门批准的免税的所得等。

有下列情况之一的，经批准可以减征个人所得税：残疾、孤老人员和烈属的所得；因严重自然灾害遭受重大损失的；其他经国务院财政部门批准减税的。

教学互动 13-1

背景与情境： 近日，自称去哪儿网前内部员工的人员在微博上爆料称，去哪儿网客服人员在接到旅客索要发票的请求后会采取一系列婉拒手段。对此，去哪儿网回应称，去哪儿网会为每一位消费者提供有报销凭证效力的行程单，绝不存在拒绝开具的情况。

去哪儿网的工作人员介绍称，机票的消费凭证就是行程单。国内客票由国家税务总局监制，国际客票由相关服务商提供具有发票性质的收款凭证，就是去哪儿网提供的行程单。一直以来，去哪儿网均根据国家税务总局及相关法律规定，为去哪儿网用户提供有效报销凭证，绝不存在拒绝开具的情况。航空公司出具的机票行程单作为交易凭证具有法律效力，在法律层面已经完成缴税的义务，第三方平台本身将航空公司出具的行程单转交给消费者，也完成了法律层面的服务义务。

资料来源　张燕征. 去哪儿网陷拒开发票风波　涉嫌偷税漏税？[EB/OL]. （2019-06-04）[2020-09-18]. http://finance.sina.com.cn/chanjing/gsnews/2019-06-04/doc-ihvhiqay3562707.shtml. 引文经过改编.

互动问题： 去哪儿网拒开发票风波带来什么启示？

要求： 同"教学互动 1-1"的"要求"。

同步案例 13-1

李某是否须缴纳个人所得税？

背景与情境： 李某随青春旅行社的旅行团到太行山旅游。在太行山旅游期间，李某不慎摔成重伤，经及时治疗后痊愈。之后，李某共获得保险赔款1.2万元。

问题： 李某获得的1.2万元保险赔款是否需要缴纳个人所得税？

分析提示： 根据《中华人民共和国个人所得税法》的规定，个人所得保险赔款免纳个人所得税。因此，李某获得的1.2万元保险赔款不需要缴纳个人所得税。

13.4　税收管理与法律责任

13.4.1　税收管理

税收管理包括税收管理体制、税收管理机关及税收征收管理制度等方面内容。这里限于篇幅，重点介绍税收征收管理方面的有关内容。为了加强税收征收管理，保障国家税收收入，保护纳税人的合法权益，1992年9月4日第七届全国人民代表大会常务委员会第二十七次会议通过了《中华人民共和国税收征收管理法》（以下简称《税收征收管理法》），自1993年1月1日起施行。现行的《税收征收管理法》是第十二届全国人民代表大会常务委员会第十四次会议于2015年4月24日修订通过的。该法共有总则、税务管理、税款征收、税务检查、法律责任、附则等六章，计94条。

1）税务登记

税务登记是税务机关根据税收法规对纳税人的生产经营活动进行管理的一项基本制度。它是税务机关加强税收监督管理、掌握税源、开展各项税收活动的基础。

根据《税收征收管理法》的规定，企业，企业在外地设立的分支机构和从事生产、经营的场所，个体工商户和从事生产、经营的事业单位自领取营业执照之日起30日内，持有关证件，向税务机关申报办理税务登记。税务机关应当于收到申报的当日办理登记并发给税务登记证件。从事生产、经营的纳税人，税务登记内容发生变化的，自市场监督管理机关办理变更登记之日起30日内或者在向市场监督管理机关申请办理注销登记之前，持有关证件向税务机关申报办理变更或者注销税务登记。

税务登记证件必须按规定使用，不得转借、涂改、损毁、买卖或者伪造。

2）纳税申报

纳税申报是纳税人履行纳税义务，向税务机关办理纳税的法定手续，也是基层税务机关办理征收业务，核实应征税款，填写纳税凭证的主要依据。通过纳税申报，有利于纳税人正确计算应纳税额，防止错缴、漏缴，同时也便于基层税务机关掌握税源变化和纳税人的生产、经营状况，加强税务监督。

纳税人必须在法定的或者税务机关依法确定的申报期限内办理纳税申报，报送纳税申报表、财务会计报表以及税务机关依据实际需要要求纳税人报送的其他纳税资料。扣缴义务人应在规定的申报期限内报送代扣代缴、代收代缴税款报告表以及其他有关资料。纳税人、扣缴义务人不能按期办理纳税申报或者报送代扣代缴、代收代缴税款报告表的，经税务机关核准，可以延期申报。

3）税款征收

税务机关依照法律、行政法规的规定征收税款，不得违反法律、行政法规的规定开征、停征、多征或者少征税款。

纳税人未按照规定期限缴纳税款的，扣缴义务人未按照规定期限解缴税款的，税务机关除责令限期缴纳外，从滞纳税款之日起，按日加收滞纳税款5‰的滞纳金。

纳税人可以依照法律、行政法规的规定向税务机关书面申请减税、免税。减免税的申请须经法律、行政法规规定的减税、免税审查批准机关审批。地方各级政府及其主管部门、单位和个人违反法律、行政法规规定，擅自做出的减税、免税决定无效。

4）税收保全措施

税收保全措施是指税务机关为保证税款征收权利将来得以实现，对有明显逃避纳税义务行为的纳税人的财产所采取的强制措施。税务机关有根据认为从事生产、经营的纳税人有逃避纳税义务行为的，可以在规定的纳税期以前，责令限期缴纳应纳税款；在限期内发现纳税人有明显的转移、隐匿其应纳税的商品、货物以及其他财产或者应纳税的收入的迹象的，税务机关可以责令纳税人提供纳税担保。如果纳税人不能提供担保的，经县级以上税务局（分局）局长批准，税务机关可以采取下列税收保全措施：其一，书面通知纳税人开户银行或者其他金融机构冻结纳税人的金额相当于应纳税款的存款；其二，扣押、查封纳税人的价值相当于应纳税款的商品、货物或者其他财产。

纳税人在规定期限内缴纳税款的，税务机关必须立即解除税收保全措施；期满仍未缴纳税款的，经县级以上税务局（分局）局长批准，税务机关可以书面通知纳税人开户银行或者其他金融机构从其冻结的存款中扣缴税款，或者拍卖所扣押、查封的商品、货物或者其他财产，以拍卖所得抵缴税款。

5）税收强制执行措施

税收强制执行措施是指税务机关在纳税人、扣缴义务人或者纳税担保人未按规定期限履行相应义务时，依法定程序强制其履行义务的行为。依照法律规定，从事生产、经营的纳税人、扣缴义务人未按照规定的期限缴纳或者解缴税款，纳税担保人未按照规定的期限缴纳所担保的税款，由税务机关责令限期缴纳，逾期仍未缴纳的，经县级以上税务局（分局）局长批准，税务机关可以采取下列强制措施：书面通知其开户银行或者其他金融机构从其存款中扣缴税款；扣押、查封、拍卖其价值相当于应纳税款的商品、货物或者其他财产，以拍卖所得抵缴税款。税务机关采取强制执行措施的，同时对其未缴纳的滞纳金采取强制执行。

13.4.2　违反税法的法律责任

违反税法必须承担相应的法律责任。依据法律规定，对违反税法的纳税人、扣缴义务人、税务代理人、税务机关工作人员，追究其经济责任、行政责任或刑事责任，是保障国家财政收入的重要手段，也是税法强制性的集中表现。《税收征收管理法》规定的法律责任主要包括以下几个方面：

1）违反税务管理规定的法律责任

纳税人有下列行为之一的，由税务机关责令限期改正，可以处 2 000 元以下的罚款；情节严重的，处 2 000 元以上 1 万元以下的罚款：①未按照规定的期限申报办理税务登记、变更或者注销登记的；②未按照规定设置、保管账簿或者保管记账凭证和有关资料的；③未按照规定将财务、会计制度或者财务、会计处理办法和会计核算软件报送税务机关备查的；④未按照规定将其全部银行账号向税务机关报告的；⑤未按照规定安装、使用税控装置，或者损毁或者擅自改动税控装置的。纳税人未按照规定使用税务登记证件，或者转借、涂改、损毁、买卖、伪造税务登记证件的，处 2 000 元以上 1 万元以下的罚款；情节严重的，处 1 万元以上 5 万元以下的罚款。扣缴义务人未按照规定设置、保管代扣代缴、代收代缴税款账簿或者保管代扣代缴、代收代缴税款记账凭证及有关资料的，由税务机关责令限期改正，可以处 2 000 元以下的罚款；情节严重的，处 2 000 元以上 5 000 元以下的罚款。纳税人未按照规定的期限办理纳税申报和报送纳税资料的，或者扣缴义务人未按照规定的期限向税务机关报送代扣代缴、代收代缴税款报告表和有关资料的，由税务机关责令限期改正，可以处 2 000 元以下的罚款；情节严重的，可以处 2 000 元以上 1 万元以下的罚款。

非法印制发票的，由税务机关销毁非法印制的发票，没收违法所得，并处罚款。按照《中华人民共和国发票管理办法》的规定，私自印制、伪造、变造发票，非法制造发票防伪专用品，伪造发票监制章的，由税务机关没收违法所得，没收、销毁作案工具和非法物品，并处 1 万元以上 5 万元以下的罚款；情节严重的，并处 5 万元以上 50 万元以下的罚款；对印制发票的企业，可以并处吊销发票准印证；构成犯罪的，依法追究刑事责任。

2）欠税、偷税、骗税、抗税的法律责任

（1）欠税的法律责任

欠税是指超过规定的纳税期限或者经税务机关批准的延缓期限，未缴或少缴税款的行为。纳税人欠缴应纳税款，采取转移或者隐匿财产的手段，妨碍税务机关追缴欠缴的税款的，由税务机关追缴欠缴的税款、滞纳金，并处欠缴税款50%以上5倍以下的罚款；构成犯罪的，依法追究刑事责任。

（2）偷税的法律责任

纳税人伪造、变造、隐匿、擅自销毁账簿、记账凭证，或者在账簿上多列支出或者不列、少列收入，或者经税务机关通知申报而拒不申报或者进行虚假的纳税申报，不缴或者少缴应纳税款的，是偷税。对纳税人偷税的，由税务机关追缴其不缴或者少缴的税款、滞纳金，并处不缴或者少缴的税款50%以上5倍以下的罚款；构成犯罪的，依法追究刑事责任。

（3）骗取出口退税的法律责任

我国为鼓励出口创汇，对产品出口的，在出口后可凭证明资料退回以前所缴纳的有关税款。企事业单位采取对生产或经营的商品假报出口等欺骗手段，骗取国家出口退税款的属违法行为，税务机关应追缴其骗取的退税款，并处骗取税款1倍以上5倍以下的罚款；构成犯罪的，依法追究刑事责任。

（4）抗税的法律责任

抗税是指以暴力、威胁方法拒不缴纳税款的行为。对抗税的，除由税务机关追缴其拒缴的税款、滞纳金外，依法追究刑事责任。情节轻微，未构成犯罪的，由税务机关追缴其拒缴的税款、滞纳金，并处拒缴税款1倍以上5倍以下的罚款。

3）税务人员违反税法的法律责任

税务人员应奉公守法，忠于职守，严格按照税法的规定进行税收征收管理工作。税务人员在履行职责的过程中，如果从事违法行为，不仅会损害纳税人或者国家的经济利益，而且会严重地败坏社会风气，助长腐败现象，损害国家机关及其工作人员在人民群众中的威信。因此，税法对税务人员的违法行为规定了严格的制裁措施。

税收工作人员的违法行为主要包括：唆使、协助或与纳税人、扣缴义务人勾结的共同违法行为；受贿行为；玩忽职守行为；故意刁难纳税人、扣缴义务人的行为；擅自决定税收的开征、停征或减征、免征、退税、补税的行为。对上述违法行为，应追究行政责任；构成犯罪的，要追究刑事责任。

学习微平台

延伸阅读13-2

小思考13-2

东方旅行社超过规定期限18日缴纳税款6万元，税务机关应如何处理？

理解要点：未按规定期限缴纳税款的，税务机关除责令限期缴纳外，从滞纳税款之日起，按日加收滞纳税款5‰的滞纳金，即：60 000×5‰×18=540（元）。

同步案例13-2

列入"税收黑名单"企业法人代表被阻止出境

背景与情境：2018年7月，三亚某投资公司法定代表人鲁某在珠海拱北出境时被海关限制出境，鲁某联系税务稽查部门被告知因三亚某投资公司偷税且逃避缴纳税款，其作为法定代表人已被列入税收违法"黑名单"，受到税务、公安、海关、银行等多个部门的联合惩戒，阻止出境只是其中的一项惩戒措施。

原来，因被举报，三亚某投资公司于2017年被税务稽查部门立案检查。税务稽查人员发现该公司在经营Y度假公寓项目时未按照有关税法的规定履行纳税义务，存在偷税行为。经多方调查取证，税务稽查部门依法做出处理决定，补缴税款501万元，并处以罚款122万元。由于该公司偷税行为已达到税收违法"黑名单"公布标准，鲁某作为法定代表人和公司一同被税务机关列入税收违法"黑名单"，向全社会公布并实施联合惩戒。鲁某出境时被限制仅仅是税收违法失信所面临的苦果之一。税务稽查局还约谈了鲁某，如果再逃避缴纳税款，将按照国家发改委、国家税务总局等八部门2018年3月共同签发的关于限制特定严重失信人乘坐火车、民用航空器的文件，限制其乘坐飞机和高铁。

资料来源　国家税务总局办公厅. 税务总局公布2起"黑名单"联合惩戒典型案例［EB/OL］. (2019-04-23)［2020-09-18］. http://www.gov.cn/xinwen/2019-04/24/content_5385717.htm.引文经过改编.

问题：鲁某被阻止出境是否符合法律规定？

分析提示：追缴欠税是为了保证税款征收，防止纳税人利用欠税逃避纳税义务。《税收征收管理法》法规定：欠缴税款的纳税人或者它的法定代表人在出境前未按照规定结清应纳税款、滞纳金，又不提供纳税担保的，税务机关可以通知出境管理机关阻止其出境。鲁某作为企业的法定代表人，因企业欠税，被阻止出境符合法律规定。

职业道德与企业伦理13-1

武夷山景区旅游管理更加务实

背景与情境：连日来，记者在武夷山景区走访，发现当地为"换妆洗脸"、提升旅游服务品质而开展的一系列整治提升行动已经初见成效，不仅对问题进行了全面整改，景区旅游设施也得到了全面升级。在导游服务中心，记者看到《导游人员管理条例》《导游监督台》《导游收费标准》等管理规范已经上墙，所有导游都穿上了统一服装。导游证上，照片、姓名、语种等信息一目了然。"目前，所有导游员都接受了电子化识别管理，在提升讲解服务上也有了更高要求。"导游马女士道。

旅游秩序整治提升以来，武夷山景区已现场处罚乱停乱放、违章进入景区车辆84辆，检查电动车经营户34户、出租车615辆次、旅游车辆126辆次，查处无牌、无证三轮车5辆，强制清理人力三轮车31辆，全面推行景区网格化管理。景区按照我国税法规定，按时缴纳税款。通过1个月的旅游秩序整治提升，武夷山的空间舒展了、文化味浓了，正在回归静与净中，自觉承担国家级5A级旅游景区的责任，提升了世界文化与自然双重遗产的品牌形象，但在武夷山市当时的旅游局副局长林飞看来，服务质量提升永无止境，武夷山将用更周到、更细致的监管和服务留住游客，不断满足游客的体验需求。

资料来源　佚名. 武夷山景区"换妆洗脸"旅游管理更加务实［EB/OL］.［2016-09-04］. http://www.hxnews.com/news/fj/np/201609/04/943545.shtml.

问题：武夷山景区的做法是否符合旅游行业的职业道德要求？

分析提示：武夷山景区进行全面整改、旅游设施全面升级，整治旅游秩序，提升服务质量，体现了为旅游者服务的思想和"优质服务、宾客至上"的服务宗旨，符合旅游行业职业道德的要求。景区按照我国税法的规定，按时缴纳税款，管理规范上墙，导游统一服装，自觉地执行旅游行业的各项规章制度，遵守旅游行业的纪律，执行导游服务质量标准，严格按照导游操作规程办事等，这些行为均符合旅游行业"遵纪守法"的职业道德要求。

⫸ 本章概要

□ 内容提要

本章介绍了税收与税法的基本知识，论述了我国现行的具体税类、主要税种，介绍了增值税、消费税、关税、企业所得税、个人所得税等，并讲述了我国的税收管理和违反税法的法律责任。

□ 主要概念和观念

▲ 主要概念

税法　纳税主体　增值税　消费税　个人所得税

▲ 主要观念

我国现行的主要税类　我国主要的具体税种　税收管理与法律责任

□ 重点实务

税务登记　纳税申报　税法的构成要素　欠税、偷税、抗税的法律责任

⫸ 基本训练

□ 知识训练

▲ 复习题

1）税收有哪些特征？

2）税收有哪些作用？

3）我国税法的构成要素有哪些？

4）抗税的法律责任是什么？

5）税收保全措施有哪些？

▲ 讨论题

将班级学生分成若干个讨论小组，各组成员根据"偷税、抗税的法律责任"这一主题，通过上网或查阅报刊资料等途径，分别搜集和分析旅行社缴纳税款的案例。讨论旅行社在纳税过程中应如何正确行使自己的权利，如何正确履行自己的纳税义务。

□ 能力训练

▲ 案例分析

【训练项目】

案例分析－XIII。

【相关案例】

王某的哪些收入应缴纳个人所得税

背景与情境：某国际旅行社总经理王某经营有方，旅行社的经济效益明显提高，王某个人的收入也稳步增长。下面是他个人2016年的主要收入：

（1）每月工资6 500元，总计78 000元，年终分红50 000元；

（2）主编《旅行常识》一书，获得稿酬 8 000 元；

（3）被省人民政府评为"旅游环境保护先进个人"，获得奖金 3 000 元；

（4）王某又受聘于美国一家大旅游公司，任中国区的首席市场分析调研员，月薪折合人民币 5 000 元，全年 60 000 元，在国外没有缴税；

（5）王某的汽车在一次事故中被撞坏，保险公司赔偿 45 000 元。

问题：

（1）王某的哪些收入应缴纳个人所得税？为什么？

（2）王某的哪些收入不需要缴纳个人所得税？为什么？

【训练要求】

同第 1 章"基本训练"中本题型的"训练要求"。

▲ 自主学习

【训练项目】

自主学习–Ⅶ。

【训练步骤】

1）将班级同学组成若干"自主学习"训练团队，每队确定一名负责人。

2）各团队根据训练项目需要进行角色分工。

3）通过校图书馆、院资料室和互联网，查阅"文献综述格式、范文及书写规范要求"和近三年关于"我国现行税收与税法"研究的前沿学术文献资料。

4）总结和整理"我国现行税收与税法"研究的前沿学术文献资料，依照"文献综述格式、范文及书写规范要求"，撰写《"我国现行税收与税法"最新文献综述》。

5）在班级交流各团队的《"我国现行税收与税法"最新文献综述》。

6）在校园网的本课程平台上展出经过修订并附有教师点评的各团队《"我国现行税收与税法"最新文献综述》，供学生相互学习借鉴。

□ 课程思政

【训练项目】

课程思政–ⅩⅢ。

【相关案例】

某旅行社未按时办理税务登记被罚款

背景与情境： 某旅行社已注册经营两年，由于该经营地近期要拆迁，该旅行社将经营地点从原来街道搬迁到离原来街道不远的另一条街道，两条街道同属于某区内街道。税务机关工作人员王某在对辖区内的企业进行检查时，发现该旅行社未办理税务登记，于是责令该旅行社 10 日内到税务机关办理税务登记，并对其处以 2 000 元的罚款。因罚款数额问题旅行社负责人与王某发生争吵，在争吵过程中双方均有谩骂、侮辱对方的行为。

问题：

1）在本案例中的当事人员存在哪些思政问题？

2）请就上述问题做出思政研判。

3）通过上网调研等方式，搜集你做思政研判所依据的相关规范。

【训练要求】

同第 1 章"基本训练"中本题型的"训练要求"。

主要参考书目

[1] 习近平. 习近平新时代中国特色社会主义思想基本问题. [M]. 北京：人民出版社，中央党校出版社，2020.

[2] 黄薇. 中华人民共和国民法典解读 [M]. 北京：中国法制出版社，2020.

[3] 杨立新.《中华人民共和国民法典》条文精释与实案分析 [M]. 北京：中国人民大学出版社，2020.

[4] 孙娜娜. 民法典新旧规定逐条对比 [M]. 北京：中国检察出版社，2020.

[5] 杨富斌，苏号朋. 中华人民共和国旅游法释义 [M]. 北京：中国法制出版社，2013.

[6]《旅游法适用问答读本》编写组. 旅游法适用问答读本 [M]. 北京：法律出版社，2013.

[7] 法律出版社法规中心. 中华人民共和国旅游法（注释本）[M]. 北京：法律出版社，2013.

[8] 法律出版社法规中心. 旅游纠纷认定规则与适用全书 [M]. 北京：法律出版社，2013.

[9] 法律出版社大众出版编委会，况杰，周君. 中华人民共和国旅游法：实用问题版 [M]. 北京：法律出版社，2013.

[10] 吴高盛.《中华人民共和国旅游法》释义及实用指南 [M]. 北京：中国民主法制出版社，2013.

[11] 田勇. 旅游法规与政策 [M]. 2版. 上海：格致出版社，上海人民出版社，2015.

[12] 王天星，杨富斌. 旅游法教程 [M]. 北京：中国人民大学出版社，2015.

[13] 童俊，焦晓菲. 旅游法律法规 [M]. 北京：清华大学出版社，2015.

[14] 杨富斌，等. 旅游法论丛（第4辑）[M]. 北京：中国法制出版社，2015.

[15] 法律出版社法规中心. 旅游必备法律指引实用全书 [M]. 北京：法律出版社，2015.

[16] 张艳敏，田丽红. 旅游格式合同法律问题研究 [M]. 北京：中国经济出版社，2015.

[17] 朱力宇. 法理学原理与案例教程 [M]. 4版. 北京：中国人民大学出版社，2016.

[18] 法律出版社法规中心. 新编消费者保护法小全书 [M]. 北京：法律出版社，2016.

[19] 赵松梅. 消费者权益保护法实用案例 [M]. 呼和浩特：内蒙古人民出版社，2016.

［20］法宝网. 法律维权百事通［M］. 北京：中国法制出版社，2016.

［21］法律出版社法规中心. 侵权赔偿法律指引实用全书［M］. 北京：法律出版社，2015.

［22］高晋康. 经济法［M］. 7版. 成都：西南财经大学出版社，2016.